"十四五"高职高专会计专业规划教材

U0958153

统计学原理

（第二版）

韩玉珍　主　编
丁　媛　夏　轩　副主编

立信会计出版社
LIXIN ACCOUNTING PUBLISHING HOUSE

图书在版编目(CIP)数据

统计学原理 / 韩玉珍主编. —2 版. —上海：立信会计出版社，2021.7
ISBN 978 - 7 - 5429 - 6867 - 8

Ⅰ.①统… Ⅱ.①韩… Ⅲ.①统计学—高等学校—教材 Ⅳ.①C8

中国版本图书馆 CIP 数据核字(2021)第 128242 号

策划编辑 方士华
责任编辑 方士华
封面设计 南房间

统计学原理(第二版)
Tongjixue Yuanli

出版发行	立信会计出版社		
地　　址	上海市中山西路 2230 号	邮政编码	200235
电　　话	(021)64411389	传　　真	(021)64411325
网　　址	www.lixinaph.com	电子邮箱	lixinaph2019@126.com
网上书店	http://lixin.jd.com		http://lxkjcbs.tmall.com
经　　销	各地新华书店		

印　　刷	上海天地海设计印刷有限公司	
开　　本	787 毫米×960 毫米	1/16
印　　张	17.25	
字　　数	328 千字	
版　　次	2021 年 7 月第 2 版	
印　　次	2021 年 7 月第 1 次	
印　　数	1—2 100	
书　　号	ISBN 978 - 7 - 5429 - 6867 - 8/C	
定　　价	46.00 元	

第二版前言 FOREWORD

在本教材的编写中，为突出高职教育的特点，理论知识以够用为度，精简了一些繁琐的数学推导和理论证明，强化统计方法在社会经济领域里的应用，重视实践技能的培养。同时，本教材还吸收了国内外统计学相关教材的长处，吸取了统计实践和统计学教学改革的新经验。

本教材根据高职学生的心理特点、认知特点及学习基础，在编写内容上力求做到概念准确，语言叙述简明扼要、通俗易懂，在写法上也力求以社会生活中的实际问题引出概念。本教材着重介绍统计方法在生产、实际生活中的应用；每章末配一定量的习题，使学生能够理论联系实际，理解、消化和吸收所学的内容。

本教材编写具体分工如下：由山东工业职业学院韩玉珍任主编，山东工业职业学院丁媛、夏轩任副主编，韩玉珍对全书进行了统稿。东营市统计局曹连峰、济南市济阳区疾病预防控制中心孙晓青对全书实践内容的编写进行指导。

本教材在编写过程中，得到了各有关单位和院校的支持，在此表示衷心的感谢。

限于编者的水平和经验，教材中难免有不当之处，恳请广大读者批评指正。

编　者

2021年7月

CONTENTS 目录

第一章

总　　论

第一节　统计研究的对象和特点

一、统计的含义

统计一词有三种含义：即统计工作、统计资料和统计学。

统计工作是指对事物的数量表现进行资料的搜集、整理和分析的工作过程。自从有了国家，便开始有统计工作。现在，统计工作已成为社会经济活动中一项十分重要而普遍的工作。无论是整个国民经济运行管理，还是一个企业的经营管理，或是其他社会活动，都必须有统计工作相伴随。

统计资料即统计信息，是统计活动过程中所取得的各项数字资料的总称。它是统计工作的成果，是集中、全面、综合地反映国民经济、科学技术和社会发展变化状况及过程的数字资料，是反映现象总体特征的统计数据。

统计学是阐明如何采集、整理、描述和分析统计数据的理论与方法的社会科学，是人们对长期统计实践活动的经验总结与理论概括。

统计资料、统计学与统计工作有着密切的关系。统计资料是统计工作的成果，两者是成果和过程的关系；统计学与统计工作具有理论与实践辩证统一的关系，统计学是统计工作实践经验的理论概括，统计学的产生和发展是建立在统计工作实践经验不断丰富基础之上的，而统计学对统计工作又具有指导作用。

统计工作作为一种社会实践活动，是先于统计学而发展起来的。早在 4 000 多年以前我国就产生了统计，而统计学的出现只是近几百年的事情。

二、统计的研究对象

统计从研究内容上分为两大类：一是社会经济领域的统计，如工业统计、商业统计等；二是自然、技术领域的统计，如气象统计、海洋统计等。本教材是研究前者的，即研究社会经济统计有关内容。

社会经济统计的研究对象是社会经济总体现象的数量方面,并通过对社会经济总体现象中各种数量关系的研究,来认识它的发展变化规律。

社会经济统计研究的对象有统计工作研究对象和统计学研究对象之分。两者既有共同点,也有明显区别。其共同点是,它们都是研究社会现象的数量方面;其区别是,统计工作是通过对社会现象数量方面的研究发现和揭示社会现象的特征和发展变化规律,而统计学则是研究如何搜集、整理和分析现象数量表现的理论和方法,它是一门方法论科学。应用统计理论和方法对现象进行的研究称统计研究,统计工作便是对现象进行统计研究的行为和过程。统计学作为一门方法论科学,广泛地应用于对各种社会现象,包括政治、经济、人口、军事、科学、文化、教育、卫生等现象的研究。

三、统计的特点

(一) 数量性

统计最重要特点之一是通过对现象数量表现进行度量、描述和分析,以此来发现和揭示现象的特征和规律。通俗地讲,统计研究就是与数字打交道,用数字"说话"是统计研究最明显的特征,离开数量描述和分析的研究不是统计研究。用数字"说话"的最大优点是能够使问题和结论明确无误,不像一些单单用文字词语表达的问题和结论,容易使人在意思和程度的理解上产生差异或歧义。因此,现在对各种社会现象的研究,尤其是经济研究,都大量采用统计方法。

(二) 总体性

统计是研究社会经济总体现象的数量方面。统计研究是从个别单位的观察开始,但目的并不是研究某一个体的情况,而是通过对大量个体单位资料的汇总、综合和分析,从而观察社会经济现象的总规模、总水平及其发展的总趋势。例如,要反映人民的物质和文化水平及变化情况,不能仅就个别家庭的货币收支情况进行观察,因为个别家庭的生活水平,可能受某种特殊因素的影响而高于或低于一般生活水平。必须对足够多数的家庭货币收支情况进行观察,才能把人民的物质文化生活水平及变化情况确切地反映出来。

(三) 具体性

统计的研究对象是具有一定社会经济内容的具体数量,不是抽象的量。这是统计与数学的一个重要区别。统计所研究的数量,是具体事物在一定时间、地点、条件下的数量表现,它总是和现象的质密切结合在一起的。例如,进行"工业产品产量"统计,首先,要明确什么是工业产品,工业企业的全部产出不一定都算是工业产品。

其次,还要明确"产量"统计的原则及其规定是什么。因此,统计所研究的不是纯粹的量,而是有一定社会经济内涵的量。

(四) 社会性

统计的社会性来自社会经济现象。社会经济现象是人类活动的条件、过程和结果,如生产、流通、分配、消费、政治、法律等。它们都是人类有意识的社会活动及其产物,都贯穿着人与人的关系。而这种关系在阶级社会里,又往往与人们的阶级地位是分不开的。资本家企业的统计活动主要是为资本家服务的,而我国的社会经济统计也有坚持社会主义方向的问题。这就使得统计研究带有明显的社会意识,与气象统计、海洋统计等这一类自然学科分开。此外,以不同的哲学观和经济学理论作指导,统计研究采用的方法和得出的结论就会有所不同。例如,同样是计算国民收入,按照马克思的经济学理论,统计范围只限于物质生产部门,而按照西方经济学理论,统计还应包括劳务部门。类似的情况,在统计研究中大量存在。目前,我国在人们根本利益基本一致的基础上,还存在着整体利益和局部利益的矛盾。这种社会矛盾对统计工作有直接影响。正确处理这些矛盾,是做好统计工作的保证。

第二节 统计研究的程序和基本方法

一、统计研究的程序

统计研究的程序也称为统计工作的程序,现在一般分为四个阶段:统计设计、统计调查、统计整理和统计分析。这四个阶段大致呈逻辑递进关系。

(一) 统计设计阶段

它是指整个统计工作活动过程的准备阶段,统计设计是整个统计工作的龙头。它主要回答采集什么样的数据和如何采集这些数据。其任务是根据统计研究对象的性质和统计研究的任务,对统计活动的各个方面作出全面安排与规划,并拟订出设计方案。对可行性方案要反复论证和选优。

统计设计方案的主要内容有:明确规定工作的目的与任务;设计出统计指标与指标体系,确定统计单位和统计范围;设计统计调查表,确定统计计量单位、编码分组、数据格式和整个过程中数据质量的控制;确定采集统计资料的方法以及资料汇总程序和整理方案;设计各阶段工作进度与力量安排;落实经费来源与物资保证等。

(二) 统计调查阶段

统计调查阶段指从统计"信息源"(即基本统计调查单位)上,采集基础数据的阶段。实现统计指标具体数值的采集是具体认识客观事物的起点。

(三) 统计整理阶段

统计整理的过程是对前一阶段采集到的基础数据,进行分类汇总、加工和再加工整理的过程。对同一批基础数据,借助于电子计算技术进行各种复合交叉分组和深层次加工,进行组合和集成,生成各种汇总表,可以得到满足不同统计目的或用途的统计资料。

整理的过程还应包括资料的存储、检索等问题。

(四) 统计分析阶段

这是统计研究进行理性认识的决定性阶段。这个阶段要计算各种综合指标,运用各种统计分析方法,对统计资料加以综合分析,揭示社会经济现象发展变化的趋势和规律性,并作出科学的结论,必要时还要以此为依据对未来的前景作出科学的预测。

统计各阶段的工作虽然先后有序,要求也有所不同,但是它们彼此之间却是紧密联系在一起的不可分割的整体,而且在具体实践过程中各阶段的工作也常常是相互交叉进行的。这就是说,统计设计、统计调查、统计整理和统计分析各阶段的工作不能截然分开,统计设计阶段有调查,也有分析;统计分析阶段也有补充调查;统计整理也需要有分析。

统计分析中主要包括绝对指标、相对指标、平均指标、标志变异指标、时间数列、指数等方法。此外,还要应用数理统计的一些方法,如抽样法及相关关系分析法。

二、统计研究的基本方法

哲学为各门科学提供了方法论的理论基础,而各门科学还必须有自己特有的研究方法。统计学特有的研究方法,称为统计学的方法论。统计研究的主要方法有:大量观察法、统计分组法、综合指标法、对比分析法等。

(一) 大量观察法

大量观察法是指从所研究的社会经济现象的总体中,抽取足够多的单位进行观察和综合分析研究的方法。抽取足够多的单位是指抽取相当多的单位,而不是少数单位,也不是个别单位。

统计采用大量观察法的原因如下:

(1) 由统计研究的对象决定。统计研究的对象是大量社会现象的数量方面。因此,统计研究的方法必须采用大量观察法,它要观察大量社会经济现象的数量表现,数量对比关系及其数量界限。

(2) 由统计研究对象的复杂性、多样性决定的。社会经济现象是错综复杂的，它们之间存在着相互依存、相互制约的关系。统计研究对象的整体是由各个具体单位组成的，而各个具体单位的发展水平及发展变化的程度，都是在一定的具体历史条件下形成的。它们既受必然因素的影响，又受偶然因素的影响；既受主要因素的影响，又受次要因素的影响。因此，构成整体的各个具体单位的数量表现是各不相同的，即各个具体单位之间在数量上存在着差异性，如每个工人的劳动生产率是不同的。观察大量社会经济现象，就会使构成统计研究整体的各个具体单位在数量上的差异性互相抵消，从而可以消除偶然因素对所研究现象的影响，使所研究的现象呈现出必然的规律性。

在我国统计实践中，采用的统计报表制度、普查、重点调查，都属于大量观察法。

（二）统计分组法

统计研究社会经济现象的整体，是由性质相同的个别单位组成的，所以统计研究的社会经济现象的总体具有同质性。但是，构成整体的各个个别单位是不同的，它们的数量表现又存在着差异性。由此可见，统计研究社会经济现象的整体，是同质性和差异性的统一。正因为如此，统计就不能笼统地研究同质现象的整体，还必须深入研究构成整体的各个组成部分。这就是统计采用分组法的道理。

统计分组就是按照一定的分组标志，将所研究的社会经济现象，分成性质不同的部分或组。统计分组法是统计研究的一种重要方法。

（三）综合指标法

为了说明所研究社会经济现象数量的综合特征，就需要采用综合指标法。综合指标主要有：绝对数、相对数和平均数等。利用这些综合指标，可以综合说明社会经济现象的数量特征。综合指标法是统计分析的基本方法。

（四）对比分析法

对比分析法是统计常用的基本方法。对比分析法是将有联系的指标进行对比，反映现象之间的数量关系，反映现象之间的数量差别。有比较才能鉴别，通过鉴别认识事物之间的关联性和特殊性。

对比的方法很多，不同的对比，说明不同的问题。例如，部分与整体对比，可以分析总体的结构或构成；实际数与计划数对比，可以分析计划的完成程度；实际数与合同数对比，可以分析合同的完成程度；将不同时间的同一指标对比，可以分析社会经济现象的变动程度；将不同地区同一时间的同类指标进行对比，可以分析研究各地区之间的差别；将同一整体中的各个组成部分进行对比，可以分析社会经济现象之间的比例关系；将有联系的不同类的统计指标进行对比，可以分析研究经济比例关系，可以分析研究社会经济现象的密度和强度。对比方法的选定，要根据统计研究的目的和社会经济现象的特点决定。

第三节　统计学的几个基本概念

统计学中有许多概念，有些是最基本的，贯穿于统计学的各个章节，这里先作一个简单的介绍，主要包括统计总体和总体单位、指标、标志和统计指标体系、变异和变量。

一、统计总体与总体单位

（一）统计总体

统计总体是指客观存在并在某一相同性质基础上结合起来的许多个别事物的整体，简称总体。例如，研究全国上市公司，全国所有上市公司便是统计总体。总体的类型是多种多样的，它可以是人群，可以是物品，还可以是客观事物现象。例如，研究全国大学生，所有大学生便构成总体。又例如，研究某地区的农业机械化情况，就以该地区的所有农业生产机械为总体。作为统计研究对象的总体应同时具备三个特征：同质性、大量性、变异性。

同质性是指总体中每一个单位在某一方面有共同性质，这是组成总体的前提条件。当统计研究的目的确定后，各单位在特定点上应具有共同性。例如，上市公司总体中，尽管各上市公司规模大小不同、经营方向不同、所有者不同，但有一点是相同的，那就是它们都是经我国证券管理部门批准成立并上市交易的股份有限公司。

大量性是指总体必须由许多个别单位组合而成，仅仅个别单位或少数单位的组合不足以构成总体。大量性是组成总体的基本要求，总体的本质特征只有对众多的个别单位的数量特征进行综合时才能反映出来。例如，少数几个上市公司不能客观、全面地反映上市公司总体的全貌。

变异性是指同一总体中的各单位虽必须至少在某一方面具有共同性，但在其他很多方面必须是存在差异的，这是进行统计研究的必要性。例如，上市公司在规模、经营范围、所有者等很多方面都存在差异。

统计总体可分为有限总体和无限总体。一个总体中所包含的单位数是可计数的，称为有限总体。如人口数、商店个数、企业个数等，其数量均可数，都是有限总体。若一个总体中所包含的单位数是大量的、无穷的，是不可数的，称为无限总体。如连续生产的流水线上的零件数，只要这种零件连续生产下去，这一总体就会无限扩大下去，因而是无限总体。一般说来，对有限总体既可进行全面调查，也可进行非全面调查，而对于无限总体，则只能进行非全面调查。

(二) 总体单位

总体单位是指构成总体的每个独立的个别单位，它是组成统计总体的基本单位，也是各项调查项目的直接承担者。例如，全国上市公司调查中的每个上市公司就是总体单位。

(三) 总体和总体单位之间的关系

总体和总体单位是互为存在条件地连接在一起的，没有总体单位，总体也就不存在；在一次特定范围、特定目的的统计研究下，总体与总体单位是不容混淆的，两者的含义是确定的，是包含与被包含的关系。但是随着统计研究任务、目的及范围的变化，总体和总体单位可以相互转化。对于每个具体事物而言，它不是永远充当总体或总体单位的，即它不是绝对的，而是相对的。例如，当研究全国的上市公司时，每家公司是总体单位；而当研究其中某公司时，该公司成为统计总体，它的下属各分公司是总体单位。

二、标志、统计指标和指标体系

(一) 标志

标志是说明总体单位属性和特征的名称。每个总体单位从不同角度考虑，都具有许多属性和特征。例如，每家上市公司作为总体单位，它们都具有所有制、行业、员工人数、股东结构、每股收益等属性或特征。总体单位与标志的关系是十分明确的，所以总体单位是标志的直接承担者，标志是依附于总体单位的。

标志按照反映的总体单位内容不同，可以分为品质标志和数量标志。品质标志是反映事物质的特征，如所有制、行业等，一般用文字来表现。数量标志则是表现事物量的特性，如员工人数、股东结构、每股收益等，可以用数字来表现和计量。无论是品质标志还是数量标志，其标志特征在总体单位上的具体表现均被称为标志表现形式。

标志按表现形式的异同分为不变标志和可变标志。凡是在总体中各单位的具体表现都是相同的标志称为不变标志。例如，研究全国大学生时，每个人的社会成分都是“学生”，则“社会成分”这个标志就是学生总体各单位的不变标志，这是构成总体的基础；而大学生总体中其他的标志，如性别、年龄、专业、学历等，各个学生是不尽相同的，这些就是可变标志。

（二）统计指标

统计指标是指表明总体数量特征的名称、概念或概念与具体数值，简称指标。例如，2019 年某地国内生产总值 80 250 亿元，就是一个统计指标；2019 年某国上市公司总数为 1 800 家，总市值 8 826 亿元。这些都是统计指标。在统计工作中，一个完整的统计指标是由指标名称、数值和计量单位所组成，表明事物质的规定性和量的规定性两个方面。

统计指标按其内容不同，可分为数量指标与质量指标。数量指标是反映总体规模、总水平等绝对数量多少的统计指标，一般以绝对数的形式表现，如国内生产总值、工资总额、员工人数等。其特征在计算方法上的表现是不同空间的数值可以相加求和，并且数量指标的数值大小随着总体范围的扩大或缩小而相应地增加或减少。由于它们表明的是现象的总量规模，所以又称为总量指标。质量指标是反映总体内部数量关系和总体单位一般水平的统计指标，一般以相对数或平均数的形式出现，如平均价格、发展速度、比例等。其特征在计算方法上的表现是指标数值通过相除求商得到，并且不同空间的数值不能直接相加。质量指标数值大小与总体范围的大小没有直接关系。由于它们表明的是现象变动的相对发展程度、经济效果和工作质量，所以称为质量指标。

统计指标按其作用和表现形式不同，可分为总量指标、相对指标和平均指标，它们的含义、内容、计算方法等将在以后的有关章节介绍。

（三）标志与指标的关系

标志与指标两者之间既有联系，又有区别。

1. 标志与指标的联系

（1）指标的数值是由总体单位的数量标志值或同类品质标志汇总或计算而来。数量标志直接汇总或计算得出统计指标，品质标志本身不能直接汇总为统计指标，只有对其标志表现所对应的单位进行总计时，才形成统计指标。

（2）随研究目的不同，指标与标志之间可互相转化。它们的地位变化是随着被说明的对象地位变化而改变的，即当原来的总体变为总体单位，则相应的指标就变成标志；反之，则相应的标志就变成了指标。

2. 标志与指标的区别

（1）指标与标志的概念不同。标志是说明总体单位的，一般不具有综合的特征；指标是说明总体的综合数量特征的，具有综合的特征。

（2）表现形式不同。指标分为数量指标和质量指标，它们都是可以用数值来表示的;标志分为数量标志和品质标志,数量标志可以用数值表示,品质标志则只能用文字表示。

(四) 指标体系

1. 指标体系的概念

每个指标只能反映现象总体的一个侧面或一个方面,不可能反映总体的全面情况,为了全面客观揭示总体的数量特征,必须把一系列相互联系、相互补充的指标结合起来应用。若干个相互联系、相互补充的指标结合在一起形成的整体叫指标体系。例如,一个地区的国民经济和社会发展情况,可以从社会经济、文化、科技、教育、国防等方面综合反映,相应地可建立一个指标体系。又如,一系列反映单位经济效益的指标可构成经济效益指标体系,构成产量指标体系的指标有产量、总产值、净产值、增加值、资本额、职工人数、税收等。再如,商品销售额、商品价格和商品销售量之间存在函数关系,即商品销售额=商品价格×商品销售量,这三个指标也构成指标体系。

2. 指标体系的种类

指标体系可作多种分类,按作用分类可分为两大类:基本统计指标体系和专题统计指标体系。

基本统计指标体系是指反映国民经济和社会发展及其各个组成部分基本情况的指标体系。其具体又分三个层次:① 最高层次,是反映国民经济和社会发展的统计指标体系,从经济上讲主要是国民经济综合平衡指标体系,还有社会指标体系和科技指标体系;② 中间层次,是各地区各部门统计指标体系,包括中观经济综合平衡指标体系、中观社会指标体系和中观科技指标体系;③ 基层统计指标体系,是指微观企业、事业单位的统计指标体系。

专题统计指标体系是指针对某项社会或经济问题而制定的专门统计指标体系。例如,就教育问题建立的教育指标体系;就主要生产资料问题建立的生产资料指标体系;就居民消费问题建立的居民消费价格统计指标体系。以上这些都是专题指标体系。

三、变异与变量

(一) 变异

统计上将各单位标志相互之间存在着的差异称为变异,包括品质变异和数量变异。例如,各上市公司注册资本规模有量的差异、流通股股份数有量的差异、股票种类(A 股、B 股、H 股等)有质的差异。不变标志是指总体单位间的某标志表现是相同的，因此不存在差异，也就不存在变异。在统计对象中，变异是普遍存在的，这是统计的前提条件。统计是研究变异的，有变异才有统计，如果没有变异，统计就失去了意义。

（二）变量

可变的数量标志叫变量，可变的数量标志的具体表现叫变量值，也称标志值。例如，某农用车厂生产各种农用车的价格分别为 30 000 元、32 000 元、33 000 元、34 000 元、35 000元。这里价格是变量，30 000 元、32 000 元、33 000 元、34 000 元、35 000 元是变量值。而可变的品质标志只存在变异，它不能用数值表现，所以不是变量。

变量按变量值是否连续可分为连续变量和离散变量。连续变量的数值之间是可以连续不断的，不能以整数位断开，相邻数值之间可进行无限分割，如身高、体重、年龄、价格、销售额等，都属于连续变量。例如，身高 175.26 厘米、体重 62.8 千克、年龄 19.5 岁、销售额 50.58 万元。在统计工作中，通常对有些变量值取整数来反映，这并不改变变量的性质。连续变量的数值可用测量或计算的方法取得。离散变量的各变量值之间可以用整数位断开，变量值只能取整数。例如，职工人数、机器台数、医院家数等，都是按整数算，不可能有小数。

变量按性质又可分为确定性变量和随机变量。确定性变量是指该变量是由基本因素引起的，其数值能够在事先被确定下来。例如，企业将要发行债券的数量、利率等就属于确定性变量。随机变量是指在相同条件下由偶然因素引起的，在一定范围内可能取各种不同的值，事先无法确定的变量。例如，每只股票的价格、每年产品的销量、债券将来的市场价格等都是未知的，是无法事先确定的，所以都属于随机变量。统计研究的事前情况多是随机变量；统计研究的事后情况则是确定性变量。

第四节　统计学与其他科学的关系

社会经济统计学与许多有关科学之间存在着密切联系。除各部门统计学与相对应的部门经济学联系密切外，作为一个整体，社会经济统计学与哲学、政治经济学及数理统计学的关系最为密切。

一、统计学与哲学的关系

哲学是人类认识世界最一般的方法论科学，社会经济统计学既然也是一门认识社会的方法论科学，它就必须以哲学作为它的方法论基础。社会经济统计必须在质与量的密切联系中认识事物的本质和规律性，这就是一条重要的哲学原理。此外，根据辩证唯物论关于存在决定意识的原理，社会经济统计必须坚持实践第一的观点，从实际出发，如实反映情况，反对弄虚作假。哲学又告诉我们，认识事物的过程是从个别到一般，从现象到本质。社会经济统计正是按照这个原理，从对许多单个事物的观察中，归纳出事物的总体特征的。其他如哲学中关于必然和偶然关系的原理，关于人民群众是历史的创造者的原理等，都是社会经济统计学所论述的许多重要方法的基础。辩证唯物主义和历史唯物主义为一切科学提供方法论基础，社会经济统计学当然不例外。但是，由于社会经济统计学本身的方法论性质，它与哲学的关系就更为密切了。它们之间不仅有一般的方法论指导关系，而且还有具体的方法指导关系，即社会经济统计学所论述的许多方法，都是直接以哲学中的各项原理为指导的。

二、统计学与政治经济学的关系

社会经济统计学以社会经济现象为其研究对象，这就规定了它必然以社会经济理论科学作为其理论指导，正如生物统计学以生物学为指导，教育统计学以教育学为指导那样。这就是运用各门理论科学已掌握的知识，来指导社会经济统计的数量研究，用理论科学中关于事物之间相互联系的论述来指导社会经济统计中的数量关系分析。当然，社会经济统计的研究成果也丰富了理论科学，有助于理论科学的发展。这种情况在马克思和列宁的政治经济理论著作中表现最为明显。他们用大量统计资料和统计方法进行的经济分析，既奠定了工人阶级和社会主义统计学的基础，同时也给他们的科学理论提供了有力的论据。同理，社会经济统计学的各个分科也以相对应的部门经济学作为其理论指导，如工业统计学以工业经济学为其理论指导，农业统计学以农业经济学为其理论指导，等等。根据这种指导关系，社会经济统计在研究社会经济现象时，就必须以政治经济学所阐明的范畴和规律为依据。例如，总产值、净产值、固定资产投资额、工资、利润、劳动生产率和国民收入等统计指标，都反映一定的经济范畴，在确定它们具体概念和范围时，都应以政治经济学所阐述的有关原理为依据。在统计分析中，经过对大量资料进行综合研究所得出的结论，也必须用政治经济学的理论加以检验。

三、统计学与数理统计学的关系

社会经济统计学在研究社会经济现象的数量关系中，日益依靠数学（包括数理统计）方法进行严密的定量分析。例如，在社会经济现象中，有许多数量关系可以利用一定的数字模型进行研究。这种模型,有些表现为函数关系,也有不少是表现为随机性的统计关系。本教材中讲的平均数和标志变异指标、抽样推断、相关分析和回归分析,以及统计预测等,都是数学和数理统计方法在社会经济研究中的应用。在社会经济统计工作中,应该大力提倡学点数理统计。凡是能用得上数理统计方法的地方,都要大力使用,不断总结经验。这对提高我国统计工作水平和统计理论水平是完全必要的。

四、统计学的分科

社会经济统计学在其发展的历史中,已经形成了一门多科性的方法论科学,其基本分科是,社会经济统计学基础(原理)、国民经济统计学、部门统计学及统计史。在部门统计学中有人口统计学、农业统计学、工业统计学、基本建设统计学、商业统计学、物资供应统计学、劳动统计学、交通运输统计学、财政金融统计学、对外贸易统计学及文教卫生统计学等。

第五节　统计的产生和发展

一、统计工作的产生和发展

统计作为一种社会实践活动,已有四五千年的历史,它是在社会经济逐步发展的过程中,为适应人们了解社会和管理国家的需要而产生的。我国在原始社会末期,奴隶社会的形成过程中,已出现了统计的萌芽。据《尚书》记载,公元前 2 000 多年前,在国家所进行的天文观测和居民生活条件的调查中,在国家建立的贡赋制度和劳役制度中,已有“四极”调查点的选择和年、季、月、“二分二至”与 365 日的划分,已有“九州”地理区划,“九山九水”治理方案和“上中下三等九级”贡赋标准,数量和分组的初步概念已经形成。古代埃及和希腊、罗马的历史中,在有关国情国力的调查研究中,也有许多类似的记载。历史发展到封建社会,社会经济统计已初具规模。据《商君书》记载,我国在公元前 300 多年前,在商鞅的调查研究思想中,已有了全国规模的人口调查登记制度和人口的按年龄、按职业的分组,已有了国民经济调查研究中的各种数量对比分析,把掌握反映基本国情国力的“十三数”定为富国强兵的重要手段。到 17 世纪中叶,随着统计的发展,“统计”一词已约定俗成,在《清文献通考》中有明文记载。

资本主义最早产生在欧洲。在 17～18 世纪资本主义上升时期,适应生产发展的需要,统计有了很大的发展。包括人口、工业和农业的"国情普查"逐渐形成为制度,商业、工业、农业、海关、外贸、物价等方面的统计,先后都得到广泛的发展。19世纪中叶之后,数学特别是古典概率在统计中的应用迅速开展。统计资料和统计方法在经济问题的研究中得到日益广泛的应用。

二、统计学的形成和发展

统计作为一种社会实践活动,已有几千年的历史,而作为一门学科,却只有几百年的历史。一般认为,英国经济学家(也被后人称为社会经济统计学创始人)威廉·配第(1623—1687)《政治算术》(1671年)的问世,标志着统计学的产生。配第的这本书运用了大量的实际数字资料,用统计方法对英、法、荷三国的国情国力作了系统的数量对比分析,最后得出了令人信服的结论。对此,马克思评价他是"政治经济学之父,在某种程度上也可以说是统计学的创始人"。政治算术学派的另一创始人是约翰·格郎特(1620—1674),他的代表作是《对死亡率公报的自然观察和政治观察》。当时,伦敦瘟疫流行,死亡情况严重,引起社会不安,格郎特根据"死亡率公报",对伦敦人口的出生率、死亡率、性别比例和人口发展趋势,作了分类计算和预测,证明没有悲观的必要。这本书所用具体的数量对比分析的方法,对统计学的创立,与《政治算术》起了同等重要的作用,被认为是政治算术学派的又一本名著。政治算术学派之后还有一系列的统计学家和统计学著作,但一直未正式采用"统计学"这一科学命名,因此,被认为无统计学之名而有统计学之实。

统计学这个词最初是由一个叫国势学派的提出来的,这个学派的创始人是德国的海尔曼·康令(1606—1681)。康令在大学里讲授国势学,国势学主要是论述和比较国家的领土、人口、财政、军事、政治、法律等有关国情国力方面的内容。后来,哥廷根大学的教授(国势学派的继承者)阿亨瓦尔(1719—1772)在1749年发表的《欧洲各国国势学纲要》中第一次使用"统计学"一词。但这个学派对国情国势的记述主要以文字叙述为主,始终没有将数量对比分析作为这门学科的基本特征。

当"统计学"这个词被提出后,政治算术学派认为,政治算术就是统计学,而国势学派认为国势学才是统计学。双方争论长达100多年,直到19世纪中叶,人们开始确认统计学应以数量分析为主要特征,争论才逐步有了结果。德国经济学家兼统计学家克尼斯(1821—1898)于1850年发表了他的论文《独立科学的统计学》,在论文中他概括了大多数人的意见,提出"国家学"和"统计学"分工的主张,即"国家学"作为"国势学"的科学命名,"统计学"作为"政治算术"的科学命名。至此争论才告平息。

18世纪末19世纪初,资本主义的发展进入一个新的历史阶段。生产力与生产关系的矛盾,经济基础与上层建筑的矛盾,集中表现为无产阶级与资产阶级的矛盾。在意识形态领域中发生了巨大的变化。资产阶级所创建的古典哲学、古典政治经济学和空想社会主义,逐渐为唯心主义哲学、庸俗政治经济学和唯心主义社会学所代替。与此同时,产生了马克思主义的哲学、政治经济学和科学社会主义。意识形态上的两种立场、两种观点和两种方法的对立,在指引着和影响着各门社会科学发展的方向与道路。统计学作为一门社会科学,100 多年来,又形成了各种不同的学派,主要有“数理统计学派”“社会统计学派”和马克思主义的统计理论体系。在社会主义国家出现之后,在马克思主义统计理论体系的指引下,又逐步形成了社会经济统计学。

“数理统计学派”产生于 19 世纪中叶。创始人是比利时的生物学家、数学家和统计学家阿道夫·凯特勒(1796—1874)。他的主要著作有《统计学的研究》(1844)、《关于概率论的书信》(1846)和《社会物理学》(1869)等。其中,《社会物理学》是他的代表作。书中指出,他的社会物理学“是要给政治科学和精神科学附加上一种以观察和计算为基础的方法,而支配着社会现象的法则和方法则是概率论”。凯特勒在统计学上的最大贡献是把概率论引进了统计学,从而创立了一门全新的科学,即数理统计学。数理统计学的产生和发展,大大丰富了统计方法,而且使统计计算更严密、更科学。所以这门学科诞生后,发展很快,其影响范围现在已超过原来的统计学(即现在所称的社会经济统计学)。即使是社会经济统计学,现在也已大量吸收数理统计学的方法,如抽样推断法,相关与回归分析法等都是从数理统计学中吸收而来的。但数理统计学发展也有一个明显的不足,就是它纯粹是从数学的角度研究统计方法。实际上,对社会经济现象进行研究,除了要使计算分析符合数学法则外,同时还要依据经济学理论,在这一点上,社会经济统计学始终是遵循这一原则的,并使之成为与数理统计学相区别的重要标志。

自从数理统计学诞生以后,统计学开始沿着两个方向发展:社会经济统计学发展着力于如何用更好的方法从数量上对社会经济现象进行描述和分析;数理统计学发展则着力于如何创造更好的数量描述方法。也就是说,前者是研究如何选用更合理的工具解决各种实际的社会经济问题,后者则研究如何创造各种更有效的工具。这也是社会经济统计学不断吸收数理统计学方法的原因所在。现在这两门统计学并存着。

随着新兴学科的不断产生和科学技术的发展,社会经济统计学将会进一步得到发展和完善。从目前来看,有两个主要方面将促进社会经济统计学的进一步发展:一是受信息论、系统论、控制论的影响,使得统计方法朝着系统描述、系统控制和系统分析的方向发展;二是受计算机普及的影响,使统计手段电算化,从而使得统计资料的搜集、整理和分析的手段更多样、更完善、更有效、更方便。

习 题

一、填空题

1. 说明总体单位属性和特征的名称是（　　），反映总体数量特征的名称和数值是（　　）。

2. 研究某企业的汽车产品生产情况时，统计总体是（　　），总体单位是（　　）。

3. 表示总体单位属性方面特征的标志是（　　），而表示总体单位数量方面特征的标志是（　　）。

4. 研究某市居民生活状况，该市全部居民便构成了（　　），每一家庭的收入是（　　）。

5. 社会劳动力资源总量是属于（　　）指标，就业人员负担系数属于（　　）指标。

6. 统计研究的基本方法是（　　）、（　　）、综合指标法、统计模型法和归纳推断法。

7. 当我们研究某市居民户的生活水平时，该市全部居民户便构成（　　），每一居民户是（　　）。

8. 标志是说明总体单位的名称，它有（　　）和（　　）两种。

9. 要了解一个企业的产品生产情况，总体是（　　），总体单位是（　　）。

10. 工人的年龄、工厂设备的价值，属于（　　）标志，而工人的性别、设备的种类是（　　）标志。

11. 统计指标反映的是（　　）的数量特征，数量标志反映的是（　　）的数量特征。

12. 一项完整的统计指标应该由（　　）、时间、地点、（　　）和计量单位等内容构成。

13. 统计工作和统计资料之间是（　　）的关系，统计学和统计工作之间是（　　）的关系。

14. 统计指标是一定社会经济范畴的具体表现，而且具有（　　）和（　　）的特点。

15. 进行工业生产设备普查时，调查单位是（　　），报告单位是（　　）。

16. 某市职工人数普查中，该市全部职工人数是(　　)，每一个职工是(　　)。

17. 工厂的设备数、医院的医护人员数属(　　)变量；而人的身高、体重属(　　)变量。

18. 统计总体是统计所要研究的对象(　　)，它是由客观存在的、具有某种(　　)的许多个别单位所构成的整体。构成总体的(　　)则称为(　　)。

19. 构成一个统计总体必须同时具备三个性质。即(　　)性、(　　)性和(　　)性。

二、单项选择题

1. 统计指标是说明(　　)。

A. 总体特征的　　B. 总体单位特征的

C. 数量标志的名称　　D. 品质标志的名称

2. 某记账员的记账差错率是(　　)。

A. 数量标志　　B. 品质标志　　C. 数量指标　　D. 质量指标

3. 了解某班50名学生的学习成绩时，总体是(　　)。

A. 50个学生　　B. 50个学生的学习成绩

C. 每一个学生　　D. 每一个学生的学习成绩

4. 下列标志中属于品质标志的有(　　)。

A. 银行职工的年龄　　B. 银行职工的工资

C. 银行职工的岗位　　D. 银行职工的业务量

5. 某银行有100名职工，把他们的工资加起来除以100，这是(　　)。

A. 对100个变量求平均　　B. 对100个变量值求平均

C. 对100个标志求平均　　D. 对100个指标求平均

6. 下列变量中属于连续变量的是(　　)。

A. 设备台数　　B. 工业企业数量

C. 储蓄存款余额　　D. 学生人数

7. 统计指标(　　)。

A. 是可量的　　B. 不都是可量的

C. 不能用数值表示　　D. 可以用文字表示

8. 某银行的储蓄存款余额(　　)。

A. 一定是统计指标

B. 一定是数量标志

C. 可能是统计指标，也可能是数量标志
D. 既不是统计指标，也不是数量标志
9. 进行金融系统职工普查，则总体单位是(　　)。
A. 全部金融机构　　B. 金融系统全部职工
C. 每个金融机构　　D. 金融系统每一位职工
10. 下列情况属于离散变量的是(　　)。
A. 销售额　　B. 工厂数　　C. 身高　　D. 工资
11. 构成统计总体的个别事物称为(　　)。
A. 调查单位　　B. 标志值
C. 品质标志　　D. 总体单位
12. 某工人月工资 8 000 元，则“工资”是(　　)。
A. 数量标志　　B. 变量
C. 品质标志　　D. 变量值
13. 由反映总体各单位数量特征的标志值汇总得出的指标是(　　)。
A. 总体单位总量　　B. 总体标志总量
C. 质量指标　　D. 相对指标
14. 对某城市工业企业未安装设备进行普查，总体单位是(　　)。
A. 工业企业全部未安装设备　　B. 工业企业每一台未安装设备
C. 某个工业企业的未安装设备　　D. 每一个工业企业
15. 总体的变异性是指(　　)。
A. 总体所有单位至少有一个以上的可变品质标志或数量标志
B. 总体所有单位的标志没有相同性
C. 总体所有单位的标志有两个是可变的
D. 总体所有单位的标志具有同质性
16. 某班三名学生数学成绩分别为 72、85、93，这三个数字是(　　)。
A. 指标　　B. 标志　　C. 变量值　　D. 变量
17. 统计一词的三种涵义是(　　)。
A. 统计工作、统计资料、统计学　　B. 统计工作、统计调查、统计学
C. 统计调查、统计整理、统计分析　　D. 统计指标、统计资料、统计学
18. 社会经济统计的研究对象是(　　)。
A. 抽象的数量关系
B. 社会经济现象的规律性

C. 社会经济现象的数量特征和数量关系

D. 社会经济统计认识过程的规律和方法

19. 标志是说明总体单位特征的名称，标志有数量标志和品质标志，因此（　　）。

A. 标志值有两大类：品质标志值和数量标志值

B. 品质标志才有标志值

C. 数量标志才有标志值

D. 品质标志和数量标志都具有标志值

20. 指标是说明总体特征的，标志是说明总体单位特征的，所以（　　）。

A. 标志和指标之间的关系是固定不变的

B. 标志和指标之间的关系是可以变化的

C. 标志和指标都是可以用数值表示的

D. 只有指标才可以用数值表示

21. 下列数据中，属于数量标志的是（　　）。

A. 学生的性别　　B. 学生的年龄

C. 学生的专业　　D. 学生的住址

22. 在职工生活状况研究中，"职工的收入"是（　　）。

A. 连续变量　　B. 离散变量

C. 随机变量值　　D. 连续变量值

23. 下列变量中，属于连续变量的是（　　）。

A. 大中型企业个数　　B. 大中型企业的职工人数

C. 大中型企业的利润额　　D. 大中型企业拥有的设备台数

24. 变量中属于连续变量的是（　　）。

A. 中等学校数　　B. 国营企业数

C. 在校学生年龄　　D. 在校学生人数

三、多项选择题

1. 统计的涵义包括（　　）。

A. 统计资料　　B. 统计设计　　C. 统计工作　　D. 统计表

E. 统计学

2. 下列属于质量指标的有（　　）。

A. 合格率　　B. 劳动生产率　　C. 利税额　　D. 人均收入

E. 农产品产量

3. 离散变量的数值(　　)。

A. 是连续不断的　　B. 是以整数断开的

C. 相邻两值之间可取无限的值　　D. 要用测量或计算方法取得

E. 能用计数的方法取得

4. 下列标志中,属于数量标志的有(　　)。

A. 性别　　B. 工种　　C. 工资　　D. 民族

E. 年龄

5. 下列变量中,属于连续变量的有(　　)。

A. 棉花产量　　B. 棉花播种面积

C. 单位面积棉花产量　　D. 植棉专业户数

E. 农业科研所数

6. 下列变量中,属于离散变量的有(　　)。

A. 商业企业单位数　　B. 商品总销售额

C. 职工人数　　D. 商品库存数

E. 商店经营商品品种数

7. 要了解某地区的就业情况(　　)。

A. 全部成年人是研究的总体

B. 成年人口总数是统计指标

C. 成年人口就业率是统计标志

D. 反映每个人特征的职业是数量指标

E. 某人职业是教师是标志表现

8. 在全国人口普查中(　　)。

A. 全国人口总数是统计总体　　B. 男性是品质标志表现

C. 人的年龄是变量　　D. 每一户是总体单位

E. 人口的平均年龄是统计指标

9. 下列各项中,属于统计指标的有(　　)。

A. 某年全国人均国内生产总值　　B. 某台机床使用年限

C. 某市年供水量　　D. 某地区原煤生产量

E. 某学员平均成绩

10. 下列统计指标中,属于质量指标的有(　　)。

A. 工资总额　　B. 单位产品成本

C. 出勤人数　　D. 人口密度

E. 合格品率

11. 国家统计系统的功能或统计的职能有(　　)。

A. 信息职能　　B. 咨询职能　　C. 监督职能　　D. 决策职能

E. 协调职能

12. 下列属于品质标志的有(　　)。

A. 民族　　B. 职业　　C. 职称　　D. 文化程度

E. 工作年限

13. 下面各项中属于品质标志的是(　　)。

A. 工人人数　　B. 性别

C. 文化程度　　D. 企业经济类型

E. 先进工作者人数

14. 国有各企业中属于数量标志的是(　　)。

A. 企业的职工人数　　B. 企业的男职工人数

C. 企业所属部门　　D. 企业现有设备台数

E. 企业管理人员数

15. 下列标志中属于数量标志的有(　　)。

A. 商品零售额　　B. 工龄

C. 计划完成百分比　　D. 合同履约率

E. 企业经济类型

四、判断题

1. 统计着眼于事物的整体,不考虑个别事物的数量特征。(　　)

2. 一个人口总体的特征,可以用人口总数、年龄、性别、民族等概念来反映。(　　)

3. 凡是以绝对数形式出现的指标均为数量指标,凡是以相对数和平均数形式出现的指标均为质量指标。(　　)

4. 男性是品质标志。(　　)

5. 品质标志说明总体单位的属性特征,质量指标反映现象的相对水平或工作质量,两者都不能用数值表示。(　　)

6. 标志是不能用数值表示的,指标也是不能用数值表示的。(　　)

7. 数量标志值是由许多统计指标的数值汇总而来的。(　　)

8. 品质标志和质量指标一般都不能用数值表示。(　　)

9. 变量与变量值的主要区别是变量不能相加平均,而变量值可以相加平均。(　　)

10. 数量指标是由数量标志汇总来的，质量指标是由品质标志汇总来的。 （ ）

11. 以国有商业企业为总体，则所有的国有商业企业的总数就是总体单位总量，所有的国有商业企业的职工人数、商品流转额、利税额的合计就是标志总量。 （ ）

12. 统计总体是由某些性质不同的总体单位构成的。 （ ）

13. 统计指标有的用文字表示，叫质量指标；有的用数字表示，叫数量指标。 （ ）

14. 一般而言，指标总是依附在总体上，而标志是依附于总体单位上的。 （ ）

15. 统计学与统计工作的研究对象是一致的。 （ ）

16. 变量也叫变量值。 （ ）

17. 指标和标志都可以用来说明总体单位的特征和属性。 （ ）

18. 对某市工程技术人员进行普查，该市工程技术人员的工资收入水平是数量标志。 （ ）

19. 统计总体和总体单位随着研究目的的变化而变化。 （ ）

20. 品质标志一般用文字来回答，有时也可以用数量回答，如某厂有男职工168人，女职工141人，就是用数量回答品质标志。 （ ）

21. 变量按其值是否连续出现，可以分为确定性变量与随机变量。 （ ）

22. 某生产组有5名工人，日产零件数分别为68件、69件、70件、71件、72件，因此说这些是5个数量标志或5个变量。 （ ）

23. 统计研究客观事物现象，着眼于个体的数量特征，而不是研究整体事物的数。 （ ）

24. 统计指标有的用文字表示，叫质量指标：有的用数字表示，叫数量指标。 （ ）

25. 统计总体是由某些性质不同的总体单位构成的。 （ ）

五、简答题

1. 品质标志和数量标志有什么区别？
2. 什么是统计指标？统计指标和标志有什么区别和联系？
3. 统计的基本任务是什么？
4. 简述统计工作、统计资料和统计学的关系。
5. 统计研究对象和特点是什么？
6. 我国统计的管理体制是怎样的？

第二章

统 计 调 查

第一节　统计调查的意义和种类

一、统计调查的意义和要求

(一) 统计调查的意义

统计调查就是按照统计研究的目的和要求,采用科学的方法,有组织、有计划、有系统地搜集某种客观事物实际资料的工作过程。例如,要研究国民经济的发展情况,就要搜集构成国民经济的各个行业、各个部门、各个要素的实际资料;要研究某个企业的生产情况,就要搜集反映该企业生产情况的有关实际资料。

搜集的实际资料包括原始资料和次级资料。所谓原始资料,是指那些反映总体单位特征的、尚未进行加工整理的资料。次级资料是指已经经过一定的加工整理,在一定的程度上能够说明总体特征的统计资料。由于次级资料都是从原始资料整理而来的,所以统计调查的基本任务是搜集社会经济现象中总体单位的相关原始资料。

统计调查是整个统计工作的基础环节。通过统计调查,取得有关被研究现象的具体资料,为统计整理和统计分析提供依据。统计调查搞得好,就能准确、及时、全面、系统地占有丰富的统计资料,有利于正确认识被研究现象的本质及规律性;反之,如果统计调查搞得不好,所得到的资料不准确、不真实或不及时,即使经过科学的整理和周密的分析,也不可能得到正确的判断,这将直接影响整个统计工作的成果。所以,统计调查阶段是保证完成统计工作任务、提高统计工作质量的首要环节,是整个统计工作的基础。

(二) 统计调查的要求

统计调查的基本任务主要是准确、及时、全面、系统地搜集与统计研究任务有关的实际资料。为了更好地完成统计工作的任务,发挥统计调查的作用,在统计调查过程中必须达到准确性、及时性和完整性的基本要求。

(1) 准确性。统计调查的准确性是指搜集的资料必须能如实地反映客观实际,做到真实、可靠,既不修饰也不渲染。这是保证统计资料质量的首要环节,是统计工作的生命。没有准确的数字资料,统计就失去了认识社会的作用。各地方、部门和单位以及个体工商户都要严格执行我国《统计法》,准确地提供统计资料。统计工作者更要坚决执行《统计法》,为维护统计数字的准确性而努力。

(2) 及时性。统计调查的及时性是指及时上报各种统计调查资料,以便满足各方面的需要。及时性关系到统计资料的使用价值,如果统计资料提供得不及时,即使统计资料准确可靠,也会失去应有的作用。因此,必须保证统计资料的及时性。同时,及时性还关系到统计工作的全局。任何一项统计任务的完成,都是许多单位协同工作的结果,任何一个调查单位的统计资料上报不及时,都会影响整个统计工作的进程,甚至贻误良机。

统计调查的及时性和准确性是辩证统一的关系,不能顾此失彼。既不能强调及时性而忽视准确性,也不能强调准确性而不顾时间要求,时过境迁的统计资料,意义是不大的。

(3) 完整性。统计调查的完整性是指被调查单位不重复、不遗漏,所列调查项目的资料都搜集齐全。这是反映大量社会经济现象总体数量特征的基础。若统计资料残缺不全,就不可能反映所研究对象的全貌和正确认识社会经济现象总体的特征,最终也就难以对社会经济现象的规律性作出准确的判断,甚至会得出以偏概全的错误结论。

综上所述,统计调查资料的准确性、及时性和完整性,是对统计工作的基本要求,它们之间存在着有机的联系。准确性是统计调查工作的基础,要在准中求快、准中求全。

二、统计调查的种类

统计研究的对象即客观事物的复杂性和统计研究目的的多样性,决定了统计调查方法的多样性。进行统计调查,必须根据统计研究目的和调查对象的特点,选择合适的调查方法。统计调查的方法,可以从不同的角度,按不同的标准进行分类。

(一) 按调查对象所包括的范围不同,分为全面调查和非全面调查

全面调查是指对构成调查对象的所有总体单位全部进行调查登记的一种调查方法。全面统计报表和普查都是全面调查。例如,为了研究我国人口数量、性别比例、年龄结构、民族构成、受教育程度等人口问题而进行的第五次全国人口普查,就属于全面调查。

非全面调查是指对构成调查对象的一部分总体单位进行调查登记的一种调查方法。重点调查、典型调查和抽样调查都是非全面调查。例如,为了了解某地区居民的消费水平情况,并不需要对该地区所有的居民进行调查,只需要搜集各个收入

层次的一部分居民消费水平方面的实际资料；对某批产品进行质量鉴定，也不需要对所有产品逐个进行质量检验，只需要抽出一部分产品进行检验即可。这些调查都属于非全面调查。

（二）按调查登记时间是否连续，分为经常性调查和一次性调查

经常性调查是指随着调查对象的发展变化，连续不断地进行调查登记的方法。例如，要对某个工程的质量水平进行调查，就需要随着工程进度的延伸，连续不断地调查登记此项工程的质量情况和相关情况，直至工程全面竣工、验收。这种调查就属于经常性调查。又如，对社会商品零售价格的调查和监控，是长年累月地进行的，也属于经常性调查。

一次性调查是指间隔一定时间的不连续调查。例如，人口数、学校数、固定资产原值等指标，因为短时间内的变化不会太大，所以没有必要进行经常性调查。只需间隔一定时间了解现象在一定时点上的状况，可采用一次性调查。

（三）按调查的组织方式不同，分为统计报表制度和专门调查

统计报表制度是按一定的表式和要求，自上而下统一布置、自下而上逐级提供和报送统计资料的一种统计调查方式。我国建立了规范的统计报表制度，所有的企业、事业单位和基层行政机关，都要遵守《统计法》，按照上级部门规定的表式、项目、日期和程序向上级部门提交统计报表。统计报表包括国家的政治、经济、文化生活等各方面的基本统计指标。这种调查组织方式在我国的统计工作中占有重要的地位。负责编制和报送统计报表的组织机构是常设或固定的。统计报表制度属于经常性调查。

专门调查是指为了研究某些专门问题而专门组织的统计调查。这种调查的组织机构不是常设的，而是根据研究目的和任务临时设置的。专门调查多属于一次性调查，包括普查、重点调查、典型调查和抽样调查等。

（四）按搜集资料的方法不同，分为直接观察法、报告法、采访法、问卷法和网上调查法

直接观察法是指由调查人员亲自到调查现场进行实地测定计量，并将结果记录下来的方法。如对农作物的产量进行调查一般都采用此方法，可以准确地获得统计资料，但需耗费较多的时间和人力、物力、财力；同时有些社会经济现象还不能通过直接观察法获得资料，如居民家庭年收支状况调查一般不适宜用此法。

报告法是指由报告单位根据统一要求填写统计表格并在规定时间内，按照行政隶属关系逐级向上提供统计资料的方法。报告法的特点是统一表式、统一项目、统一要求和统一上报程序。统计报表制度就采用此种方法，节省了调查机构的人力。若报告系统健全，报告单位的原始记录和核算工作真实、完整，采用此法可以取得比较准确的统计资料。

采访法是指由调查员询问被调查者，并根据答复做记录的一种收集资料的方法。例如，个别访问、开专题调查会。采用此法调查双方面对面直接接触，逐项询问、相互核实，搜集的资料比较真实可靠。

问卷法是指以发放问卷并回收来收集统计调查资料的方法。通常随机或有意识地选择若干调查单位，发放问卷，要求在规定时间内提供相关信息，对信息进行统计整理分析后推断出总体的基本情况。对于一些人们感兴趣的社会问题进行民意调查时经常采用此法。

随着现代信息网络的迅速发展，越来越多的统计资料都可以通过网上调查法取得，它是通过网络向被调查单位和个人发出调查提纲、表格或问卷，被调查者通过网络向调查者反馈信息。网上调查法有其独特的优点：需要的经费较少、能在较大的范围内进行调查、传播快速且具多媒体性、调查结果客观性高、信息质量易检验和控制。

统计调查还可以从其他的角度分类，并且各种分类也不是相互排斥的。如普查，从调查对象所包括的范围来看，属于全面调查；从调查时间的连续性来看，属于一次性调查；从组织方式上看，又属于专门调查。

第二节 统计调查方法

《统计法》中规定，统计调查应当以周期性普查为基础，以经常性抽样调查为主体，以必要的统计报表、重点调查、综合分析等为补充，搜集、整理基本统计资料。下面我们将重点介绍几种统计调查方法。

一、普查

（一）普查的含义

普查是为了掌握某种客观事物的准确情况而专门组织的一次性全面调查。有些客观现象不需要或不可能进行经常性调查，但又需要掌握它的准确情况，就需要采用普查的方式搜集资料。普查是一种重要的调查方式，世界各国对于本国的国情国力调查都普遍采用普查的方法来完成。它的主要作用是为国家制定政策、采取重大措施和编制长远计划提供某一方面的全面资料，并作为深入分析国家政治、经济和文化发展情况的参考。普查一般是调查属于一定时点上的社会经济现象的总量，但也可以调查某些时期现象的总量，乃至调查一些并非总量的指标。普查涉及面广、指标多、工作量大、时间性强，因此为了取得准确的统计资料，普查对集中领导和统一行动的要求最高。

1994年，我国建立了周期性的普查制度。普查项目包括：人口、工业、农业、第三产业和基本统计单位等。人口普查、第三产业普查、工业普查、农业普查每10年进行一次，分别在逢0、3、5、7的年份实施。基本统计单位普查，每5年进行一次，逢1、6的年份实施。2004年起把工业、第三产业、基本统计单位三项普查合在一起，再加上建筑业普查内容，实施经济普查，每5年进行一次。

（二）普查的特点

1. 普查是一次性调查

普查一般用来调查属于一定时点现象的总量。由于时点现象的总量在短期内往往变化不大，不需要进行经常性调查，通常要间隔一段较长的时间进行一次调查。例如，我国第五次与第四次人口普查相隔了10年。当然，有些时期现象也可以采用普查的方式，如工业总产值、利润额、上缴税金等指标都采用普查的方式取得。

2. 普查是全面调查

普查的对象范围广、总体单位数量大、指标的内容详细，并且规模宏大，所以比其他任何调查方式更能掌握大量、全面的统计资料。例如，人口普查的对象是中国的所有公民(不包括香港等地区)，调查的内容不仅仅是人口数量，还有各种构成资料和社会特征资料，如性别构成、年龄构成、民族构成、生育率、死亡率、教育特征、经济特征等各方面的情况。

3. 普查的工作量大

普查涉及面广、时间性强、复杂程度高、对组织工作的要求高，需要耗费大量的人力、物力和财力，因而普查不宜经常进行。

（三）普查的组织原则

根据普查的特点，进行普查工作必须十分重视调查时间和调查项目上的集中和统一。普查的要求如下。

1. 统一普查标准时间

所谓标准时间，即规定某日或某日的某一时刻作为登记普查对象有关资料的统一时间，这样才能避免搜集资料因为自然变动或机械变动而产生重复和遗漏现象。例如，我国前四次全国人口普查都统一规定以7月1日零时为标准时间，第五次人口普查规定以2000年11月1日零时为标准时间。这样，任何家庭在该时点之前有人亡故或之后有孩子出生均不应加以登记，只有这样，才能把该时刻人口的实际状况像照相一样反映出来。

2. 统一普查期限

在普查范围内各调查单位应尽可能同时进行调查，并尽可能在最短期限内完成，以便在方法上、步调上取得一致，保证调查资料的准确性和时效性。例如，第五次全国人口普查登记工作，从 2000 年 11 月 1 日开始到 11 月 10 日结束，调查时限 10 天。调查时限应尽量紧挨标准时间，调查登记工作拖延太久，调查所取得的时点资料容易发生错误，还会影响汇总分析工作。

3. 统一普查项目

调查项目一经统一规定，不能任意改变或增减，以免影响汇总综合，降低资料质量。同一种普查再次进行时，在满足不同时期需要而增加或减少项目的同时，项目的规定也应力求一致，以便于对被研究对象进行不同时期的比较和分析，揭示其发展变化的规律。

二、统计报表制度

（一）统计报表制度的含义

统计报表制度是基层单位（或下级单位）按照上级部门颁发的统一的表式、统一的调查纲要、统一的报送程序和时间，自下而上逐级报告统计资料的制度。这种以表格形式提供统计资料的书面材料，称为统计报表。

统计报表制度是我国对国民经济实行宏观调控和业务指导的重要工具，是全面、及时、准确地获得统计资料的有效方法。国家为了加强宏观调控，制定符合社会和经济发展客观规律的方针、政策，指导和监督各地区、各部门、各企事业单位的经济活动，必须及时掌握全面的统计资料；而各地区、各部门、各企事业单位也需要定期向上级如实报告自己经济活动的基本资料和有关数据，以便于上级部门的指导和监督。这种客观要求，决定了国家必须建立统一的统计报表制度，执行统计报表制度也是各地区、各部门、各企事业单位必须履行的一项义务。我国经过多年的统计实践，使统计报表制度的作用得到了最大限度的发挥，是世界上运用统计报表制度最成熟的国家之一。但由于统计报表制度费时、费力，中间环节多，信息反馈慢，因此应与其他调查方式结合起来，综合运用。

统计报表的种类，可以按照不同的角度来划分：按调查范围，分为全面统计报表和非全面统计报表；按实施范围，分为国家统计报表、部门统计报表和地方统计报表；按统计报表报送周期的长短，分为日报表、旬报表、月报表、季报表、半年报表和年报表（其中，年报表是总结全年经济活动的报表，其内容全面、指标多、分组细，是制订计划、发布公报的重要依据，是最主要、最常用的统计报表）；按填报单位，分为基层报表和综合报表。

(二) 统计报表制度的内容

统计报表制度包括如下内容：

(1) 报表目录,包括报表的表号、报表名称、报表日期、填报单位、调查对象、报送程序等事项的一览表。

(2) 报表表式,指统计报表的具体格式。不同的调查任务有不同的格式,但基本都由三部分组成,即表头(报表标题、表号、报表期别、填报单位、制表单位、计量单位等)、表身(具体填报数据和资料)和表脚(备注、填表人签章、审核人或负责人签章等)。

(3) 填表说明,包括调查目的、要求和办法、统计范围、分组体系、各种统计目录、指标解释、报送日期、报送方式等,它可使填报单位明确填报任务和填报方法。

(三) 统计报表的资料来源

统计报表制度的一大特点是它有可靠的资料来源。统计报表资料来源于基层单位的原始记录和统计台账。原始记录和统计台账是各种经济核算的基础,也是填制统计报表的重要依据。没有健全的、规范的原始记录和统计台账制度,要做好统计报表的填报工作是不可能的。

原始记录是基层单位通过一定的表格形式对生产经营活动所作的最初记载。原始记录的范围广泛、种类繁多,如发货票、材料入库验收单、领料单、设备维修单等。统计台账是基层单位根据核算和填制统计报表的需要,为了积累和整理资料而设置的,按时间顺序登记原始记录的一种账册。它是从原始记录到统计报表的中间环节,如工业企业统计台账有产品产量台账、半成品台账、设备利用台账等。

三、重点调查

(一) 重点调查的含义

重点调查是在调查对象中选择一部分重点单位进行调查的一种统计调查方式。

重点单位是指调查对象中的一小部分单位,但其标志总量在总体标志总量中却占绝大比重,重点单位的特征可以反映总体的基本情况。所以,重点调查虽然属于非全面调查,但通过重点调查却可以了解总体的主要情况和发展变化的基本趋势,在一定程度上,起到全面调查的作用。例如,为了解我国工业企业发展的基本情况,我们对一些国有特大型国有企业进行调查,如鞍钢、首钢、上海宝钢、大庆油田、胜利油田等,它们的数量不多,但在国民经济的发展中,无论是资产总量,还是所创利税,都占全国所有工业企业相关指标的60%以上。对这些重点单位所进行的调查,属于重点调查。

相对于其他调查方式来说，重点调查的主要特点是投入少、调查速度快、所反映的主要情况或基本趋势比较准确。因此，重点调查通常用于不定期的一次性调查，但有时也用于经常性的连续调查。

（二）重点单位的选择

重点单位的选择一般要注意以下几方面：

(1) 适当确定重点单位的数量。重点单位选择多少，要根据调查任务确定。一般来讲，要求重点单位应尽可能少，而其标志值在总体中所占的比重应尽可能大，以保证有足够的代表性。例如，有资料显示，目前我国的国内彩电生产厂家大约有50家左右，而居于外销主要地位的有包括长虹、海尔在内的9家，尤以长虹、海尔、康佳和TCL四家位居前列，所以美国选择了这四家作为重点调查对象进行调查，并以此作为反倾销裁决的依据。

(2) 重点单位的选择要客观。重点单位的选择必须着眼于它所研究现象主要标志总量的比重，而不能带有主观因素。统计数据是为人服务的，同样一个数据，对于目的不同的人，会出现截然不同的结论，为了保证统计信息的完整性和正确性，客观地选择重点单位是非常重要的。

重点单位要根据研究任务和研究对象的特点而定，选择重点单位要进行具体分析。重点调查由于是小范围的调查，所以节省人力、物力和财力，时效性高，研究的问题也比全面调查更深入。一般来说，当调查的目的和任务不要求全面性和高度准确性，而部分单位又能比较集中地反映所研究的标志或指标时，宜采用重点调查的方式。

四、典型调查

（一）典型调查的含义

典型调查是根据调查的目的和任务，在对所研究对象总体进行初步分析的基础上，从调查对象中有意识地选择少数有代表性的典型单位进行调查研究的一种统计调查方式。就人类的认识规律来说，总是由认识个别和特殊事物，逐步扩大到认识一般事物。因此，从被研究对象中选择有代表性的少数单位进行深入细致的调查研究，就可以了解事物的本质及其发展过程，也就可以认识同类事物的本质和发展规律。

（二）典型调查的特点

典型调查是一种比较灵活的调查方式，有如下主要特点：

(1) 通过深入细致的调查，既可以搜集数字资料，又可以掌握具体、生动的情况，研究事物发生、发展的过程和结果，有利于探索事物发展变化的规律性。

(2) 调查单位是有意识地选择出来的若干有代表性的单位,它更多地取决于调查者的主观判断和决策。

(3) 它是一种比较灵活的调查方式,从典型单位入手逐步认识事物的一般性和普遍性,省时、省力,有利于提高调查效率。

(三) 典型调查的类型

一般来说,典型调查有两种类型:第一种是一般的典型调查,即对个别典型单位的调查研究。在这种典型调查中,只需在总体中选出几个典型单位,通过对这几个典型单位的调查研究,用以说明事物的一般情况或事物发展的一般规律。第二种是具有统计特征的划类选点式典型调查,即将调查总体划分为若干个类,再从每类中选择若干个典型进行调查,以说明各类的情况。

在选择典型单位时可根据调查目的不同分别选择中等典型、先进典型以及落后典型。比如,为了研究成功的经验或总结失败的教训,就应该选择调查对象中先进或落后的单位作为典型单位;如果是为了解总体的一般数量表现或一般发展趋势,则可选择中等的带有普遍性的单位作为典型单位。

五、抽样调查

抽样调查是按照随机原则,在调查对象中抽取一部分总体单位作为样本,根据样本资料推断总体数量特征的一种统计调查方式。

抽样调查是专门组织的非全面调查。由于全面调查的范围广、工作量大,需要耗费大量的人力、物力和财力,而且有时也不需要或不可能进行全面调查,但又要了解客观现象的总体情况,就可以采用抽样调查的方式。抽样调查是非全面调查中最完善、最有科学依据的调查方式。

综上所述,不同的统计调查的方式方法各有其特点和作用。在实际工作中,并非单用一种方式方法,而是多种方式方法的结合运用。比如,现在人口普查的一个显著特点是逐步采取全面调查与抽样调查相结合的方法。

第三节 统计调查方案

一、确定调查任务与目的

统计调查方案,要解决的首要问题就是确定调查任务与目的。只有这样,才能确定搜集资料的范围和方法,才能有效地组织统计调查工作。

调查的任务与目的，主要是根据统计研究的实际需要并结合调查对象的特点来确定的。例如，对某城市工业企业的机械设备利用情况进行调查，任务是准确掌握各个企业拥有的机械设备的数量、价值和使用情况，其目的是分析和探求机械设备在使用过程中其价值、技术性能、工作能力等发生变化的规律，为合理配置机械设备、提高利用率、加强设备技术管理和固定资产管理等提供依据。

二、确定调查对象和调查单位

明确了调查任务和调查目的后，就可以确定调查对象和调查单位。确定调查对象和调查单位，是为了解决向谁调查、由谁来提供统计资料的问题。调查对象就是根据调查目的所确定的统计总体，是由所要被调查的全部单位组成的整体。调查单位就是调查对象中所包含的每个具体单位，即总体单位，调查单位是进行调查登记的标志的承担者。明确调查单位，还要与填报单位区别开来。填报单位是填写调查内容、提供调查资料的单位。调查单位与填报单位有时一致，有时不一致，这要根据调查对象的特点和调查任务的要求来确定。比如，对某企业员工经济收入情况进行调查，调查对象就是企业所有员工，调查单位是每一个员工。如果调查表要求每个员工自己填写，则填报单位就是每个员工，这时的调查单位和填报单位是一致的；如果以车间为单位进行填报，填报单位就是车间，这时的填报单位和调查单位是不一致的。

以上述的机械设备利用情况调查为例，确定的调查对象是该市工业企业所有机械设备，调查单位是每一台设备。这个调查是由各工业企业进行登记来完成的，填报单位就应是每一个工业企业，这里调查单位与填报单位是不一致的。

三、确定调查项目和调查表

调查项目是调查单位所承担的基本标志，它由调查目的、任务和调查对象的性质所决定，包括一系列数量标志和品质标志。调查项目确定得正确与否，决定了整个调查工作的成败。选择的调查项目应是调查目的和任务所需要，并且确实能够取得资料的项目。每一个项目都应该有确切的含义和统一的解释，不应该设置那些不必要或虽然需要但无法取得资料的项目。对那些逻辑不完善、含义模糊、回答笼统的项目，也应避免使用。例如，在机械设备利用情况调查中，根据调查目的和任务，设备购置价值、出厂日期、日均工作时间、生产能力等标志就应作为调查项目。

调查项目确定之后，就要拟订调查表，将调查项目排列在调查表中，以便于登记调查资料。调查表的内容一般包括三个部分，即表头、表体和表脚。表头在调查表的上方，主要有调查表名称、填报单位名称等；表体是调查表的主要部分，由表格、调查项目等组成；表脚包括调查人员或填表人员签名、审核人员签名、填报日期等。

调查表的表格形式有两种：单一表和一览表。单一表是指只登记一个调查单位的调查表，一般可以容纳较多的调查项目；一览表是指可以登记多个调查单位的调查表，一般不宜设置太多调查项目。调查表的设计可以多种多样，以达到调查目的为原则，应尽可能简洁、便于填写，同一调查任务必须统一格式，以便下一步的汇总和整理。

根据调查目的，机械设备利用情况调查表适宜选用单一表，以每一台设备为单位，把相应调查项目设置在表格上。

四、确定调查时间和调查期限

调查时间是调查资料所属的时间。调查时间可以是时期，也可以是时点。如果所要调查的是时期现象，调查时间就是资料所反映的起讫日期；如果所要调查的是时点现象，调查时间就是规定的标准时点。调查期限是进行调查工作所要经历的时间，包括搜集资料、登记调查表和报送资料等整个工作过程所需的时间。调查期限的长短根据任务量的大小以及人力、物力、财力等情况进行确定，应尽可能缩短调查期限，保证统计信息的时效性。例如，对某市 2×20 年机械设备利用情况进行调查，这里的调查时间就是时期，即 2×20 年这一年。从 2×21 年 1 月 1 日起开始调查，截至本年 1 月 31 日将资料搜集、整理完毕，则调查期限为一个月。

五、调查工作的组织实施计划

严密细致的组织工作，是调查工作能够顺利进行的保证。调查的组织工作包括：调查工作领导机构的组建和调查人员的组织、调查方法的确定、人员业务培训等准备工作、调查资料的报送方式、调查经费的预算和筹集、工作进度的安排等。

以上述机械设备利用情况调查为例：某市主管工业企业部门首先成立调查工作领导小组，给各个企业布置调查任务，要求各个企业指派专人负责此项调查工作，并要求各企业主管领导对此项工作负领导责任；然后组织各企业调查人员进行业务培训，规定调查方式和方法，印制统一的调查表，要求对每一台机械设备的利用情况进行如实登记。进行此次调查的经费预算为 2 000 元，主要是用于调查表的印制、人员培训等，经费列入本年业务经费。各企业首先调查登记有关资料，并对资料进行核对，核对无误后报送到相关部门，材料报送时间为 2×21 年 1 月 31 日。

第四节 统计调查误差

统计调查资料都必须经过检查,才能进入统计整理阶段。统计调查资料的检查包括资料的准确性、完整性和及时性的检查。其中准确性检查是最主要的检查,费时费力,难度较大。准确性检查就是统计调查误差的检查。

一、统计调查误差的概念

统计调查误差是指调查结果与所调查现象的真实数量之间的离差。在多数情况下,调查误差是一个相对的概念。如果我们能准确地计算出调查误差,就意味着我们知道现象的真值;而如果我们知道现象的真值,研究调查误差也就失去了意义。所以,我们研究调查误差的目的不是如何去定义和测量它,而是分析其产生的原因,进而在统计调查工作中尽量避免或减少调查误差。

二、统计调查误差的种类

通常将调查误差按产生的原因不同分为两类,即登记性误差和代表性误差。

(一) 登记性误差

登记性误差是指在调查过程中,由于各种主客观因素的影响而引起的技术性、登记性误差以及责任性误差等。具体而言,调查者在调查或整理过程中重复登记、遗漏登记、错误引导、错误记录或丢失数据等,都会造成登记误差;被调查者在接受调查时错误理解、记忆不清、有意隐瞒或夸大事实等,也会造成调查误差。登记性误差在全面调查和非全面调查中都可能会产生。

(二) 代表性误差

代表性误差是指由于样本的代表性不足,而造成的样本指标与总体指标之间可能存在的误差。代表性误差是用部分单位来推断总体时产生的误差。由于总体单位间存在差异,任何一部分总体单位对于总体而言总是没有完全的代表性,用它们来推断总体的特征必然会因代表性问题而产生误差。

当调查涉及全部总体单位时,就不存在代表性问题,也就无所谓代表性误差,因此,全面调查不存在代表性误差。只有用于推断总体情况的非全面调查才会有代表性误差,如抽样调查。

三、统计调查误差的消除与控制

(一) 登记性误差的消除

登记性误差是人为造成的,因此有可能加以消除。针对具体的产生原因,通常可以采取以下措施:

(1) 加强对调查人员的业务培训,增强其责任心,提高其业务素质。这样可以有效地减少因调查人员自身原因造成的调查误差。

(2) 合理设计调查表,不使被调查者产生误解。对于敏感性问题要采取特殊的调查方式或提问方法。

(3) 采用合适的调查组织形式,尽量避开人为因素的干扰。

(二) 代表性误差的控制

只要调查的单位不是全部总体单位,代表性误差就不可避免,但我们可以对它加以控制。通常的做法是按随机原则抽取样本或适当扩大样本容量,也可以采用适当的抽样组织方式。

需要说明的是,为控制、减少调查误差所采取的措施必然要增加调查成本,因此我们要综合考虑这两者的关系。如果增加了许多投入,但提高的精度并不是很大的话,这种做法就不可取。调查误差应当有一个合理的界限。突破了这个界限,就必须加以控制和消除,因为它影响到了数据质量;如果没有突破这个界限,则可以认为数据是基本合格的。如果再要提高调查精度,就必须考虑经济上是否合理。

习 题

一、填空题

1. 确定调查对象时,还必须确定两种单位,即(　　)和(　　)。

2. 重点调查是在调查对象中选择一部分(　　)进行调查的一种(　　)调查。

3. 调查单位是(　　)的承担者,而(　　)则是负责向上报告调查内容的单位。

4. 统计调查资料包括(　　)资料和(　　)资料两种。

5. 若要调查某地区工业企业职工的生活状况,调查单位是(　　),填报单位是(　　)。

6. 统计调查中，两种不同的调查时间是(　　　)和(　　　)。

7. 统计报表按填报单位不同可分为(　　　)和(　　　)。

8. 统计调查根据(　　　)可分为全面调查和非全面调查，根据(　　　)可分为连续调查和不连续调查。

9. 按调查对象包括范围的不同来划分，统计调查可分为(　　　)调查和(　　　)调查。

10. 按调查登记的时间是否连续来划分，统计调查可分为(　　　)调查和(　　　)调查。

11. 统计调查误差包括(　　　)误差和(　　　)误差。

二、单项选择题

1. 统计调查按调查对象包括的范围不同，可分为(　　)。

A. 定期调查和不定期调查　　B. 经常性调查和一次性调查

C. 统计报表和专门调查　　D. 全面调查和非全面调查

2. 统计调查中，搜集统计资料的方法有(　　)。

A. 直接观察法、普查和抽样调查

B. 直接观察法、采访法、报告法和问卷调查法

C. 报告法、统计报表和抽样调查

D. 采访法、典型调查、重点调查和问卷调查法

3. 统计调查方案的首要问题是(　　)。

A. 确定调查组织工作　　B. 调查任务和目的的确定

C. 调查时间和地点的确定　　D. 调查经费的确定

4. 在统计调查中，调查标志的承担者是(　　)。

A. 调查对象　　B. 调查单位　　C. 填报单位　　D. 一般单位

5. 在统计调查中，调查单位和填报单位之间(　　)。

A. 无区别　　B. 是毫无关系的两个概念

C. 有时一致，有时不一致　　D. 不可能一致

6. 为了了解某商业企业的期末库存量，调查人员亲自盘点库存，这种方法是(　　)。

A. 大量观察法　　B. 采访法　　C. 直接观察法　　D. 报告法

7. 以下选项中，调查的报告单位与调查单位是一致的(　　)。

A. 工业普查　　B. 工业设备调查

C. 职工调查　　D. 未安装设备调查

8. 下列调查中，最适合采用重点调查的是（　　）。

A. 了解全国钢铁生产的基本情况　　B. 了解全国人口总数

C. 了解上海市居民家庭的收支情况　　D. 了解某校学生的学习情况

9. 下列调查中，不属于专门调查的是（　　）。

A. 统计报表制度　B. 重点调查　C. 典型调查　D. 抽样调查

10. 调查几个主要铁路枢纽，就可以了解我国铁路货运量的基本情况，这种调查方式属于（　　）。

A. 典型调查　B. 重点调查　C. 普查　D. 抽样调查

11. 在统计工作中，营业员填写的发货票属于（　　）。

A. 原始记录　B. 统计台账　C. 内部报表　D. 业务凭证

12. 某商业企业为了推广先进的经营管理经验，决定进行一次典型调查，所选择的调查单位是（　　）。

A. 先进的典型　B. 中等的典型　C. 落后的典型　D. 各类典型

13. 抽样调查与典型调查的根本区别在于（　　）。

A. 调查的范围不同　　B. 选取调查单位的方法不同

C. 组织方式不同　　D. 作用不同

14. 某灯泡厂为了掌握该厂的产品质量，拟进行一次全厂的质量大检查，这种检查应选择（　　）。

A. 统计报表　B. 重点调查　C. 全面调查　D. 抽样调查

15. 人口普查规定统一的标准时间是为了（　　）。

A. 避免登记的重复与遗漏　　B. 确定调查的范围

C. 确定调查的单位　　D. 登记的方便

16. 调查几个大型的主要的发电厂，就可以了解我国电力生产的基本情况，这种调查属于（　　）。

A. 重点调查　B. 普查　C. 典型调查　D. 抽样调查

17. 统计调查时间是（　　）。

A. 调查工作的时限　　B. 调查资料所属时间

C. 调查登记的时间　　D. 调查期限

18. 连续调查与不连续调查的划分依据是（　　）。

A. 调查的组织形式　　B. 调查登记的时间是否连续

C. 调查单位包括的范围是否全面　　D. 调查资料的来源

19. 重点调查中重点单位是指（　　）。

A. 标志总量在总体中占有很大比重的单位
B. 具有典型意义或代表性的单位
C. 那些具有反映事物属性差异的品质标志的单位
D. 能用以推算总体标志总量的单位
20. 对一批商品进行质量检验,最适宜采用的方法是(　　)。
A. 全面调查　　B. 抽样调查　　C. 典型调查　　D. 重点调查
21. 了解贫困山区的脱贫情况,适合采取(　　)方法搜集数据。
A. 电话调查　　B. 邮寄调查　　C. 卫星调查　　D. 面访调查
22. 国营工业企业生产设备普查的调查对象是(　　)。
A. 每台生产设备
B. 每个国营工业企业
C. 所有国营工业企业
D. 所有国营工业企业的所有生产设备
23. 调查单位是指(　　)。
A. 报告单位　　B. 组成调查对象的全部单位
C. 调查对象中的每一个个体单位　　D. 企事业单位
24. 在国有工业企业设备普查中,每一个国有工业企业是(　　)。
A. 调查对象　　B. 调查单位　　C. 填报单位　　D. 调查项目
25. 在统计调查中,调查数据的承担者是(　　)。
A. 调查单位　　B. 调查对象　　C. 填报单位　　D. 调查表
26. 全面调查与非全面调查的划分(　　)。
A. 是以时间是否连续划分的
B. 是以最后取得的数据是否完全划分的
C. 是以调查组织规模的大小划分的
D. 是以调查对象所包括的单位是否完全划分的
27. 下列调查属于全面调查的是(　　)。
A. 抽样调查　　B. 重点调查　　C. 典型调查　　D. 普查
28. 对 2021 年 11 月 1 日零时的全国人口进行逐项调查,这是(　　)。
A. 统计报表　　B. 普查　　C. 重点调查　　D. 抽样调查
E. 典型调查
29. 我国人口普查的调查单位是(　　)。
A. 每一户的户主　　B. 所有的户主

C. 每一个人　　D. 所有的人

30. 调查首钢、宝钢等数十个大型钢铁公司，就可了解我国钢铁工业生产的基本情况。这种调查属于(　　)。

A. 典型调查　　B. 重点调查　　C. 抽样调查　　D. 普查

31. 有意识地选择三个农村点调查农民收入情况，这种调查方式属于(　　)。

A. 重点调查　　B. 普查　　C. 抽样调查　　D. 典型调查

32. 对占某工业局利税总额 2/3 的企业进行的调查，这种调查属于(　　)。

A. 抽样调查　　B. 典型调查　　C. 重点调查　　D. 普查

33. 对一批产品进行质量检查，通常采用(　　)。

A. 全面调查　　B. 抽样调查　　C. 重点调查　　D. 典型调查

三、多项选择题

1. 统计调查方案的内容包括(　　)。

A. 确定调查对象和调查单位　　B. 确定调查目的

C. 编制调查大纲　　D. 设计调查表和问卷

E. 确定搜集资料的方法

2. 统计调查按调查对象包括的范围不同，可分为(　　)。

A. 全面调查　　B. 一次性调查　　C. 专门调查　　D. 非全面调查

E. 经常性调查

3. 普查属于(　　)。

A. 全面调查　　B. 一次性调查　　C. 经常性调查　　D. 专门调查

E. 非全面调查

4. 我国第七次人口普查的标准时间是 2020 年 11 月 1 日零点，以下应计算在人口总数内的有(　　)。

A. 2020 年 11 月 1 日 12 点出生的婴儿

B. 2020 年 10 月 31 日 23 点出生，24 小时后死亡的婴儿

C. 2020 年 10 月 31 日 8 点出生的婴儿

D. 2020 年 11 月 1 日 2 点死亡的人

E. 2020 年 10 月 31 日 22 点死亡的人

5. 典型调查属于(　　)。

A. 全面调查　　B. 非全面调查　　C. 经常性调查　　D. 一次性调查

E. 专门调查

6. 非全面调查包括(　　)。

A. 普查　B. 统计报表　C. 重点调查　D. 典型调查
E. 抽样调查

7. 某市对全部工业企业生产设备的使用情况进行普查，则每一台设备为（　　）。

A. 调查单位　B. 调查对象　C. 总体单位　D. 填报单位
E. 报告单位

8. 进行一次性调查可采用（　　）。

A. 重点调查　B. 典型调查　C. 抽样调查　D. 统计报表
E. 普查

9. 统计调查按搜集资料的方法，可以分为（　　）。

A. 采访法　B. 抽样调查法　C. 直接观察法　D. 典型调查法
E. 报告法

10. 我国进行的五次人口普查属于（　　）。

A. 全面调查　B. 不定期调查　C. 定期调查　D. 经常性调查
E. 一次性调查

11. 我国统计调查的方法有（　　）。

A. 统计报表　B. 普查　C. 抽样调查　D. 重点调查
E. 典型调查

12. 在工业设备普查中（　　）。

A. 工业企业是调查对象　B. 工业企业的全部设备是调查对象
C. 每台设备是填报单位　D. 每台设备是调查单位
E. 每个工业企业是填报单位

13. 抽样调查方式的优越性表现在以下几个方面（　　）。

A. 全面性　B. 经济性　C. 时效性　D. 准确性
E. 灵活性

14. 重点调查（　　）。

A. 是非全面调查　B. 是全面调查
C. 是专门调查　D. 可用于经常性调查
E. 可用于一次性调查

15. 通过调查鞍钢、首钢、宝钢等几个大钢铁基地来了解我国钢铁的基本情况，这种调查属于（　　）。

A. 重点调查　B. 典型调查　C. 抽样调查　D. 非全面调查

E. 普查

16. 乡镇企业抽样调查中，抽取的每一个乡镇企业是(　　)。

A. 调查主体　　B. 调查对象

C. 调查单位　　D. 调查项目

E. 填报单位

17. 普查是政府为了详尽了解某项重要的国情国力而组织的(　　)。

A. 专门调查　　B. 一次性调查

C. 非全面调查　　D. 全面调查

E. 经常性调查

18. 要了解某校学生的学习情况，则(　　)。

A. 调查对象是全校学生　　B. 调查对象是全校学生的学习成绩

C. 调查对象是该所学校　　D. 调查单位是每 一个学生

E. 调查单位是每一个学生的学习成绩

四、判断题

1. 统计调查的任务是搜集总体的原始资料。(　　)

2. 统计调查方案的首要问题是确定调查任务与目的，其核心是调查表。(　　)

3. 在统计调查方案中，调查时间是指调查资料所属的时间，调查期限是指调查工作的期限。(　　)

4. 调查对象是调查项目的承担者。(　　)

5. 普查是专门组织的一次性的全面调查，所以其调查结果不可能存在误差。(　　)

6. 我国第7次人口普查规定以2020年11月1日零时为标准时点，是为了保证登记工作在同一时刻进行。(　　)

7. 抽样调查不可避免地会产生代表性误差，还有可能产生登记性误差，所以它的误差要比全面调查的误差大。(　　)

8. 重点调查所选择的重点单位是指这些单位的被研究的标志总量占总体单位总量的绝大比重。(　　)

9. 观察法可获得大量真实的第一手资料，但要花费大量的人力、物力、财力和时间。(　　)

10. 一览表是指一份表格上只体现一个调查单位的情况表。(　　)

11. 统计调查单位与报告单位在任何情况下都是一致的。(　　)

12. 单一表是在一张表上登记一个调查单位。 ( )

13. 典型单位的选择带有个人的主观愿望。 ( )

14. 统计调查是统计工作的中间环节。 ( )

15. 一次性调查是指对现象仅做一次调查,以后永远不再调查了。 ( )

16. 对我国主要粮食作物产区进行调查,以掌握全国主要粮食作物生长的基本情况,这种调查是重点调查。 ( )

17. 统计报表和普查都属于全面调查,两者之间可以互相替代。 ( )

18. 制订调查方案的首要问题是确定调查目的。 ( )

19. 企业机器设备普查每隔5年进行一次,因此它是一种经常性调查方式。 ( )

20. 全面调查和非全面调查是根据调查结果所取得的资料是否全面来划分的。 ( )

五、简答题

1. 抽样调查有哪些特点? 它有哪些优越性?
2. 一个完整的统计调查方案包括哪些主要内容?
3. 什么是调查误差? 产生调查误差的原因有哪些?
4. 什么是统计报表? 统计报表的地位如何?
5. 为了保证普查资料的质量,在进行普查时,应遵循哪些原则?
6. 简述典型调查的特点和作用。
7. 重点调查中的重点单位的含义是什么? 重点调查有什么优点?

第三章

统 计 整 理

第一节　统计整理的意义和步骤

一、统计整理的意义

统计整理是统计工作的第三阶段，是统计调查的继续，是统计分析的前提。统计整理就是人们对社会经济现象从感性认识上升到理性认识的过渡阶段，为统计分析提供依据起着承前启后的作用。

所谓统计整理，就是根据统计研究的目的和任务，将统计调查得到的大量个体资料，采用科学的方法进行加工整理、综合汇总，使之系统化、条理化、科学化，以得出能够反映现象总体综合数字资料的工作过程。

统计整理是统计工作中与统计调查紧密衔接的一个工作阶段，主要是对统计调查阶段搜集来的原始资料的整理。广义的统计整理还应包括对某些已加工过的综合统计资料(即次级资料)的再整理。

统计整理在整个统计研究中占有重要的地位，它绝不是一个简单的综合汇总工作，而是包括了对调查资料的加工、补充、推算以及报表的汇总工作。资料整理是否正确，直接决定着整个统计研究任务能否顺利完成。不恰当的加工整理、不完善的整理方法，往往使调查来的丰富、全面、翔实的资料失去价值，蒙蔽了现象的真相，得不到正确的结论。因此，采用科学的方法进行统计整理是顺利完成统计研究任务的前提。

二、统计整理的内容和步骤

(一) 根据研究任务设计统计整理方案

在统计调查中，对调查得到的资料进行整理，这要依据事先拟定的统计整理方案要求的项目来确定。一般地，统计整理方案的主要内容包括：选择整理组织形式，确定分组和分类目录，选定统计资料审核办法，制定整理表式，对各整理工作环节做出时间安排和先后顺序安排。因此，正确制订统计整理方案，是保证统计整理有计划、有组织地进行的首要步骤。

(二) 对原始资料的加工与审核

为了确保统计工作的质量,在对原始资料进行汇总前必须审核,主要是对原始资料的完整性、及时性、准确性三个方面进行审核,以保证统计汇总的质量。

检查资料的完整性和及时性,即检查所被调查的单位资料是否齐全,数据有无缺漏,是否按规定的时间上报,属于一般性审核。

检查资料的准确性,主要检查调查过程中所发生的登记性误差以及调查资料的口径范围、所属时间、计算方法和结果、计量单位是否符合要求,这是审核的重点。

一般来说,检查的方法有逻辑检查和计算检查两种:

(1) 逻辑检查是检查调查资料的内容是否合理,项目之间有无相互矛盾的地方,以及与有关资料进行对照,或者检查数字的平衡关系,以暴露逻辑上的矛盾。例如,人口普查中,某人的记录出现年龄“12 岁”,职业“教师”的逻辑错误。再如,对某市高中学生的调查中,某人的身高为 1.75 米,体重为 18 千克,这其中必有一项是错误的。

(2) 计算检查是检查调查表或报表中各项数字指标的口径、计算方法、计量单位、计算结果是否有误,小计、合计、总计之间的关系以及表间的关系是否正确等。

通过上述检查,如果有缺报、缺份、漏项等情况,应及时催报、补报。

(三) 统计分组和汇总计算

根据统计研究的目的和要求,采用一定的组织形式和方法,对统计资料进行加工整理,并汇总计算出各组的总体单位数和统计指标。只有这样才能对被研究的社会经济现象进行准确的数量描述和数量分析,分组科学与否直接影响到统计整理工作的质量。统计分组是统计整理的关键和核心问题。

(四) 编制统计表

根据统计分析的要求或现象间的内在联系,将总体的有关数量关系编制在一张表格上,就形成了统计表。在表现统计资料的各种形式中,统计表是最有效的,也是实际工作中最常用的一种形式。

第二节 统计分组

一、统计分组的概念和作用

(一) 统计分组的概念

统计分组是根据统计研究的目的和现象总体的内在特征,将统计总体按照一个或几个标志划分为若干性质不同而又有联系的几个部分的一种统计方法。统计分组同时具有两个方面的含义：对总体而言，是“分”，即将总体中性质不同的单位区分开来；对个体而言，是“合”，即将总体中性质相同的个体组合在一起。因此，统计分组是在总体内进行的一种定性分类，它将总体划分为性质存在一定差异的范围更小的总体，总体内部就会形成“组内性质相同，组间性质相异”的各个组成部分。例如，企业按照规模大小分为特大、大、中、小型四类，居民按居住地区分为城镇和农村等。通过统计分组，可以区别社会经济现象在质和量方面的差别。

关于统计分组应该注意以下几点：① 统计分组的对象是总体，不是个体；② 统计分组原则是“相同者合并，不同者分开”；③ 统计分组的关键是正确选择分组标志；④ 统计分组的目的和实质是保证同一组内各单位的同质性，组与组之间各单位的差异性；⑤ 统计分组既是统计整理的关键步骤，又是一种很重要的统计分析研究方法；⑥ 分组后的各个组在某种意义上又是各个性质不同、范围更小的总体(类总体)；⑦ 统计分组的结果形成总体各单位在各组的分布状态，从而形成统计数列，称分布数列，又叫次数分布。

(二) 统计分组的作用

统计分组是基本的统计方法之一，在统计研究中具有重要的意义，在统计整理中也有着举足轻重的作用，主要体现在以下三个方面。

1. 划分社会经济现象的类型

这种分组亦称类型分组。统计分组就能根据统计研究的目的，将总体区分为各种性质不同的类型来研究各类现象的数量差异和特征以及相互关系。为研究社会经济现象的类型提供了基础，尤其是对事物定性的分组，对于划分经济类型具有特别重要的意义。

2. 研究现象的内部结构

这种分组亦称结构分组。通过统计分组将总体划分为多个性质不同的组成部分后，不仅划分类型，还可以从数量上计算各部分在总体中所占的比重。各组比重数的差异，说明它们在总体中所处的地位不同，对总体分布特征的影响也不同，从而可以揭示部分与总体的关系和各部分之间的差异程度及其相互关系，表明总体结构特征和结构的类型。此外，若将现象内部结构与时间联系起来分析，还可以反映出现象内部结构随时间推移的变化趋势和规律性，如表 3-1 所示。

从表 3-1 中可以看出，改革开放以来，该省国民经济结构发生了较大变化。在工农业总产值中，工业所占比重从 2×15 年 63.5%上升到 2×21 年的 80.6%，而农业总产值比重下降，说明该省的工业发展水平有所加快，但基本上是以轻工业为主的工业结构。

表 3-1 某省国民经济主要比例关系

项目	2×15 年	2×16 年	2×17 年	2×18 年	2×19 年	2×20 年	2×21 年
农林牧渔业	36.5	35.8	36.5	29.9	21.9	20.9	19.4
轻工业	31.3	35.1	38.1	43.5	47.4	49.8	50.2
重工业	32.2	29.1	25.1	26.6	30.7	29.3	30.4
合计	100	100	100	100	100	100	100

3. *研究现象之间的依存关系*

这种分组亦称分析分组。客观现象之间都存在着不同程度的相互联系、相互制约的依存关系。例如,施肥量与亩产量、原材料消耗量与产品单位成本、商品销售量与价格之间都存在着一定的依存关系。通过分组,将性质上相关的分组资料联系起来分析,就可以揭示现象之间的联系和依存关系。例如,观察某种农作物的耕作深度与收获率之间的依存关系,可按耕作深度分组,计算不同组的平均收获率是多少,如表 3-2 所示。

表 3-2 某乡某种农作物的耕作深度与收获率的关系

耕地按耕作深度分组(厘米)	地块数	平均收获率(千克/亩)
10～12	7	600
12～14	10	650
14～16	16	710
16～18	12	785
18～20	5	867

统计分组的上述三个方面作用是分别从类型分组、结构分组和分析分组角度来说明的,它们是相互联系、相互补充的,在实际工作中可以根据需要结合使用。

二、正确选择分组标志

统计分组的关键问题是如何正确地选择分组标志与划分各组界限,它们不仅直接影响分组的科学性与统计资料整理的准确性,而且也影响统计分组结果的真实性。为了正确选择分组标志,应注意以下几个方面。

(一)根据统计研究的具体任务和目的,选择统计分组标志

调查单位都有许多标志表现其各方面的特征,选择某一标志分组,必将突出调查对象在此标志下的性质差异,而将总体在其他标志下的性质差异掩盖起来。如果分组标志选择不当,分组结果必然不能正确反映总体的性质特征。这就要求我们根据统计研究的目的与任务正确选择分组标志。而且同一调查对象,研究的目的不同,所选用的分组标志也不同。例如,对某地区的劳动力总体,如果研究的任务是分析该地区劳动力的文化素质,则应选用文化程度作为分组标志;如果研究的任务是分析该地区劳动力的性别比例,则应选用性别作为分组标志;如果研究的任务是分析劳动力的年龄结构,则应选用年龄作为分组标志。可见,分组标志是随着研究任务和目的的不同而变化的。

(二)在对被研究现象的特点和特征进行理论分析的基础上,从中选择最能反映现象本质特征的重要标志作为分组标志

在总体的许多标志中,有的是带有本质性的或主要的,有的则是非本质的、次要的,只有选择最能反映现象本质特征的标志作为分组标志,才能揭示现象的本质特征和规律性、触及问题的实质。例如,研究国民经济现状及其平衡发展时,按所有制、按国民经济部门进行分组等都是最基本的、最重要的分组标志。

(三)要考虑对象所处的具体历史条件或社会经济发展条件选择分组标志

社会经济现实随着时间地点条件的变化而变化,历史条件不同,事物特征也会有所变化。不同的历史条件与不同的经济条件,选用的分组标志也不一样,要根据情况的变化而变化。例如,研究上海地区生活水平问题,现在要分出生活困难户一组,这就要确定人均最低收入水平。当然要根据现在的实际情况确定,而不能以 20 世纪 60 年代或者 80 年代,甚至 90 年代的生活水平作为分组标准。因此,随着国民经济的发展,统计部门的许多经济分类及其按数量标志的分组,因情况变化而相应地作了修改。

三、统计分组的方法

分组标志确定以后,必须解决分组界限问题,即按选定的分组标志将所研究的总体划分为若干组,确定各组之间的界限。这是分组的具体方法问题。根据分组标志的不同,统计总体既可按品质标志分组,也可按数量标志分组。

(一) 按品质标志分组的方法

品质标志分组就是根据统计研究的目的，选择反映事物性质、属性差异的品质标志作为分组标志，在品质标志变异的范围内划定各组的界限，将总体区分为若干个性质不同的部分或类别，如人口按性别、民族、文化程度等分组，企业按所有制形式分组等。按品质标志分组有些比较简单，这是因为在按一个品质标志进行分组的条件下，组数较少，而且有少数品质标志所表现的差异比较明确和稳定，组与组之间的性质界限较容易确定，如上述人口按性别分组，企业按所有制形式分组等。但在多数情况下，这类分组相当复杂，因为涉及的组数较多，且组与组之间的性质界限不易划分，如人口按职业分组等。在我国统计工作实践中，对重要的品质标志分组编有标准的分类目录，如《工业部门分类目录》《主要商品目录》等，以统一全国的分类口径，便于各部门、各地区掌握和使用。

(二) 按数量标志分组的方法

数量标志分组就是根据统计研究的目的，选择反映事物数量差异的数量标志作为分组标志，在数量标志变异范围内划定各组的数量界限，将总体划分为性质不同的若干部分或组别，如学生按年龄分组，工人按工资分组等。

四、统计分组的要求和种类

(一) 统计分组的要求

进行统计分组，在技术上有三个基本要求。其一是周延性，即要求分组以后，各个划分后的种类之和必须等于总体；其二是互斥性，即组和组之间要相互排斥，不能重合；其三是同一性，即分组标志只能有一个，不能同时采纳两个或多个标志作为划分的依据。

(二) 统计分组的种类

1. 按分组的作用不同，可分为类型分组、结构分组和分析分组

类型分组是指将复杂的现象总体划分为若干个不同性质的部分。结构分组是指在总体分组的基础上计算出各组对总体的比重。分析分组是指根据研究对象之间存在的依存关系，进行统计分组。

2. 按分组标志的多少，可分为简单分组、平行分组和复合分组

简单分组就是对总体只按一个标志进行分组。例如，人口只按性别这一个标志分为男性和女性两组；社会产品只按其经济用途分为生产资料和消费资料两组等。显然简单分组只能说明总体在某一方面的差别情况。

平行分组就是在一个总体内按两个或两个以上的标志分别进行简单分组。例如,为研究我国企业从业人员的基本情况,可以分别选择性别、年龄、文化程度等分组标志进行分组,得到如下平行分组体系:

(1) 按性别分组,可分为:男职工;女职工。

(2) 按年龄分组,可分为:16～20 岁;21～35 岁;36～50 岁;51～55 岁;55～50 岁。

(3) 按文化程度分组,可分为:不识字或识字较少;小学;初中;高中或中专;大专毕业;大学本科或以上。

复合分组就是对同一被研究现象总体选择两个或两个以上标志层叠起来进行的分组。例如,企业从业人员可以按年龄和性别同时进行分组,如表 3－3 所示。

表 3－3　企业从业人员按年龄和性别分组

按年龄分组	人　数	按性别分组	
		男	女
20～30	300	145	155
30～40	500	200	300
40～50	620	400	220
50～60	345	145	200
合　计	1 765	890	875

复合分组可以从不同角度了解总体内部的差别和关系,因而比简单分组能更全面、更深入地研究分析问题。运用复合分组要注意的是需要在选择分组标志的同时,确定它们的主次顺序,因为第一次分组时首先固定第一个分组标志(主要标志)对总体差异的影响。第二次分组时则又固定了第二个分组标志(次要标志)对总体差异的影响,当最后一次分组时,则所有选择标志对差异的影响已全部被固定。此外,复合分组的组数随着分组标志的增加而成倍地增加,因而选择分组标志的数目要适量。

对同一被研究的现象总体进行多个复合分组组成的分组体系,即称为复合分组体系。例如,我国所有的经济成分按所有制分为公有经济和非公有经济,而公有经济又可分为国有经济和集体经济,非公有经济可分为私有经济、港澳台经济、外商经济,如表 3-4 所示。

表 3-4 经济成分分类与代码

代 码	分类及构成	代 码	分类及构成
1	公有经济	21	私有经济
11	国有经济	22	港澳台经济
12	集体经济	23	外商经济
2	非公有经济		

另外,我国的经济成分又可以按产业部门进行分类,即进行行业分类,共分 16 个门类,99 个大类等。这一系列的分组是从不同的角度反映现象总体,彼此相互联系、相互补充。

第三节 分 布 数 列

一、分布数列的概念

在统计分组的基础上,将总体的所有单位按组归类整理,形成总体中各个单位在各组间的分布状态,这种表明总体单位数在各组分布状态的分组资料称为次数分布,又称分布数列。根据分组标志类型的不同,分布数列可分为品质分布数列和数量分布数列两种。

编制分布数列是统计整理的一种重要形式,它可以反映总体的结构分布状况和分布特征,因此,它是描述统计的一种重要的分析手段,可据此研究总体某一标志的平均水平及其变动规律。

(一) 品质分布数列

品质分布数列是按品质标志分组编制的分布数列,简称品质数列。它由两要素构成:一是组名;二是分布在各组的次数或比重。例如,某单位职工的性别分布,如表 3-5 所示。

表 3－5 某单位职工的性别

按性别分组	职工人数(人)	比重
男	800	80%
女	200	20%
合计	1 000	100%

编制品质分布数列，要根据统计研究的目的和现象的本质特征，选择正确的分组标志，使总体单位间质的差异明确地表现出来，这样有利于组间界限的划分。通常情况下，总体单位的品质表现比较稳定，据此编制品质分布数列能准确地反映总体的分布状态和特征。

（二）数量分布数列

数量分布数列是按数量标志分组编制的分布数列，简称为变量数列。例如，工人按看管机器设备台数多少可编制变量数列，如表 3－6 所示。

表 3－6 工人按看管机器台数分组

工人按看管机器台数分组	工人数(人)	比重
2	10	2.5%
3	50	12.5%
4	100	25%
5	120	30%
6	80	20%
7	40	10%
合计	400	100%

可以看出，变量数列由两部分构成：一是由变量值所形成的各个组；二是分布在各个组的总体单位数即次数。次数有两种表现形式：一是用绝对数表示的次数，又叫频数；二是用相对数表示的次数，即各组次数占总次数的比重，又称为频率（或比率），用 $\frac{f}{\sum f}$ 表示。变量数列可分为单项数列和组距数列两种。

(1) 单项数列是在单项式分组时将每一变量值列为一组形成的数列,只适用于离散型变量,且变量值个数较少,变动范围较小的时候。例如,某居民委员会的居民家庭按子女人数进行的分组,编制单项数列,如表 3-7 所示。

表 3-7 某居民委员会居民家庭按子女数分组

按子女数分组(个)	居民户数(户)	频率	按子女数分组(个)	居民户数(户)	频率
0	12	12%	3	26	26%
1	19	19%	3 个以上	5	5%
2	38	38%	合　　计	100	100%

(2) 组距式数列是指数列中每一组由两个变量值所确定的一个数值范围来表示。例如,某大学学生年看电影次数情况进行分组,如表 3-8 所示。

表 3-8 某大学学生年看电影次数情况

按年看电影次数分组(次)	学 生 数 (人)	比 率
0～1	200	4.44%
2～3	500	11.11%
4～5	1 500	33.33%
6～7	2 000	44.44%
7 次以上	300	6.66%
合　　计	4 500	100%

二、组距数列的编制

(一) 在编制组距式数列中涉及的一些相关概念

(1) 组数: 组的数目。

(2) 组限: 每组的两端数值,表示各组的数量界限,包括上限和下限,其中每一组的最大值称为上限,最小值称为下限。组限有重叠组限和衔接(不重叠)组限两种不同的表示方法。

(3) 闭口组和开口组：上限和下限都齐全的组称为闭口组，上限或下限只有一个的组称为开口组。一般当资料中存在少数特大或特小变量值时，采用开口组可避免组数过多或组距过大的现象。

(4) 组距：各组上限与下限之差。各组组距之和等于全距。根据各组组距是否相等，组距数列有等距式数列和异距式数列之分。

(5) 组中值：各组上限与下限的中点数值，组中值 $= \dfrac{\text{上限}+\text{下限}}{2}$。开口组组中值的计算一般应以其邻近组组距作为本组组距，具体计算按下列公式：

$$\text{缺上限的开口组的组中值} = \text{下限} + \frac{\text{相邻组的组距}}{2}$$

$$\text{缺下限的开口组的组中值} = \text{上限} - \frac{\text{相邻组的组距}}{2}$$

关于组中值，应该注意以下几点：① 组中值是一个代表值，能代表各组变量值的一般水平；② 组中值是一个理论值，它与实际值(组平均数)相比较有一定的误差；③ 组中值的存在，有一个假定条件，即假定变量值在该组内的分布是均匀的；④ 组中值只是一个近似值，不可能很精确。

(6) 全距：全距 = 最大值 − 最小值

(二) 变量数列的编制步骤

变量数列的编制比较复杂，下面结合实例具体说明变量数列的编制过程。某企业共有职工 55 名，2016 年 12 月完成计件产品的情况如下：

59	73	87	65	89	85	77	94	69	97	56
80	68	95	96	50	63	88	91	90	96	92
93	79	74	65	74	89	83	51	74	79	94
67	92	92	93	70	87	86	54	87	86	54
62	76	86	73	86	70	100	110	108	102	112

要求：对这些工人按完成产品情况进行统计分组，并编制组距数列。

(1) 对原始资料进行排序。

50	51	54	54	56	59	62	63	65	65	67
68	69	70	70	73	73	74	74	74	76	77
79	79	80	83	85	86	86	86	87	87	87

87	88	89	89	90	91	92	92	92	93	93
94	94	95	96	96	97	100	102	108	110	112

(2) 求全距。全距 = 最大值 − 最小值 = 112 − 50 = 62。

(3) 确定组距和组数。组数与组距有密切的关系，组距的大小与组数的多少互为制约，成反比关系。当全距一定时，组距越大，组数就越少；组距越小，组数就越多。对组距和组数，不能机械地规定先确定什么，从原则上讲，都应力求符合实际，能够反映总体分布的特点。在实际应用中，往往组数略多或略少都问题不大，但必须是整数，重要的还是应把组距确定为 5 或 10 的整数倍。本例组距取 10，则组数 = 全距 ÷ 组距 = 62 ÷ 10 = 6.2，组数取整数 7。

(4) 确定组限。本例按重叠组限，各组组限可为：50～60；60～70；70～80；80～90；90～100；100～110；110～120。

(5) 计算确定各组出现的次数，最后统计出各组出现的总次数。

(6) 编制次数分布表，如表 3－9 所示。

表 3－9　某企业职工 2016 年 12 月完成计件产品的情况

按完成产品计件分组(件)	组中值	工人数(人)	比重
50～60	55	6	10.91%
60～70	65	7	12.73%
70～80	75	11	20.00%
80～90	85	13	23.64%
90～100	95	13	23.64%
100～110	105	3	5.45%
110～120	115	2	3.64%
合　计	—	55	100%

通过编制变量数列，可以看出这个企业职工每月完成产品的中游水平在 80～100。

第四节 统计汇总

一、统计汇总的概念

统计汇总是统计整理的中间环节，是在统计分组的基础上，根据汇总方案中确定的分组标志和分组数目，将总体各单位分别归纳到各组中，计算各组和总体的单位数和标志总量，使原始统计资料转化为综合统计资料。采取合理的汇总组织形式，选定适宜的汇总技术方法和手段，是统计汇总的主要内容。

二、统计汇总的组织形式

（一）逐级汇总

逐级汇总，即自下而上地从最基层的汇总单位直到最高的国家统计机关，依次逐级进行汇总。我国现行统计报表，一般采用这种方法。这种组织形式，便于就地审核资料，及时订正错误，并且可以为各级领导及时提供资料。缺点是汇总的层次过多，需要花费较长的时间才能得出最终的结果。

（二）集中汇总

集中汇总，即把调查资料全部集中到组织调查的最高统计机关直接汇总。集中汇总可以减少中间环节，大大节约时间，比较迅速地得出最后的汇总结果。进行快速普查、重点企业快速电讯报告等，都可以采用这种组织形式。与逐级汇总比较起来，集中汇总不便于检查和订正基层上报资料中的差错。

除此之外，还有综合汇总的组织形式，即把上述两种汇总形式结合起来，一方面，对某些重要的基本的资料逐级进行汇总，以满足各级领导的需要，另一方面，将全部资料集中到组织调查的最高统计机关汇总。我国统计工作者还常采用会审汇编的方式，即由各报送资料单位的统计人员自带报表和有关资料，集中到综合单位，分工协作，共同审核、汇总和编表上报。采用这种方式，能够及时发现问题、解决问题，因而有利于提高资料汇总的准确性和及时性，也有利于交流经验，提高统计工作人员的业务水平。

三、统计汇总的技术方法

汇总整理资料，不但要求得出正确结果，而且要求节约人力物力，提高及时性。因此，要讲究汇总技术。统计资料的汇总技术包括手工汇总和计算机汇总，这里重点介绍手工汇总即手工操作进行汇总。手工汇总常用划记法、过录法、折叠法和卡片法。

(一) 手工汇总

(1) 划记法，是在汇总表上划点、划线，再进行计数汇总的方法。汇总时，一般通用的划记方法是用“正”字，最后将“正”字汇总，便可得到总体单位的总数，此法甚为简便，但只能汇总总体单位数，不能汇总标志值的总数，如表 3－10 所示。

表 3－10 某班学生按年龄分组情况

按年龄分组	划　记	工人数(人)	按年龄分组	划　记	工人数(人)
18	正正	10	21	正正	10
19	正正正	15	22	正	5
20	正正正正	20	合　计	—	60

(2) 过录法，是按照综合统计表内容的要求，事先设计整理表，将调查资料过录到整理表中，然后计算加总，得出各组合计数，再填列到正式的综合统计表上。采用过录法，总体单位总数和标志值总数均可汇总计算出来，计算和校对都比较方便。但过录工作大，逐笔数字过录，也难免发生差错。所以，汇总调查单位多、分组较复杂的资料，不宜于采用过录法。

(3) 折叠法，是将调查表在需要汇总的某一纵栏处横行处折叠起来，一张连接一张重叠排列在一起，然后把数字加总。采用这种方法既能汇总单位数，又能汇总标志值，不用再另设汇总表，可以节省过录手续，避免过录中可能发生的差错，简便易行，统计人员比较喜欢采用这种方法。其缺点是汇总后如发现差错，无法查找原因，只有从头返工。

(4) 卡片法，是将需要汇总的标志及其分组按分组顺序编号，调查表的各个项目之下注上所属的组号。然后将每份调查表注明的组号与相应的标志值分别摘录在一张张专门创作的卡上，摘录完毕，按分组标志的组号把卡片分组，便可计算总数。各组摘录卡的张数就是各组总体单位数，将各组卡片上相应的标志值加总，便可算出各组标志值的总数。最后将汇总结果填入统计表中。在调查资料多、分组细的情况下，使用卡片法汇总，能保证汇总结果的准确并提高工效。因此，卡片法适用于大规模的专门调查。如果调查单位少，资料不多，使用卡片法就不经济。

(二) 计算机汇总

随着科技的发展和计算机应用的普及，利用电子计算技术和数据传输系统进行统计资料的汇总和计算工作是统计汇总技术发展的方向，也是实现统计工作现代化的根本手段和标志。

电子计算机汇总统计资料的主要步骤是：第一，编制程序，即根据汇总方案用计算机语言对汇总工作进行全面系统的安排，一般在统计工作中有已编好的软件可供选用；第二，将编好的程序和原始数据输入计算机，输入的速度和质量要有保证，否则会影响数据处理的最终结果；第三，电子计算机按照规定的程序进行读数、分类、计算等运算，并按设计好的格式通过输出装置输出汇总结果。

应用电子计算机汇总统计资料，其主要特点是速度快，准确性高，在程序控制下自动工作，进行逻辑判断，并能存储大量的数据信息。

第五节　统计数据的显示

统计数据经过加工整理后，通过各种统计图形、统计表格、统计数字模型等形式表现出来。其中，统计表和统计图是显示统计数据最常用的两种基本方法。

一、统计表

（一）统计表的概念

统计表是由横竖线交叉组成的，能够用来形象地表现统计数据和资料的一种最主要（重要）的表格形式。广义的统计表包括统计工作各个阶段中所用的一切表格，如调查表、整理表（汇总表）或分析表等。而本节所讲的统计表是狭义的统计表，即将汇总结果按一定顺序排列在由横行、纵列交叉结合而成的表格中。统计表能使大量统计资料系统化、条理化，简明易懂、一目了然，它是实际工作中进行统计整理、表述汇总结果的重要表现形式，通过统计表还易于检查统计资料的完整性和准确性，在实际工作中被广泛采用。

（二）统计表的作用

（1）能清晰地表述统计资料的内容，有条理有系统地组织和安排大量统计资料，使之格外集中、醒目。

（2）用统计表表达统计资料，简明易懂。因为科学的统计表，能简明扼要地说明社会现象的数量特征及其联系，比用其他方式表述统计资料，可以节约篇幅，更可避免冗长的文字叙述。

（3）可以反映和比较各种指标相互间的关系，便于统计资料的计算和分析。在统计表上除汇总的各项合计数外，还包括为统计分析而计算的其他综合指标，有利于分析社会现象的相互联系及其发展变化规律。

(4) 运用统计表反映数字资料,易于检查数字的完整性和准确性。统计数字按照统计表的结构顺序排列,便于计算,便于核查和改正错误,并从数量方面查找发生差错的原因。

(三) 统计表的结构

(1) 从统计表的形式看,主要是由总标题、横行标题、纵栏标题和数字资料四部分构成。其中总标题就是统计表的名称,放在表的顶端中央,横行标题(或横标目)写在表的左方,纵栏标题(或纵标目)写在表的上方,分别说明横行或纵栏所填列的是数字资料的内容。

(2) 从统计表的内容来看,包括主词和宾词两部分。主词就是统计表所要说明的对象或总体,或者总体分组,或者总体各单位的顺序排列,或者指标按时间顺序的排列,通常列在表的左方;宾词就是用来说明主词的统计指标,包括指标名称和指标数值,通常列在表的右方,具体如表 3-11 所示。

表 3-11 2015 年全国国内生产总值 (总标题)

国民经济部门	国内生产总值		比上年增长
	GDP(亿元)	比重	
第一产业	60 863	9%	3.9%
第二产业	274 278	40.53%	6%
第三产业	341 567	50.47%	8.3%
合　计	676 708	100%	6.42%

横行标题(左侧标注);纵栏标题(表头右侧标注);指标数值(数据右侧标注)

主词(国民经济部门栏);宾词(其余各栏)

(四) 统计表的种类

(1) 按用途分为调查表、整理表(汇总表)、分析表。

(2) 按主词是否分组以及分组的程度,可以分为简单表、分组表和复合表。

简单表是指表的主词未作任何分组,仅简单罗列总体各单位的名称,或将总体各单位按时间顺序排列的统计表。它既可以用来直接反映总体及各单位的基本特征,还可用于分析经济现象的发展趋势或规律。

分组表是指表的主词只按一个标志进行简单分组的统计表。按品质标志分组所形成的品质数列用表和按数量标志分组所形成的变量数列用表,都属于分组表,利用分组表可以揭示不同类型现象的特征，分析现象的内部结构和现象之间的依存关系，如表 3 - 9 所示。

复合表是指表的主词按两个以上标志进行复合分组的统计表，如表 3 - 3 所示。

（五）设计、编制统计表的规则

在设计统计表式时，要遵循科学、实用的原则，以求统计表既能正确地反映社会经济现象和过程的数量特征，又可让人们易于了解其内容，得出明确的结论。在设计和编制统计表式时，要注意以下几项技术规则：

(1) 统计表标题要简明确切，概括反映表的基本内容及资料所属的地区和时间。

(2) 统计表的主词和宾词的排列顺序要准确反映内容的逻辑关系。汇总合计可以在前，各分栏在后，也可以分栏在前，合计在后。

(3) 要注明统计指标数值的计量单位。全表只用一个计量单位，可以注在表的上端线的右上方。各项数字计量单位不同，横行的可专设计量单位栏，纵栏的可与纵栏标题用一个计量单位，并用小号字标出。

(4) 数字填写要注意对位整齐，同栏的单位，精确度要一致，字迹要清晰端正。各栏的数字均应一一列示，不要用省略符号代替。没有数字的空格用短线“—”表示，数字不详的格内用“…”表示，说明并非漏填。

(5) 统计表的上端和下端，应用粗体或双线，表的左右两侧不封口的为开口式。各纵栏间应用细垂直线分开，各横行间可不划线，但合计与分行间应划线分清。统计表的栏次较多时，应加编号，主词栏可用甲、乙、丙等文字标号，宾词栏可用 1、2、3 等阿拉伯数字标号。为了说明各栏间的数字关系，还可以用加、减、乘、除标出各栏之间数字运算关系式。

(6) 统计表的说明或注解，一般写在表的下端，以便查考。

二、统计图

统计图是利用几何图形来描述分布数列，借以直观、鲜明地表明总体单位的分布状况和规律性。根据次数分布表可以绘制相应的次数分布图。

常用统计图的有条形图、圆形图、直方图、折线图和曲线图。

（一）条形图

条形图是指在同一底线上，用许多宽度相同、各自隔离的条形所绘制出来的统计图形，通过条形的长短、高度来表示或对比各项统计数据的大小，如表 3 - 12所示。

表 3-12 2005 年北京市贫困家庭人均消费支出结构

消费指出类型	金额	比重
食品	1 759.04	48.76%
衣着	301.93	8.37%
家庭设备用品及服务	264.71	7.34%
医疗保健	158.16	4.38%
交通通讯	207.55	5.75%
娱乐教育文化	425.58	12.55%
居住	267.58	7.42%
杂项商品及服务	195.53	5.42%
人均消费性支出总计	367.08	100.00%

在条形图中，变量值的大小与长宽无关，只用长度来区别。为了便于比较，各长条之间应留有空隙，不能接在一起，如图 3-1 所示。

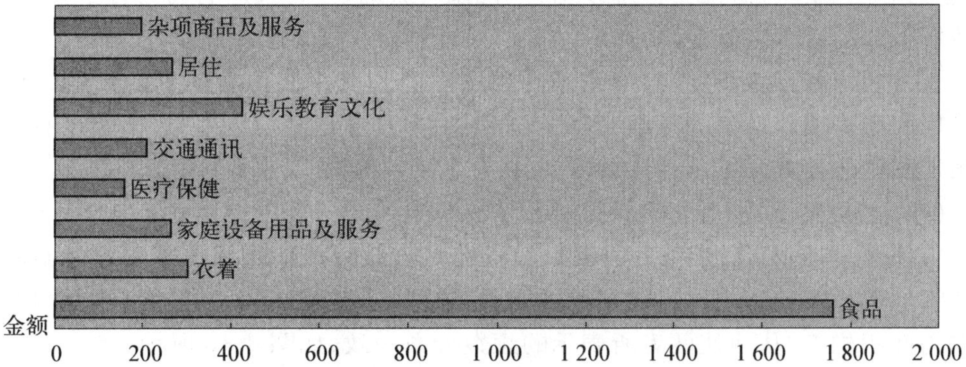

图 3-1 条形图

(二) 圆形图

圆形图是指用圆形及圆内扇形的面积来表示数值大小的一种图形表示方法也

称为饼形图,如图 3-2 所示。

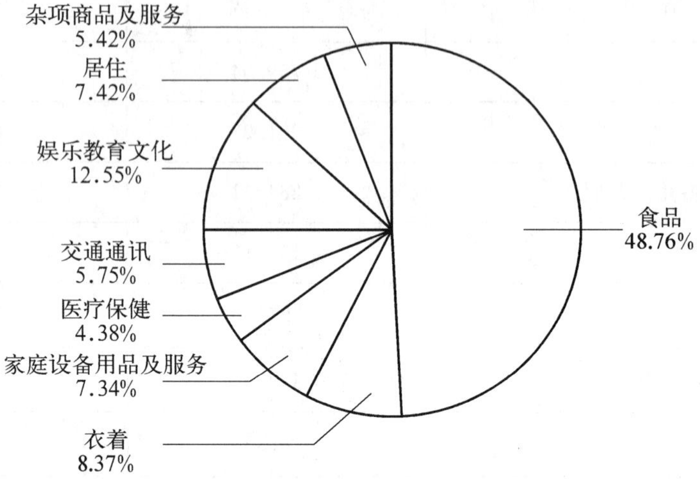

图 3-2 圆形图

圆形图中的各个部分没有起点和终点,看不出顺序,最适宜表示品质分配数列的次数分布情况。

(三) 直方图

直方图是指用直方形的高度和宽度来表示频数分布的图形,直方图的绘制是在平面直角坐标系中进行的,横轴表示各组组限,纵轴表示频数和频率,各组与相应的频数所构成的直方形就是直方图。

直方图与条形图不同,条形图是利用条形的长度来表示各类别的频数,直方图则是用面积来表示各组的频数,因此直方图的直方形是连续排列的,中间没有空隙,而条形图则需要分开排列。

(四) 折线图

折线图是指用折线将各组频数高度的坐标连接而成的折线图形,又称为频数多边开图。折线图的两个终点要与横轴相交,这样才能使折线图下所围成的面积与直方图的面积相等,从而使两者所表示的频数分布一致,如图 3-3 所示。

(五) 曲线图

曲线图是指用曲线的升降起伏来表示统计指标数值的大小及变动情况的图形。通常当变量数列的组数无限增多时,折线便表现为一条近似的平滑曲线,所以曲线图是折线图的一种特殊情况。曲线图的绘制方法与折线图基本相同。

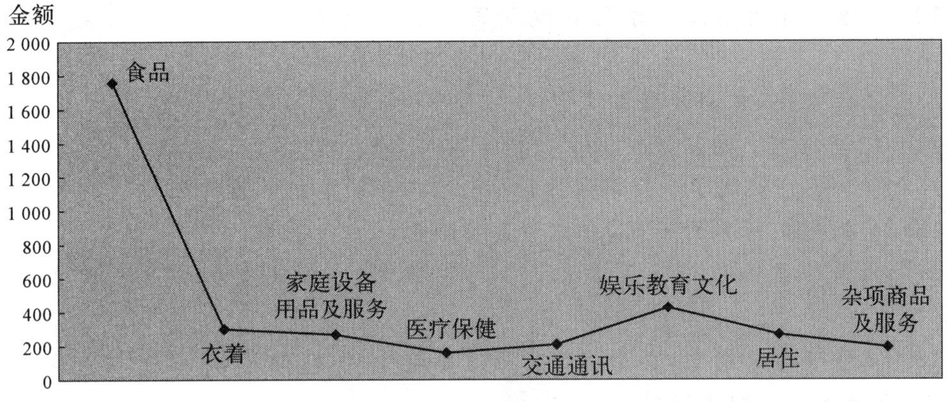

图 3-3 折线图

习 题

一、填空题

1. 所谓次级资料，是指经初步加工整理过的，由(　　)过渡到总体，能说明(　　)的统计资料。

2. 审核资料的准确性通常采用(　　)和(　　)两种方法。

3. 统计分组对总体而言是“(　　)”，对个体而言是“(　　)”。

4. 在组距数列中，表示各组界限的变量值叫(　　)，各组中点位置上的变量值叫(　　)。

5. 组距式变量数列，根据各组的组距是否相等可以分为(　　)和(　　)。

6. 从内容上看，统计表由(　　)和(　　)两部分组成。

7. 统计分组按任务和作用不同，可划分为(　　)分组、(　　)分组和分析分组。

8. 统计分组的关键在于(　　)的选择。

9. 统计分组按分组标志的多少有(　　)和(　　)两种形式。

10. 组距分组根据其分组的组距是否相等可分为(　　)分组和(　　)分组。

11. 变量数列中各组标志值出现的次数称(　　)，各组单位数占单位总数的比重称(　　)。

12. 社会劳动力资源按学历程度不同分组，属于(　　　)，按劳动生产率水平分组属于(　　　)。

13. 统计表中，宾词配置方式有(　　　)和(　　　)两种。

14. 统计分布主要包括(　　　)和(　　　)两个要素。

15. 统计整理实现了个别单位的(　　　)向说明总体数量特征的(　　　)过渡。

16. 根据分组标志的不同，分配数列可分为(　　　)和(　　　)。

17. 离散变量的取值通常是以(　　　)表现，连续变量的相邻两值之间可作(　　　)。

18. 离散变量分组中，变量值变动幅度比较小时，应采取(　　　)，如变量值变动很大，项数很多时则采取(　　　)。

19. 变量按其取值的连续性可分为(　　　)和(　　　)两种。

20. 统计按其作用不同可分为(　　　)(整理表)和(　　　)。

21. 统计表按其主词是否分组和分组的程度，分为(　　　)(　　　)和(　　　)三种。

22. 统计表由(　　　)(　　　)(　　　)和(　　　)四部分组成。

23. 统计表的构成按内容可分为两个组成部分，一部分是所分成的各组，称为(　　　)，另一部分是所说明主词的指标，称为(　　　)。

二、单项选择题

1. 变量数列的构成要素是(　　)。

A. 分组标志和指标　　B. 分组标志和次数

C. 数量分组标志数值和频数　　D. 品质分组标志属性和频数

2. 下列资料中，适合编制单项数列的是(　　)。

A. 连续型变量且各变量值变动比较均匀

B. 离散型变量且各变量值变动比较均匀

C. 连续型变量且各变量值变动幅度较大

D. 离散型变量且各变量值变动幅度较大

3. 某组向上累计次数表示(　　)。

A. 大于该组上限的次数有多少　　B. 大于该组下限的次数有多少

C. 小于该组上限的次数有多少　　D. 小于该组下限的次数有多少

4. 统计分组时，若某标志值刚好等于相邻两组上下限数值，则(　　)。

A. 将此数值归入上限所在组　　B. 将此数值归入下限所在组

C. 归入这两组中任意一组均可　　D. 另立一组

5. 在区分事物性质的分组中，划分经济类型具有重要意义，通过这种分组，可以研究各经济类型的（　　）。

A. 品质特征　　B. 数量特征　　C. 规模大小　　D. 依存关系

6. 某连续变量数列，其末组为开口组，下限为500，又知其邻组组中值为480，则末组组中值为（　　）。

A. 520　　B. 510　　C. 500　　D. 490

7. 下面属于变量分配数列的资料是（　　）。

A. 大学生按专业分配　　B. 商业企业按类型分配

C. 电站按发电能力分配　　D. 企业按国民经济类型分配

8. 以一个企业的工人为总体来分析该企业工人的文化素质，则分组标志应选择（　　）。

A. 工人的技术等级　　B. 工人的文化程度

C. 工人的日产量　　D. 工人的出勤天数

9. 划分连续型变量的组限时，相邻两组的组限一般（　　）。

A. 不等　　B. 重叠

C. 间断　　D. 没有严格要求

10. 统计分组是指对（　　）。

A. 总体单位的分组　　B. 总体与总体单位的分组

C. 总体的分组　　D. 一个分组标志的分组

11. 统计整理阶段最关键的问题是（　　）。

A. 审核资料　　B. 统计分组

C. 编制统计表　　D. 绘制统计图

12. 某外商投资企业按工资水平分为四组：10 000元以下，10 000～15 000元；15 000～20 000元；20 000元以上。第一组和第四组的组中值分别为（　　）。

A. 7 500和25 000　　B. 8 000和22 500

C. 8 000和25 000　　D. 7 500和22 500

13. 组中值是代表各组标志（　　）的数值。

A. 平均水平　　B. 最大的　　C. 最小的　　D. 任意的

14. 企业按资产总额分组（　　）。

A. 只能使用单项式分组

B. 只能使用组距式分组

C. 可以单项式分组，也可以用组距式分组

D. 无法分组

15. 次数分配数列是(　　)。

A. 按数量标志分组形成的数列

B. 按品质标志分组形成的数列

C. 按统计指标分组所形成的数列

D. 按数量标志和品质标志分组所形成的数列

16. 下列分组中属于按品质标志分组的是(　　)。

A. 学生按考试分数分组　　B. 产品按品种分组

C. 企业按计划完成程度分组　　D. 家庭按年收入分组

17. 按某一标志分组的结果表现为(　　)。

A. 组内差异性,组间同质性　　B. 组内同质性,组间同质性

C. 组内同质性,组间差异性　　D. 组内差异性,组间差异性

18. 在分布数列中,频率是指(　　)。

A. 各组的频率相互之比　　B. 各组分布频数相互之比

C. 各组分布频数与频率之比　　D. 各组分布频数与总频数之比

19. 全国总人口按年龄分为五组,这种分组方法属于(　　)。

A. 简单分组　　B. 复合分组

C. 平行分组　　D. 按品质标志分组

20. 为研究某城市的居民收入情况,把该城市居民按人均年收入分组,其中最后两组是1 800～2 000元,2 000元以上,则最后一组的组中值应是(　　)元。

A. 2 000　　B. 2 200

C. 2 100　　D. 2 150

21. 在对连续型变量按从小到大顺序排列的组距数列分组资料中,最末一组为开口组,组中值为55,与其相邻的一组的组距为10,则最末一组的下限应为(　　)。

A. 30　　B. 40

C. 45　　D. 50

22. 某村农民人均纯收入最高为8 090元,最低为5 700元,据此分成由6个组组成的等距数列,则组距应为(　　)。

A. 2 400　　B. 1 200

C. 400　　D. 600

23. 变量数列中的频数是指(　　)。

A. 划分各组的数量标志　　B. 分组的组数

C. 分布在各组中的个体单位数　　D. 上限与下限之间的中点数值

三、多项选择题

1. 统计分组的作用在于(　　)。

A. 保证统计整理的准确性　　B. 划分现象的类型

C. 保证统计分析结果的真实性　　D. 揭示现象的内部结构

E. 分析现象的依存关系

2. 下列适宜编制组距式变量分配数列的有(　　)。

A. 公司实现利润总额　　B. 企业产值计划完成程度

C. 学校的学生人数　　D. 职工的文化程度

E. 居民的家庭人口数

3. 采用不等距分组时,(　　)。

A. 各组频数的分布受组距大小的影响

B. 各组频数的分布不受组距大小的影响

C. 各组频数的多少不能反映频数分布的情况

D. 需要用频数密度反映频数分布的情况

E. 各组频数的分布与频率的分布完全一致

4. 统计表按分组情况不同,可分为(　　)。

A. 简单表　　B. 汇总表　　C. 分组表　　D. 分析表

E. 复合表

5. 统计分组的关键包括(　　)。

A. 选择分组标志　　B. 划分各组界限

C. 确定组数　　D. 计算组距

E. 将性质相同的单位划到同一组中

6. 统计表是表现统计资料最常用的形式,从构成形式上看,它一般包括(　　)。

A. 总标题　　B. 汇总表　　C. 横行标题　　D. 纵栏标题

E. 指标数值

7. 统计分组同时具备两个方面的含义,(　　)。

A. 对个体来讲,是“分”　　B. 对总体来讲,是“合”

C. 对个体来讲,是“合”　　D. 对总体来讲,是“分”

E. 无法确定“分”与“合”

8. 统计分组后(　　)。

A. 各组之间出现了显著差异　　B. 同一组内保持着相同的性质
C. 各组之间性质相同　　D. 有的可反映总体的内部结构
E. 有的可反映现象之间的依存关系

9. 对某市工业企业按经济类型分组，分组标志的名称一般写在统计表的(　　)中。
A. 总标题　　B. 主词栏　　C. 宾词栏　　D. 横行标题
E. 指标数值栏

10. 下列关于统计分组的说法中，正确的有(　　)。
A. 在统计总体内进行的一种分类
B. 在统计总体内进行的一种定量分类
C. 将同一总体区分为不同性质的组
D. 把总体划分为一个性质不同的、范围更小的总体
E. 将不同的总体划分为性质不同的组

11. 在组距数列中，组中值为(　　)。
A. 上限和下限之间的中点数值
B. 用来代表各组标志值的平均水平
C. 在开放式分组中无法确定
D. 在开放式分组中，可以参照相邻组的组距来确定
E. 就是组平均数

12. 在次数分配数列中，(　　)。
A. 总次数一定，频数和频率成反比
B. 各组的频数之和等于100
C. 各组频率大于0，频率之和等于1
D. 频数越小，则该组的标志值所起的作用越小
E. 频率又称为次数

13. 将某地区国有企业按产值计划完成程度分为以下四组，正确的有(　　)。

A. 第一种	B. 第二种	C. 第三种	D. 第四种
100%以下	80%以下	80%以下	85%以下
100%～110%	80.1%～90%	80%～90%	85%～95%
110%以上	90.1%～100%	90%～100%	95%～105%
	100.1%～110%	100%～110%	105%～115%
	110.1%以上	110%以上	115%以上

14. 在等距数列中，组距的大小与( )。

A. 总体总频数的多少成正比　　B. 组数的多少成正比

C. 组数的多少成反比　　D. 全距的大小成正比

E. 全距的大小成反比

15. 统计表由哪几部分构成( )。

A. 总标题　　B. 填表单位

C. 横行标题　　D. 纵行标题

E. 统计数据

四、判断题

1. 统计整理的关键步骤在于统计分组。 ( )

2. 统计分组的关键是正确选择分组标志和划分各组的界限。 ( )

3. 简单分组涉及总体的某一个标志，复合分组则涉及总体两个以上标志，因此将两个简单分组排列起来，就是复合分组。 ( )

4. 次数密度表示单位组距上分布的次数。 ( )

5. 离散型变量既可以作单项式分组，也可以作组距式分组。 ( )

6. 在组距相等的条件下，次数分布和次数密度的分布是一致的。 ( )

7. 某企业职工按文化程度分组形成的分配数列是一个单项式分配数列。 ( )

8. 对于连续型变量，其组限是按照“上限不包括在内”的原则进行汇总的。 ( )

9. 连续型变量只能做组距式分组，组距表示方法只能是重叠的。 ( )

10. 在确定组限时，最大组上限必须大于最大变量值，最小组下限必须小于最小变量值。 ( )

11. 分组以后，各组的频数越大，则组的标志值对于全体标志水平所起的作用越大；而各组的频率越大，则组的标志值对全体标志水平所起的作用越小。 ( )

12. 组距数列中，每组中的较小值叫上限，较大值叫下限。 ( )

13. 统计分组的根本作用在于区分现象之间的差别。 ( )

14. 手工汇总中的划线法只能汇总单位数，不能汇总标志值。 ( )

15. 统计表中如果不存在某项数字时，应用符号“…”表示。 ( )

16. 手工汇总中的折叠法简便易行，省时省力，但一旦出错需从头返工。 ( )

17. 任何一个分布都必须满足：各组的频率大于零，各组的频数总和等于1或100%。 ( )

18. 统计分组以后，掩盖了各组内部各单位的差异，而突出了各组之间的差异。 （ ）

19. 区分简单分组和复合分组的根据是采用分组标志的多少不同。 （ ）

20. 分布在各组之间的单位数称为频率。 （ ）

五、简答题

1. 什么是统计分布？它包括哪两个要素？
2. 什么叫统计分组？统计分组可以进行哪些分类？
3. 单项式分组和组距式分组分别在什么情况下运用？
4. 为什么说统计分组的关键在于分组标志的选择？
5. 简述变量分组的种类及应用条件。
6. 什么是单项式变量数列和组距式变量数列？什么是上限、下限和组距？
7. 编制统计表应遵循哪些原则？

六、计算分析题

1. 某车间 30 个工人看管机器数量的资料如下：

5 4 2 4 3 4 3 4 4 5 4 3 4 2 6

4 4 2 5 3 4 5 3 2 4 3 6 3 5 4

要求：根据以上资料编制变量分配数列。

2. 某班 40 名学生统计学考试的成绩分别为：

68 89 88 84 86 87 75 73 72 68

75 82 97 58 81 54 79 76 95 76

71 60 90 65 76 72 76 85 89 92

64 57 83 81 78 77 72 61 70 81

学校规定：60 分以下为不及格，60～70 分为及格，70～80 分为中，80～90 分为良，90～100 分为优。要求：

(1) 将该班学生分为不及格、及格、中、良、优五组，编制一张次数分配表。

(2) 指出分组标志及类型；分组方法的类型；分析本班学生考试情况。

3. 某班学生年龄如下，试按年龄编制单项式分布数列，填入表 3 - 13 中。

16 18 19 17 18 20 17 18 16 18

17 19 20 17 18 17 18 19 18 17

19 16 20 17 18 19 18 17 18 18

18 17 20 19 20 16 18 17 19 18

17 18 19 18 18 19 18 18 18 17

表 3-13 某班学生年龄次数分布

年龄(岁)	人数(人)
合计	

4. 2016 年,某管理局下属的 40 个企业产品销售收入数据如下(单位:万元):

126	113	146	112	158	119	115	123	88	97	117	108
105	110	107	137	120	136	107	108	125	127	142	118
103	87	115	114	119	105	117	124	129	116	100	103
92	95	127	104								

要求:

(1) 根据上面的数据分成以下几组:100 以下,100～110,110～120,120～130,130 以上。根据分组结果编制频数分布表,并计算出频率。

(2) 企业业绩规定:销售收入在 125 万元以上为先进单位,115～125 万元为良好,105～115 万元为一般企业,105 万元以下为落后企业。按先进企业、良好企业、一般企业和落后企业进行分组。

5. 某百货公司连续 50 天的商品销售额数据如下(单位:万元):

30	42	40	48	43	44	33	44	38	36
42	36	37	45	37	49	39	42	32	38
26	44	37	43	30	34	46	32	28	35
42	46	36	45	37	37	36	45	46	43
41	40	25	29	35	47	38	34	43	35

要求:根据上面的数据整理成组距为 5 的分组表,并绘制出直方图和折线图。

6. 某生产车间 50 名工人日加工零件数如下(单位:个):

148	140	127	120	110	104	132	135	129	123
116	109	132	135	129	123	110	108	148	135
128	123	114	108	137	124	120	125	116	118
125	137	107	113	123	140	137	119	119	127
130	119	124	130	118	107	113	122	128	114

要求：

(1) 编制等距,异距组距式变量分布数列。

(2) 进行次数累计(向上累计与向下累计两种)。

(3) 绘制次数分布直方图与折线图。

第四章

综合指标

第一节　总量指标

一、总量指标概念与作用

(一) 总量指标概念

总量指标是说明社会经济现象总体在一定时间、地点和条件下的总规模或总水平的统计指标,其表现形式是有一定计量单位的绝对数,如 2020 年我国总人数为 14.1 亿人;2020 年年末,我国外汇储备 3.22 万亿美元。

(二) 总量指标的特点

(1) 社会经济统计调查研究的对象是有限总体,只有有限总体才能计算总量指标。

(2) 指标的数值随着研究范围的大小而增加或减少。

(3) 总量指标是统计中最常用的基本指标,是计算相对指标和平均指标的基础,相对指标和平均指标是总量指标的派生指标。

(三) 总量指标的作用

(1) 总量指标是认识社会经济现象的总体的起点,它可以反映总体的基本状况和基本实力。例如,掌握了一个国家在一定时期的总人口数、国内生产总值、劳动力数量等总量指标,就能对这个国家有一个基本认识。

(2) 总量指标是编制计划、经济管理的主要依据。例如,进行国民经济的供给与需求的平衡、物资的收支平衡、财务的借贷平衡与核算,都须应用总量指标。又如,要分析某种重要物资的生产、分配、消费、积累的平衡关系,就要掌握上述各个环节的总量指标,否则无法进行具体分析。

(3) 总量指标又是计算相对指标和平均指标的基础。统计研究中的相对指标和平均指标都是由两个有联系的总量指标得到的。

二、总量指标的种类

(一)按照反映的内容不同可以分为总体单位总量与总体标志总量

(1) 总体单位总量是指总体内所有单位数的总和,如一个企业的职工人数,一个地区的企业数。

(2) 总体标志总量指总体中各单位标志值的总和,某一地区的全部工业企业构成一个总体,每个企业都有职工人数、资产数量、产值、利润等数量标志,而全地区的工业职工总数、资产总量、产值总量、利润总量等就是标志总量。标志总量是总体某种数量特征在一定的时间、地点条件下达到的总水平,所反映的是广义的总体规模。

(二)按照反映的时间状态不同可分为时期指标与时点指标

(1) 时期指标是说明现象在一段时间内某种标志值的累积总量的指标。如工业总产值、钢铁总产量、商品零售总额等。

(2) 时点指标是说明现象在某一时刻上某种标志总量的指标,如期末职工人数、人口数、商品库存量、牲畜存栏头数等。

时期指标和时点指标的区别:① 时期指标具有累加性,如将一年 12 个月的销售量相加后得到的全年销售量,而时点指标不具有累加性。② 时期指标数值的大小与时间的长短有直接关系,各时期数值可以直接相加,如一年的总产值必然大于一个月的总产值;时点指标数值的大小与现象活动过程的长短没有直接关系,各时点指标数值不能直接相加,如年末的职工数不一定比某一月末的职工数多。③ 时期指标的数值是连续登记获得的,如一个月的总产量是一个月中每天产量的综合。时点指标的资料是通过一次性调查来完成的,它的每一个数值是表示现象发展到一定时点上所处的水平,如年末职工数是指年初的职工数经过一年的变动后至年末实有的职工数。

(三)按表现形式和计量单位的不同,可分为实物指标、价值指标和劳动量指标

(1) 实物指标是以实物单位计量的统计指标,其反映事物的使用价值,实物指标的单位包括自然单位、度量衡单位和标准实物单位。实物指标可以直接反映产品的使用价值或现象的具体内容。但是不同属性和计算单位的实物指标却不能直接汇总,因此它无法用来反映非同类现象的总规模和总水平,而需要用价值指标。实物指标的优点是直观、具体,可以体现现象的使用价值,缺点是不便于综合,不同事物之间不能直接加总。

(2) 价值指标是以货币为单位计算的总量指标,如增加值、产品销售收入、工商税收等,价值指标代表一定的社会必要劳动量,具有最广泛的综合性和概括性。但是,价值指标脱离了具体的物质内容,比较抽象。因此,应将价值指标和实物指标结

合起来使用,才能全面地认识问题。

(3) 劳动量指标是以劳动时间作为计量单位的统计指标,劳动指标是以劳动时间为单位计算的总量指标,如出勤工日、实际工时、定额工时等。劳动指标主要在企业范围内使用,是企业编制和检查计划的重要依据。不同类型、不同经营水平企业的劳动指标不能直接相比。

第二节 相对指标

一、相对指标的概念及表现形式

(一) 相对指标的概念

相对指标又称相对数,是采用对比的方法,来反映现象之间数量上的联系程度和对比关系的综合指标,如人口密度、计划完成程度、性别比例等。相对指标就是在总量指标的基础上进行对比而产生的统计分析指标,它有利于反映现象之间的联系状况,反映社会经济现象之间的相对水平和联系程度,提供现象之间的比较基础。其主要作用如下:

(1) 相对指标可以体现事物发展的速度、相关联的程度,能具体表明社会经济现象之间的比例关系。如国民经济发展速度、人口年龄结构、人口出生率等都是相对指标。

(2) 相对指标可以使那些利用总量指标不能直接对比的现象找到可比的基础,从而较准确地判断事物之间的差别。例如,甲、乙两个企业,甲企业生产皮鞋,乙企业生产化妆品,我们不能根据两企业的生产水平直接评价它们经营的好坏。但是通过产值计划完成程度、产值利润率等相对指标,就是它们有了共同的比较基础,从而能够相互比较。

(3) 相对指标是进行宏观经济管理和评价企业经济活动的重要指标。例如,在宏观经济管理中,广泛运用各种相对指标检查、监督和分析国民经济的速度、比例、效益。

(二) 相对指标的表现形式

相对指标的表现形式是相对数,主要有两种,即无名数与有名数。

1. 无名数

无名数是一种抽象化的数值,多以系数、倍数、成数、百分数和千分数表示。

(1) 倍数和系数,是将对比基数抽象化为 1 来计算的相对数。在两个数字对比时，其分子数值与分母数值的比值小于 1 时用系数表示，如工资等级系数；其分子数值与分母数值的比值大于 1 时用倍数表示。例如，2005 年我国国民生产总值为 182 321亿元，2015 年为 676 708 亿元，为 2005 年的 3.71 倍。

(2) 成数，是将对比基数抽象化为 10 来计算的相对数，如今年的玉米亩产量比去年增产一成，即增产 1/10。

(3) 百分数，是将对比基数抽象为 100 来计算的相对数，用“%”表示，如比过去增长 20%。

(4) 千分数，是将对比基数抽象为 1 000 来计算的相对数，用“‰”表示，如人口出生率，人口自然增长率。

2. 有名数

在相对指标中，有名数主要用于表现强度相对指标的数值，以表明事物的密度，普遍程度与强度，如人口密度用“人/平方千米”表示。

二、相对指标的种类及其计算

(一) 计划完成相对指标

1. 计划完成相对指标的含义

计划完成相对指标也称计划完成百分数或计划完成程度指标，是指一定时期社会经济现象的实际完成数与计划完成数对比而得到的相对数，一般用百分数表示。计划完成程度相对指标可以是两个总量指标进行对比，也可以是两个相对指标进行对比，还可以是两个平均指标的对比，其公式为：

$$计划完成相对指标 = \frac{实际完成数}{计划数} \times 100\%$$

公式中，计划任务数值是对比的基础，必须作为分母，而实际完成数值是被比较的对象，必须作为分子，计划完成相对指标的分子分母不能交换。用这个公式计算出来的相对数，表示计划的完成程度，而子项数值减去母项数值的差额则表明执行计划的绝对效果。

2. 计划完成相对数的计算

在实际应用上，因计划指标既有可能是总量指标，也有可能是相对指标或平均指标，所以在具体计算时，要根据情况采用不同的方法。

(1) 根据总量指标计算计划完成相对数。

【例 4-1】某商业企业某年商品销售额计划指标为 3 000 万元，当年该企业的实际商品销售额为 3 300 万元，则：

$$计划完成程度 = \frac{实际完成数}{计划数} \times 100\% = \frac{3\ 300}{3\ 000} = 110\%$$

$$超额的绝对值 = 3\ 300 - 3\ 000 = 300(万元)$$

计算结果表明该企业超额 10%完成计划，超额 300 万元。

(2) 根据相对指标计算计划完成相对数。

在经济管理中，有些计划任务数是以本年计划数比上年实际数提高或降低多少的相对数表示的，如劳动生产率提高率、成本降低率、原材料利用率降低率等。

【例 4-2】某企业某年计划利润额要求比上年提高 3%，实际执行结果是利润额比上年提高了 5%，则该企业利润额计划完成情况为：

$$计划完成程度 = \frac{1 + 实际提高率}{1 + 计划数提高率} \times 100\% = \frac{1 + 5\%}{1 + 3\%} \times 100\% = 101.94\%$$

【例 4-3】某企业某年计划某种产品的单位成本要比上年降低 4%，而实际成本降低率为 7%，则该企业单位成本计划完成情况为：

$$单位成本计划完成程度 = \frac{1 - 7\%}{1 - 4\%} \times 100\% = 96.88\%$$

(3) 根据平均指标计算计划完成相对数。

其计算公式为：$计划完成相对数 = \frac{实际平均完成数}{计划平均完成数} \times 100\%$

此公式可以用来检查单位成本计划完成情况、平均工资计划完成情况等。

【例 4-4】设某企业某月生产某产品，计划每人每日平均产量为 60 件，实际每人每日平均产量为 75 件，则企业劳动生产率计划完成情况为：

$$劳动生产率计划完成相对数 = \frac{75}{60} \times 100\% = 125.00\%$$

3. 计划执行进度的考核

如果实际完成数所包含的时期只是计划期的一部分，这种情况被称为计划执行进度，它不是在计划期末，而是在计划执行的过程中来进行计算的。一般适用于检查计划的执行进度和计划执行的均衡性。其计算公式为：

$$计划执行进度 = \frac{执行期内完成额}{全期计划数} \times 100\%$$

【例 4-5】某工厂某年 1 月份完成的产值为 10 万元，2 月份为 24 万元，3 月份为 50 万元，全年计划数为 310 万元，则：

$$截至3月份的计划执行进度 = \frac{执行期内完成额}{全期计划数} \times 100\% = \frac{10+24+50}{310} \times 100\% = 27.10\%$$

（二）结构相对指标

结构相对指标又称比重指标或结构相对指标，是在分组情况下，总体内部各组的数值与总体数值相比计算得到的相对数，通常以百分数表示。常用的结构相对指标有就业率、失业率、国民生产总值中三次产业的比重、国民收入使用额中消费与积累所占比重、增加值率、入学率、产品合格率、出勤率等。其计算公式为：

$$结构相对指标 = \frac{总体中某一部分数值}{总体全部数值} \times 100\%$$

结构相对指标的分子和分母可以是总体单位总量，也可以是总体标志总量。分子是分母的一部分，两者是从属关系，不能互换，在分组的基础上计算。由于结构相对指标是总体的各组成部分与全部数值之比，因此各部分所占比重之和应等于 100%。

【例 4-6】某高等学校人员按工作岗位分组的人员分布及其结构相对数如表 4-1 所示。

表 4-1　某高等学校人员按工作岗位分组的人员分布及其结构

人员分类	人数(人)	比重	人员分类	人数(人)	比重
教　师	450	50.00%	工　人	150	16.67%
干　部	300	33.33%	合　　计	900	100.00%

（三）比例相对指标

比例相对指标是由总体内部不同部分数值之间对比求得的比率。常用的比例相对指标有新生婴儿性别比例、生产人员与行政管理人员比例、国民收入使用额中消费与积累的比例、国民生产总值中三次产业的比例、工农业总产值中农轻重的比例等。其计算公式为：

$$比例相对指标 = \frac{总体中某一部分数值}{总体中另一部分数值} \times 100\%$$

【例 4-7】 某地区某年末人口数为 100 万人，其中男性 52 万人，女性 48 万人，该地区男女性别比例如果以女性为 100，则男性人口数是女性的 108.33%，男女性比例约等于108∶100。

比例相对数用几比几或 1∶m∶n 的形式来表示时，为了让人一目了然，一般要求比数以较简单的整数表示，由于实际操作时不一定能够整除，所以常用近似值来表示。

(四) 比较相对指标

比较相对指标是同一时间同类指标在不同空间之间的比较。说明某种现象在同一时间内各单位发展的不平衡程度，通常用百分数或倍数来表示。其计算公式为：

$$比较相对指标 = \frac{某一总体某类指标数值}{另一总体同类指标数值} \times 100\%$$

比较相对指标可以是两个总量指标对比，也可以是两个相对指标对比，还可以是两个平均指标对比；比较相对指标既可以是不同国家的对比，也可以是不同地区不同单位的对比，还可以是与标准水平或平均水平的对比。

【例 4-8】 2015 年美国人均国民生产总值为 172 368 美元，中国人均国民生产总值为 54 721 美元，则美国人均国民生产总值是中国的 3.15 倍。

$$\begin{matrix}美国人均国民生产总值是中国\\的人均国民生产总值的倍数\end{matrix} = \frac{172\ 368}{54\ 721} = 3.15(倍)$$

【例 4-9】 某月份甲商业企业人均劳动效率为 1 800 元，乙商业企业为 2 100 元，则甲商业企业为乙商业企业的 85.71%，乙商业企业为甲商业企业的 1.167 倍。

(五) 动态相对指标

动态相对指标指某一指标在不同时间上的数值对比而得到的相对数，它说明事物在时间上的发展变化情况。一般情况下，把作为比较基础的时期叫做基期，而把用来与基期比较的时期叫做报告期。其计算公式为：

$$动态相对指标 = \frac{报告期某项指标数值}{基期某项指标数值} \times 100\%$$

【例 4-10】 某企业 2×20 年上半年实现产值 2 000 万元，2×21 年上半年实现产值2 350万元。则：

$$动态相对指标=\frac{报告期指标数值}{基期指标数值}\times 100\%=$$

$$\frac{2\ 350}{2\ 000}\times 100\%=117.50\%$$

通过计算可以看出该企业2×21年上半年比2×20年上半年相比产值有所增加，增加的幅度为17.50%。

（六）强度相对指标

1. 强度相对指标的含义

强度相对指标指同一时间内两个不同性质又有一定联系的总量指标之比，以说明现象的强度、密度和普遍程度。如人口密度、人均国民生产总值、人口出生率、人口自然增长率等。强度相对指标的表现形式为强度相对数。其计算公式为：

$$强度相对指标=\frac{某一总量指标数值}{另一有联系且性质不同总量指标数值}\times 100\%$$

强度相对指标的计量单位表现为两种形式：一种是复名数，即双重计量单位，如人口密度用“人/平方千米”表示，人均国民生产总值用“元/人”表示。另一种是无名数，即无计量单位，一般用千分数、百分数表示，如人口出生率用千分数表示。

【例4-11】2015年年底，我国人口数为13.6亿人，按960万平方千米土地面积计算，则：

$$人口密度=\frac{13.6亿}{960万}\times 100\%=141.67(人/平方千米)$$

【例4-12】某地区2×21年年平均总人口数为5 890 500人，当年出生人数为71 023人，年内死亡人数为30 284人，则

$$2\times 21年人口出生率=\frac{2\times 21年出生的人口数}{2\times 21年平均总人口数}=\frac{71\ 023}{5\ 890\ 500}=$$

$$\frac{71\ 023}{5\ 890\ 500}=12.06‰$$

$$2\times 21年人口死亡率=\frac{2\times 21年死亡的人口数}{2\times 21年平均总人数}=\frac{30\ 284}{5\ 890\ 500}=5.14‰$$

$$2\times 21年人口自然增长率=\frac{2\times 21年出生的人口数-2\times 21年死亡的人口数}{2\times 21年平均总人口数}=$$

$$\frac{71\ 023-30\ 284}{5\ 890\ 500}=6.92‰$$

2. 强度相对指标的作用

(1) 强度相对指标被广泛地用于反映一个国家或一个地区的经济实力的强弱，如大国与小国，若从总量指标进行比较是不合理的，也不便于分析，而用强度相对指标进行比较，则可以提高其可比性。

(2) 强度相对指标可以用来反映事物的密度和普遍程度，为编制计划和长远规划提供参考依据，如在移民研究中，各地人口密度指标就是一个很重要的参考依据。

(3) 强度相对指标还可以反映企业经济效益的好坏，如流通费用率、资金利用率等都是两个不同现象的数量对比的强度相对数，这些经济指标的数值大小反映着企业管理工作的好坏。

第三节 平均指标

平均指标即平均数，是统计中应用广泛的一种综合指标。平均指标有算术平均数、调和平均数、几何平均数、中位数和众数五种。它们的指标含义、计算方法、应用场合均有所不同。

一、平均指标的含义和作用

(一) 平均指标的含义

平均指标表明某一现象在一定时间、地点、条件下所达到的一般水平。例如，某书店职工在一定时期的收入水平，不能以个别职工的收入作为代表。因为每个职工的收入受级别、工龄等多种因素的影响而各不相同。只有将某书店全部职工的收入总额除以职工人数，计算出人均收入，才能准确反映职工收入的一般水平。这一平均指标将职工之间收入的差异加以抽象，而显示出隐藏在每一职工收入中的共同性。

(二) 平均指标的特点

(1) 平均指标把总体各单位间的差异抽象化。

(2) 平均指标是一个代表性指标，代表总体各单位某一数量标志的一般水平。

(三) 平均指标的作用

(1) 平均指标可以作为判断事物的一种标准或参考。例如，一个工作组工人生产某种零件，平均日产量为 15 件/天，另一个工作组工人日产量为 18 件/天。如果以平均日产量为判断标准，则这两组工人的日产量存在明显差距。

(2) 通过对比某一现象在不同时间下的平均指标，揭示现象发展变化的趋势和规律。例如，某企业职工从 2×18～2×21 年平均工资分别为 2 000 元、3 090 元、4 200元、5 260元，从这一系列平均工资的数值可以看出，该企业职工平均工资呈上升的趋势。

(3) 通过平均指标来分析现象间的依存关系。

(4) 利用平均指标可以进行推算和估计。在统计抽样中，经常通过计算样本平均数来推断或估计总体平均数。

二、平均指标的计算

(一) 算术平均数

算术平均数是平均指标中最常见的一种。算术平均数，是反映同一总体各单位标志值的一般水平的平均数。计算公式的基本形式为：

$$\text{算术平均数} = \frac{\text{总体标志总量}}{\text{总体单位总量}}$$

总体单位数(或总体总量)和这个总体的标志总量(或这个总体单位标志值)是公式的两个必要条件。在利用这个公式计算平均数时，要注意口径一致，分子(总体标志总量)和分母 (总体单位总量)必须属于同一总体。

算术平均数由于掌握资料和计算复杂程度不同，分为简单算术平均数和加权算术平均数两种。

1. 简单算术平均数——资料未分组

直接加总总体各单位标志值求得标志总量，然后除以单位数而算出的平均数，称为简单算术平均数。其计算公式为：

$$\bar{x} = \frac{x_1 + x_2 + x_3 + \cdots + x_n}{n} = \frac{\sum x}{n}$$

式中：$\bar{x}$为平均数；

x 为标志值(或变量值)；

n 为总体单位数；

$\sum$ 为总和符号。

【例 4-13】某书店门市部科技图书柜台组有 10 名职工，某一个工作日销售图书分别为 15、16、16、17、17、18、18、18、19、20 册，则平均每人这个工作日的销量为：

$$\bar{x}=\frac{15+16+16+17+17+18+18+18+19+20}{10}=\frac{174}{10}=17.4(\text{册})$$

2. 加权算术平均数——资料已分组

如果调查取得的原始资料较多,并已按标志值分组,编制成变量数列,这时就不能采用简单算术平均数的计算方法,而要采用加权算术平均数的计算方法。

根据已分组的资料,用各组标志值或各种组中值乘以各组次数,相加得出总体标志总量,然后再除以各组单位数之和,所得的平均数就是加权算术平均数。

其计算公式为:

$$\bar{x}=\frac{x_1\cdot f_1+x_2\cdot f_2+x_3\cdot f_3+\cdots+x_n\cdot f_n}{f_1+f_2+f_3+\cdots+f_n}=\frac{\sum xf}{\sum f}$$

式中:$\bar{x}$为加权算术平均数;

x 为各组的标志值或组中值;

f 为各组的次数或频数;

$\sum$ 为总和符号。

从公式中可以看出加权算术平均数受两个因素的影响,其中一个因素是各组的标志值或各组的组中值,另一个因素是各组的次数。在各组标志值或各组组中值保持不变的情况下,各组次数越大,则该组标志或组中值对平均数的影响越大;反之,影响就越小。在这里各组次数具有权衡轻重的作用,所以又将其称为权数。

【例 4-14】某厂工人加工零件情况如表 4-2 所示,试计算工人的平均日产量。

表 4-2 某厂 43 名工人加工零件情况

日产量(件)x	工人数(人)f	各组工人产量(件)xf	工人比重 $\frac{f}{\sum f}$	$x\frac{f}{\sum f}$
20	1	20	2.33%	0.466
21	4	84	9.3%	1.953
22	8	176	18.6%	4.092
23	8	184	18.6%	4.278
24	12	288	27.91%	6.698
25	10	250	23.26%	5.815
合计	43	1 002	100%	23.302

$$\bar{x} = \frac{x_1 \cdot f_1 + x_2 \cdot f_2 + x_3 \cdot f_3 + \cdots + x_n \cdot f_n}{n} = \frac{\sum xf}{\sum f} = \frac{1\ 002}{43} = 23.30(\text{件})$$

以上计算加权算术平均数权数 f 是绝对数，当权数 f 以相对数下达时可以这样计算：

$$\bar{x} = \frac{\sum xf}{\sum f} = \sum x \frac{f}{\sum f} = 23.30(\text{件})$$

如果已知的分组资料分成组距数列，这时变量不是以一个数值出现的，而是以一个范围出现的，则以组中值为本组的标志值。

【例 4-15】已知某车间工人某日产量资料如表 4-3 所示，计算工人的平均日产量。

表 4-3 某车间 20 名工人某日产量

每人日产量（件）	工人数（人）f	组中值 x	各组工人产量 xf	$\frac{f}{\sum f}$	$x\frac{f}{\sum f}$
25～35	11	30	330	55%	16.5
35～45	5	40	200	25%	10.0
45～55	1	50	50	5%	2.5
55 以上	3	60	180	15%	9.0
合　计	20	—	760	100%	38

$$\bar{x} = \frac{\sum xf}{\sum f} = \frac{760}{20} = 38(\text{件})$$

3. 算术平均数的主要数学性质

(1) 各标志值与算术平均数的离差和为零。

(2) 各标志值与算术平均数离差的平方和为最小值。

4. 算术平均数的缺点

(1) 算术平均数易受极端数值的影响。

(2) 当组距数列存在开口组时，组中值根据邻组组距计算的，假定性很大，平均数的代表性也会受到比较大的影响。

(二) 调和平均数

调和平均数是平均指标的一种形式,它是各个变量值倒数的算术平均数的倒数,又称为倒数平均数。

调和平均数由于掌握资料不同,分为简单调和平均数和加权调和平均数两种。

1. 简单调和平均数

简单调和平均数的计算公式为:

$$\bar{x}_H = \frac{n}{\frac{1}{x_1} + \frac{1}{x_2} + \cdots + \frac{1}{x_n}} = \frac{n}{\sum \frac{1}{x}}$$

式中:$\bar{x}_H$ 为调和平均数;

x 为各标志值;

n 为变量个数。

【例 4-16】 有甲、乙、丙三种商品,其价格分别为 30 元、40 元、50 元,现各购进 1 万元的商品,问商品的平均价格是多少?

$$\bar{x}_H = \frac{n}{\sum \frac{1}{x}} = \frac{3}{\frac{1}{30} + \frac{1}{40} + \frac{1}{50}} = 38.30(\text{元})$$

2. 加权调和平均数

加权调和平均数的计算公式为:

$$\bar{x}_H = \frac{m_1 + m_2 + \cdots + m_n}{\frac{m_1}{x_1} + \frac{m_2}{x_2} + \cdots + \frac{m_n}{x_n}} = \frac{\sum m}{\sum \frac{m}{x}}$$

式中:m 为各组的标志总量,起权衡轻重的作用,也称权数。

【例 4-17】 某商场某种商品销售情况如表 4-4 所示,求这种商品的平均价格。

表 4-4 2016 年 2 月某商场某种商品销售情况

商品	单价 x(元/千克)	销售额 m(万元)	销售量 m/x(千克)
一级	1.2	240	2 000 000
二级	1.0	300	3 000 000
三级	0.7	70	1 000 000
合计	—	610	6 000 000

$$\bar{x}_H = \frac{\sum m}{\sum \frac{m}{x}} = \frac{6\ 100\ 000}{6\ 000\ 000} = 1.016(\text{元 / 千克})$$

从上面例题可以看出,调和平均数是加权算术平均数的变形,其计算结果和算术平均数的结果是一致的,只是依据所掌握的资料不同而采取不同的计算形式,并非一种资料两种平均数方法计算。

令 $m = xf$ 代入算术平均数公式,则有:

$$\bar{x} = \frac{\sum xf}{\sum f} = \frac{\sum m}{\sum \frac{m}{x}} = \bar{x}_H$$

在很多情况下,由于只掌握每组某个标志的数值总和 m 而缺少总体单位数 f 的资料时,不能直接采用加权算术平均数计算,而应采用加权调和平均数。

3. 调和平均数的局限性

调和平均数在应用时也存在一定的局限性,表现在以下两个方面。

(1) 调和平均数也受极端值的影响,如果数列中有一标志值为零,则无法计算调和平均数。

(2) 当组距数列存在开口组时,也涉及用相邻组组距来计算组中值的问题,其假定性很大,平均数的代表性也会受到较大的影响。

(三) 几何平均数

几何平均数是另一种形式的平均数,它是几个变量值连乘积的 n 次方根,主要用于计算平均比率和平均速度。适用于:当现象的总比率是若干比率的连乘积,或现象的总发展速度是各个时期发展速度的连乘积,都必须用几何平均数的形式来计算平均比率或平均速度。根据所掌握资料的不同,分为简单几何平均数和加权几何平均数两种。

1. 简单几何平均数

简单几何平均数适于未分组的资料来计算,其计算公式为:

$$G = \sqrt[n]{x_1 \cdot x_2 \cdot x_3, \cdots, x_n} = \sqrt[n]{\prod x}$$

式中:G 为几何平均数;

x 为变量值;

n 为变量值的项数；

$\prod$ 为连乘符号。

【例 4-18】某流水作业的装配分 4 道工序。第一道工序产品合格率为 98.5%，第二道工序产品合格率为 94.6%，第三道产工序品合格率为 92.3%，第四道工序产品合格率为 90.1%，求各工序平均产品合格率。

由于整条装配线的产品合格率和各道工序产品合格率存在着乘积的关系，所以必须用简单几何平均数来计算：

$$G=\sqrt[n]{x_1\cdot x_2\cdot x_3,\ \cdots,\ x_n}=\sqrt[n]{\prod x}=$$

$$\sqrt[4]{98.5\%\times 94.6\%\times 92.3\%\times 90.1\%}=93.82\%$$

2. 加权几何平均数

几何平均数中每个变量值的次数不相同时，应用加权几何平均数计算其平均比率或平均速度公式为：

$$G=\sqrt[\sum f]{x_1^{f_1}\cdot x_2^{f_2}\cdot x_3^{f_3},\ \cdots,\ x_n^{f_n}}=\sqrt[\sum f]{\prod x^f}$$

式中：G 为几何平均数；

x 为变量值；

f 为各组变量值的次数；

$\prod$ 为连乘符号。

【例 4-19】某银行年利息率资料(按复利计算如表 4－5 所示)，计算平均年利率。

表 4－5　某银行年利息率资料表

存款时间	3 月	6 月	1 年	2 年	3 年	5 年	8 年
年利率	3.24%	5.4%	7.56%	7.92%	8.25%	9%	10.08%
年本利率	1.0324	1.0540	1.0756	1.0792	1.0825	1.0900	1.1008

则平均年利率为：

$$G=\sqrt[\sum f]{\prod x^f}=$$

$$\sqrt[19.75]{1.0324^{0.25}\times 1.0540^{0.5}\times 1.0756^{1}\times 1.0792^{2}\times 1.0825^{3}\times 1.0900^{5}\times 1.1008^{8}}=$$

$$1.0897$$

3. 几何平均数应用的特点

(1) 变量值中某一变量值为 0 或负数,不能计算几何平均数。

(2) 凡是变量值的连乘积等于总利率或总速度及标志值之间呈等比关系的数列,就必须用几何平均数计算其平均数,而不能用算术平均数或调和平均数。

(四) 中位数

中位数是将总体各单位的标志值按大小顺序排列,处于中间位置的那个标志值。中位数居于中间位置,其数值既不能太大也不能太小,所以可用它来代表现象的一般水平。中位数是一个位置平均数,一般用 M_e 表示。

中位数的计算方法根据所掌握的资料不同分为三种。

1. 根据未分组的资料计算中位数

其计算步骤如下:

(1) 将标志值按从小到大的顺序排列。

(2) 确定中位数的位置 $\dfrac{n+1}{2}$。

(3) 根据总体单位项数的奇偶来确定中位数的值。

【例 4-20】 求数列 4,6,7,10,8 的中位数。

其计算步骤如下:

第一,将标志值按从小到大的顺序排列为:4,6,7,8,10。

第二,按 $\dfrac{n+1}{2}$ 确定中位数的位置:$\dfrac{n+1}{2}=\dfrac{5+1}{2}=3$。

第三,得出第三位置的对应的数值 7 即是中位数。

【例 4-21】 上例中如果有第 6 个数是 12,则中位数为:

第一,将标志值按从小到大的顺序排列为:4,6,7,8,10,12。

第二,按 $\dfrac{n+1}{2}$ 确定中位数的位置 $\dfrac{n+1}{2}=\dfrac{6+1}{2}=3.5$。

第三,中位数位次在第三位与第四位之间,则中位数为 7.5。

2. 根据单项式分组数列计算中位数

其计算步骤如下:

(1) 按 $\dfrac{\sum f}{2}$ 确定中位数的位置。

(2) 根据位次确定相应的标志值为中位数。

【例 4-22】 某厂工人加工零件情况如表 4-6 所示,根据资料计算中位数。

表 4-6 某厂 56 名工人加工零件情况

日产量(件)x	工人数(人)f	累计次数	
		向上累计	向下累计
22	3	3	56
23	4	7	53
24	12	19	49
25	13	32	37
26	15	47	24
27	9	56	9
合计	56	—	—

其计算步骤如下：

第一，按 $\frac{\sum f}{2}$ 确定中位数的位置，$\frac{\sum f}{2}=\frac{56}{2}=28$。

第二，根据位次确定相应的标志值为中位数。按人数从下向上累计，中位数在第四组，中位数为 25 件；按人数从上向下累计，中位数也在第四组，中位数为 25 件。

3. 根据组距式分组数列计算中位数

其计算步骤为：

(1) 按 $\frac{\sum f}{2}$ 确定中位数的位置。

(2) 根据位置确定中位数所在组。

(3) 按下限公式或上限公式确定中位数的近似值。

下限公式为：$M_e = L + \frac{\frac{\sum f}{2} - S_{m-1}}{f_m} \cdot i$

上限公式为：$M_e = U - \frac{\frac{\sum f}{2} - S_{m+1}}{f_m} \cdot i$

式中：M_e 为中位数；

l 为中位数所在组的下限；

u 为中位数所在组的上限；

f_m 为中位数所在组的次数；

i 为中位数所在组的组距；

$\sum f$ 为总频数；

S_{m-1} 为向上累计至中位数所在组前一组的次数；

S_{m+1} 为向下累计至中位数所在组后一组的次数。

【例 4-23】 对某市职工家庭收支情况进行调查，结果如表 4－7 所示，试计算中位数。

表 4－7　某市职工家庭收支情况调查表

每人平均月收入(元)	职工户数(户)	累计次数(次)	
		向上累计	向下累计
1 000～2 000	80	80	1 570
2 000～3 000	240	320	1 490
3 000～4 000	900	1 220	1 250
4 000～5 000	200	1 420	350
5 000～6 000	100	1 520	150
6 000～7 000	50	1 570	50
合计	1 570	—	—

其计算步骤如下：

(1) 计算累计次数。

(2) 按 $\frac{\sum f}{2}$ 确定中位数的位置，$\frac{\sum f}{2}=\frac{1\,570}{2}=785$(户)。

(3) 根据位置确定中位数所在组：3 000～4 000。

(4) 按下限公式或上限公式确定中位数的近似值。

$$下限公式为：M_e = L + \frac{\frac{\sum f}{2} - S_{m-1}}{f_m} \cdot i =$$

$$3\ 000 + \frac{\frac{1\ 570}{2} - 320}{900} \times 1\ 000 = 3\ 516.67(元)$$

$$上限公式为：M_e = U - \frac{\frac{\sum f}{2} - S_{m+1}}{f_m} \cdot i =$$

$$4\ 000 - \frac{\frac{1\ 570}{2} - 350}{900} \times 1\ 000 = 3\ 516.67(元)$$

可见，两种计算中位数的方法计算结果是完全一致的。中位数不受极端值的影响。

（五）众数

众数是指总体中最常见的数，也就是出现次数最多的那个标志值。众数也是一种位置平均数，可以近似地表明现象的一般水平，在许多场合有其特殊意义。例如，说明企业职工最普遍的工资水平，了解消费者需要最多的服装、鞋袜、帽子等的尺码，表明某种商品成交量最多的价格水平等。众数通常用 M_o 表示，众数的确定方法有两种。

1. 根据单项数列确定众数

其计算步骤为：① 确定众数组；② 确定众数值。

【例 4-24】参见表 4－6。

$$M_0 = 26(件)$$

2. 根据组距式数列确定众数

$$下限公式为：M_0 = L + \frac{\Delta_1}{\Delta_1 + \Delta_2} \cdot i$$

$$上限公式为：M_0 = U - \frac{\Delta_2}{\Delta_1 + \Delta_2} \cdot i$$

式中：Δ_1 为众数组的次数与其前一组次数之差；

Δ_2 为众数组的次数与其后一组次数之差。

【例 4-25】根据表 4－7 中的资料，试计算众数。

$$M_0 = 3\ 000 + \frac{660}{660 + 700} \times 1\ 000 = 4\ 000 - \frac{700}{660 + 700} \times 1\ 000 = 3\ 485.29(元)$$

3. 众数的特点

(1) 众数是一种位置平均数,它不受数列中各个标志值大小的影响,因而难以准确反映数列标志值的一般水平,但是当数列中有异常标志值时,它不受两端极值的影响,增强了众数作为标志值数列一般水平的代表性。

(2) 变量数列无明显集中趋势而趋向均匀分布时,则无众数。

三、平均指标的计算运用原则

(一) 平均指标必须应用于同质总体

总体同质性是计算和应用平均数的前提条件和基本原则。只有在同质总体中,总体各单位才具有共同的特征,从而才能按某一数量标志计算其平均数,这种平均数才具有很强的代表性,才能代表总体的一般水平。不在同质性基础上计算的平均数是没有实际意义的,是虚构的平均数。

(二) 用组平均数补充说明总平均数

总平均数反映现象的总体特征,往往会掩盖现象内部的差异,而分组基础上的组平均数则可进一步揭示现象内部的差异。

(三) 用变量数列补充说明总平均数

平均指标代表现象的一般水平,是总体各单位标志值的抽象化,但它掩盖了总体各单位标志值间的差异,也掩盖了总体内单位的分布情况。所以只有用变量数列补充说明总平均数,才能更深入地揭示现象的本质。

(四) 计算和运用平均数时,要注意极端值的影响

算术平均数受总体内极端数值的影响较大,为了正确反映总体的一般水平,当总体存在过大或过小的极端数值时,应予以剔除,然后用其余数计算平均数。例如,研究农民生活,大多数农户年收入在 5 000～20 000 元,而个别农户达到几十万元或不足千元,这就要剔除收入极高和极低的农户,再计算剩下农户的平均收入。这种去除极端值再平均的方法称为切尾平均法。

第四节　标志变异指标

平均数将总体各单位标志值之间的差异掩盖了,它虽然可以反映总体各单位标志值的集中趋势,但平均数的代表性如何？某一标志值在总体各单位之间的差异程度如何？这些问题要由标志变异指标来说明。

一、标志变异指标的概念和作用

(一)标志变异指标的概念

标志变异指标是反映总体各单位标志值差异程度的综合指标,它表明总体各单位标志值的离散程度和离中趋势,又称为标志变动度或离散指标。

平均指标反映分布数列变量的集中趋势,但却掩盖了各单位间的数量差异。而标志变异指标则是反映数列中变量值的离散程度,恰好弥补了平均指标的不足,从另一方面说明总体特征,因此两者相辅相成,有助于我们全面认识社会经济现象的数量规律,为统计分析和决策提供有力的工具。

(二)标志变异指标的作用

1. 标志变异指标是衡量平均数代表性的尺度

平均数是个代表值,其代表性取决于总体各单位标志值的差异程度。当总体各单位标志值间差异程度较大时,计算出的标志变异指标值就越大,平均数的代表性就越小;当总体各单位标志值间的差异较小时,计算出的标志变异指标值就越小,平均数的代表性就越大。

【例 4-26】有两个生产小组的工人日产零件数如下。

甲组:40、50、60、70、80 件。

乙组:50、55、60、65、70 件。

甲、乙两组的平均日产零件都 60 件,但平均日产量的代表性不同。甲组工人日产量变动较大,其平均数的代表性就小;而乙组工人的平均日产量变动较小,其平均数的代表性就大。

2. 标志变异指标可以用来研究现象发展变化的均衡性、协调性

标志变异指标值越小,现象发展变化越均衡、越协调;标志变异指标越大,现象发展变化越不均衡、越不协调,对这样的社会经济现象要加以调整和控制。

(三)标志变异指标的种类

按计算方法不同,标志变异指标可分为全距、平均差、方差和标准差、变异系数。

二、标志变异指标的计算

(一)全距

全距也称极差,是数列中最大值与最小值的差距,用来反映现象的实际变动范围。全距用 R 表示。其计算公式为:

$$全距 = 最大标志值 - 最小标志值$$

【例 4-27】某车间 3 个班组各 11 名工人,生产同样零件,其日产量如表 4－8 所示。试计算 3 个班组的全距。

表 4－8 某车间 3 个班组加工零件情况

工人顺序	每日生产件数(件)		
	第一班组	第二班组	第三班组
1	15	18	22
2	17	18	22
3	19	19	22
4	20	20	22
5	22	22	22
6	22	22	22
7	23	23	22
8	23	24	22
9	25	25	22
10	26	25	22
11	30	26	22
合计	242	242	242
平均	22	22	22

$$R_1 = 15(\text{件})$$

$$R_2 = 8(\text{件})$$

$$R_3 = 0(\text{件})$$

从计算结果可以看出,全距小的第三组,其平均数的代表性越大;反之,全距大的第一组，其平均数的代表性越小。

全距计算方法简单、易懂，容易被人们理解。但全距只说明标志值变异的范围，并没反映所有标志值差异的大小，所以这种方法是很粗略的。为精确地表明总体各单位在某一标志上的差异大小和程度，还应该利用其他变异指标，如平均差、标准差、方差及变异系数等。

（二）平均差

平均差是总体各单位标志值同其算术平均值的绝对离差的算术平均数，它能综合反映总体各单位标志值的变动程度。平均差用 AD 表示。

平均差是标志变异指标的一种，平均差越大，表示标志变动度越大，平均数的代表性越低；平均差越小，表示标志变动度越小，平均数的代表性越大。

根据所掌握的资料不同，平均差的计算方法有以下两种。

1. 简单平均差——资料未分组

$$AD = \frac{\sum |x - \overline{x}|}{n}$$

【例 4-28】根据例 4-27 资料(见表 4 - 8)计算平均差。

$$AD_1 = \frac{\sum |x - \overline{x}|}{n} = 3.09(件)$$

$$AD_2 = \frac{\sum |x - \overline{x}|}{n} = 2.36(件)$$

$$AD_3 = \frac{\sum |x - \overline{x}|}{n} = 0$$

通过计算可以看出，第一组平均差最大，表示标志变动度越大，其平均数的代表性越低；第三组平均差最小，表示标志变动度越小，其平均数的代表性越大。

2. 加权平均差——资料已分组

$$AD = \frac{\sum |x - \overline{x}| \cdot f}{\sum f}$$

【例 4-29】某厂工人年龄资料如表 4 - 9 所示，试计算工人年龄的平均差。

表 4-9 某厂工人年龄资料

按年龄分组	组中值 x	人数 f	xf	$\|x-\bar{x}\|$	$\|x-\bar{x}\|f$	$(x-\bar{x})^2$	$(x-\bar{x})^2 f$
20～30	25	80	2 000	11.11	888.8	123.4321	9 874.568
30～40	35	100	2 500	1.11	111	1.2321	123.21
40～50	45	70	3 150	8.89	622.3	79.0321	5 532.247
50～60	55	20	1 100	18.89	377.8	356.8321	7 136.642
合　计	—	270	9 750	—	1 999.9	—	22 666.667

$$\bar{x}=\frac{\sum xf}{\sum f}=\frac{9\ 750}{270}=36.11(\text{岁})$$

$$AD=\frac{\sum |x-\bar{x}|\cdot f}{\sum f}=\frac{1\ 999.9}{270}=7.41(\text{岁})$$

(三) 方差和标准差

标准差是总体各单位标志值对其算术平均数离差平方的算术平均数的平方根。在统计学中,离差平方的算术平均数称为方差,用 σ^2 表示;方差的平方根就是标准差,又称为均方差,用 σ 表示。标准差是最常用的一种标志变异指标,它表明总体各单位标志值的离散程度和离中趋势,从而说明平均数的代表性。标准差越大,总体各单位标志值间的差异就越大,平均数的代表性就越小。

根据所掌握的资料不同,标准差的计算方法有以下两种。

1. 简单平均法——资料未分组

$$\sigma=\sqrt{\frac{\sum(x-\bar{x})^2}{n}}$$

【例 4-30】 根据表 4-8 的资料,试计算 3 个班组的标准差。

$$\sigma_1=\sqrt{\frac{178}{11}}=4.02(\text{件})$$

$$\sigma_2 = \sqrt{\frac{84}{11}} = 2.76(件)$$

$$\sigma_3 = 0$$

通过计算可以看出,第一组标准差最大,总体各单位标志值间的差异就大,平均数的代表性就越小;第三组标准差最小,总体各单位标志值间的差异就小,平均数的代表性就越大。

2. 加权平均法——资料已分组

$$\sigma = \sqrt{\frac{\sum (x-\bar{x})^2 \cdot f}{\sum f}}$$

【例 4-31】根据表 4-9 的资料,试计算工人年龄的标准差和方差。

$$\sigma = \sqrt{\frac{\sum (x-\bar{x})^2 \cdot f}{\sum f}} = \sqrt{\frac{22\ 666.667}{270}} = 9.16(岁)$$

$$\sigma^2 = \frac{22\ 666.667}{270} = 83.95(岁)$$

则该企业职工平均年龄的标准差是 9.16 岁,方差是 83.95 岁。

(四) 变异系数

以上计算的各种标志变异指标,包括全距、平均差、标准差和方差,都是绝对指标,都有与平均指标相同的计量单位。各种标志变异指标的数值大小,不仅受离散程度的影响,而且还受数列水平(即标志本身的水平)高低的影响。因此,在对比分析中,不宜直接用上述各种标志变异指标来比较不同水平数列之间的标志离散程度,必须用反映标志变异程度的相对指标来比较,即用离散系数比较。

离散系数也称标志变动系数。各种标志变异指标都可以计算离散系数,来反映总体各单位标志值的相对离散程度,但最常用的是根据标准差与算术平均数对比的离散系数,称作“标准差系数”,用 V_σ 表示,其计算公式为:

$$V_\sigma = \frac{\sigma}{\bar{x}} \times 100\%$$

式中:V_σ 为离散系数。

【例 4-32】设甲、乙两班工人的日产量资料如下:甲班平均日产量 40 件,标准差为 8 件;乙班平均日产量为 20 件,标准差为 6 件。试分析哪个班的平均日产量更具有代表性。

$$\text{甲班的标准差系数 } V_{\text{甲}} = \frac{\sigma_{\text{甲}}}{\bar{x}} = \frac{8}{40} \times 100\% = 20\%$$

$$\text{乙班的标准差系数 } V_{\text{乙}} = \frac{\sigma_{\text{乙}}}{\bar{x}} = \frac{6}{20} \times 100\% = 30\%$$

从数值上看,甲班的标准差大于乙班的标准差,但不能断定甲班工人日产量的变异程度就比乙班大,因为两班的平均日产量存在较大差异。通过计算离散系数,表明甲班的日产量离散程度比乙班小,即甲班工人平均日产量比乙班有更大的均匀性,甲班的平均日产量的代表性比乙班高。

从上例可以看出,标准差系数越大,总体各单位离散的相对程度越大,平均数的代表性越差;标准差系数越小,总体各单位离散的相对程度越小,平均数的代表性越好。

习 题

一、填空题

1. 计划指标的表现形式可以是绝对数,也可以是(　　　)和(　　　)。
2. 实物指标能够直接反映产品的(　　　)量,价值指标反映产品的(　　　)量。
3. 计划完成程度分析中,计划任务数有(　　　)和(　　　)两种表现形式。
4. 某地区某年的财政收入为 24 850 亿元,从反映总体的时间上看,该指标是(　　　)指标;从反映总体的内容上看,该指标是(　　　)指标。
5. 强度相对指标数值的大小,如果与现象的发展程度或密度成正比,则称之为(　　　)指标;反之,称之为(　　　)指标。
6. 总量指标按其反映的内容不同可以分为(　　　)和(　　　);按其反映的时间状况不同可以分为(　　　)和(　　　)。
7. 总量指标是最基本的统计指标,可以派生出(　　　)指标和(　　　)指标两种。
8. 销售利润率指标属于(　　　)相对指标,成本利润率属于(　　　)相对指标。
9. 长期计划完成情况的检查分析方法有(　　　)和(　　　)两种。
10. 属于同一总体中不同数量对比的相对指标有(　　　)和(　　　)。

11. 比较相对指标的数值常用(　　)表示,强度相对指标则用(　　)表示。

12. 统计中的变量数列是以(　　)为中心而左右波动,所以平均数反映了总体分布的(　　)。

13. 权数对算术平均数的影响作用不决定于权数(　　)的大小,而决定于权数的(　　)的大小。

14. 几何平均数是(　　),它是计算(　　)和平均速度的最适用的一种方法。

15. 人均粮食生产量属于(　　)指标,人均粮食消费量属于(　　)指标。

16. 中位数是位于变量数列(　　)的那个标志值,众数是在总体中出现次数(　　)的那个标志值。

17. 调和平均数是平均数的一种,它是(　　)的算术平均数的(　　)。

18. 是非标志的平均数为(　　)、标准差为(　　)。

19. 加权算术平均数的大小受(　　)和(　　)两大因素的影响。

20. 平均指标说明分配数列中各变量值分布的(　　)趋势,标志变异指标说明各变量值的(　　)趋势。

21. 变异指标的种类有(　　)(　　)(　　)和(　　)。

22. 算术平均数、调和平均数和几何平均数称为(　　)平均数,众位数和中数称为(　　)平均数。

23. 根据研究目的和比较标准的不同,相对数可分为(　　)(　　)(　　)(　　)(　　)和(　　)六种。

24. 劳动生产率计划完成程度数值大于100%表明该计划(　　)完成,单位产品成本计划完成程度数值大于100%,表明该计划(　　)完成。

25. 总体单位总量是用来反映总体(　　)的总量指标。

26. 有些强度相对指标可互换分子、分母再进行计算,从而形成(　　)指标和(　　)指标。

27. 众数是指在一组变量中,出现(　　)的那个变量值。

28. 某层楼有7户居民,家庭人口数分别为4、3、3、2、2、2、1人的居住面积分别是为6、10、10、12、12、12、18平方米,据此可计算,家庭人口数的平均数为(　　)、众数为(　　)、中位数为(　　),人均居住面积的平均数为(　　)、众数为(　　)、中位数为(　　)。

29. 平均数是说明分布数列中变量值的(　　),而变量离散程度则是说明变量值的(　　)。

30. 测定总体各单位变量值离散程度测量值有(　　)(　　)(　　)和

(　　　),其中(　　　)方法最为常用。

31. 标准差系数是(　　　)与(　　　)之比,其计算公式为(　　　)。

32. 标准差的大小,不仅取决于变量值的离差程度,还取决于总体的(　　　)的高低,因此标准差不能用来直接比较(　　　)的总体的变量变动度的大小,而需用(　　　)才能进行这种比较。

二、单项选择题

1. 总量指标是(　　)。

A. 有计量单位的

B. 没有计量单位的

C. 无所谓有无计量单位的

D. 有的有计量单位,有的无计量单位

2. 某商场销售洗衣机,2×21 年共销售 3 000 台,年底库存 50 台,这两个指标是(　　)。

A. 时期指标

B. 时点指标

C. 前者是时期指标,后者是时点指标

D. 前者是时点指标,后者是时期指标

3. 某大学 10 个分院共有学生 5 000 人、教师 300 人,设置专业 27 个。若每个分院为调查单位,则总体单位总数是(　　)。

A. 学院数　　B. 学生数　　C. 教师数　　D. 学生就业数

4. 2001 年我国高速公路总长达到 1.9 万公里,和 1998 年相比几乎翻了 2 番。"翻二番"表示(　　)。

A. 2001 年公路总规模

B. 是以 2001 年为标准计算的相对数

C. 2001 年公路长度是 1998 年的 2 倍

D. 2001 年公路长度比 1998 年增加了 3 倍

5. 某城市人口中,男女人口的性别比为 107∶100,这是(　　)。

A. 比例相对指标　　B. 比较相对指标

C. 强度相对指标　　D. 平均指标

6. 第五次人口普查结果,我国每 10 万人中具有大学程度的为 3 611 人。该数字资料为(　　)。

A. 绝对数　　B. 比较相对数　　C. 强度相对数　　D. 结构相对数

7. 2020年某地区下岗职工已安置了13.7万人,安置率达80.6%,安置率是( )。

A. 总量指标 B. 变异指标 C. 平均指标 D. 相对指标

8. 某厂2×20年完成产值200万元,2×21年计划增长10%,实际完成231万元,则超额完成计划为( )。

A. 15.5% B. 5.5% C. 115.5% D. 5%

9. 如果计划任务数是五年计划中规定最后一年应达到的水平,则计算计划完成程度相对指标可采用( )。

A. 累计法 B. 水平法 C. 简单平均法 D. 加权平均法

10. 反映社会经济现象发展总规模、总水平的综合指标是( )。

A. 质量指标 B. 相对指标 C. 总量指标 D. 平均指标

11. 我国的人均耕地面积指标属于( )。

A. 结构相对指标 B. 强度相对指标

C. 比较相对指标 D. 比例相对指标

12. 某校2×21年在校学生人数6 000人,毕业生人数1 400人,上述两个指标是( )。

A. 均为时期指标

B. 均为时点指标

C. 前者为时期指标,后者为时点指标

D. 前者为时点指标,后者为时期指标

13. 第一组工人的平均工龄为6年,第二组为8年,第三组为10年,第一组工人数占总数的30%,第二组占50%,则三组工人的平均工龄为( )年。

A. 8 B. 7.55 C. 32.5 D. 7.8

14. 2×21年,某地区人均粮食产量393.10千克,人均棉花产量3.97千克,人均国民生产总值为1 558元,人均国民收入1 271元。它们是( )。

A. 结构相对指标 B. 比较相对指标

C. 比例相对指标 D. 强度相对指标

15. 按照计划规定,工业总产值与上年对比需增长30%,实际却比计划少完成了10%,同上年相比,今年产值的实际增长率为( )。

A. 60% B. 120% C. 40% D. 17%

16. 质量指标一般由( )构成。

A. 总量指标 B. 平均指标

C. 相对指标和平均指标　　D. 派生指标

17. 数量指标一般表现为(　　)。

A. 绝对数　　B. 平均数　　C. 相对数　　D. 中位数

18. 某企业计划产值比上年提高10%,实际提高了15%,则计划完成程度为(　　)。

A. 104.55%　　B. 5%　　C. 4.56%　　D. 150%

19. 计算结构相对指标时,总体各部分数值与总体数值对比求得的比重之和(　　)。

A. 小于100%　　B. 大于100%

C. 等于100%　　D. 小于或大于100%

20. 加权算术平均数的大小(　　)。

A. 受各组次数 f 的影响最大

B. 受各组标志值 X 的影响最大

C. 只受各组标志值 X 的影响

D. 受各组次数 f 和各组标志值 X 的共同影响

21. 在变量数列中,如果标志值较小的一组权数较大,则计算出来的算术平均数(　　)。

A. 接近于标志值大的一方　　B. 接近于标志值小的一方

C. 不受权数的影响　　D. 无法判断

22. 已知5个水果商店苹果的单价和销售额,要求计算5个商店苹果的平均单价,应该采用(　　)。

A. 简单算术平均法　　B. 加权算术平均法

C. 加权调和平均法　　D. 几何平均法

23. 某公司下属5个企业,已知每个企业某月产值计划完成百分比和实际产值,要求计算该公司平均计划完成程度,应采用加权调和平均数的方法计算,其权数是(　　)。

A. 计划产值　　B. 实际产值　　C. 工人数　　D. 企业数

24. 某企业男性职工占80%,月平均工资为450元,女性职工占20%,月平均工资为400元,该企业全部职工的平均工资为(　　)元。

A. 440　　B. 430　　C. 435　　D. 425

25. 已知某工业局所属各企业职工的平均工资和职工人数资料,要计算该工业局职工的平均工资,应选择的权数是(　　)。

A. 职工人数　　B. 平均工资
C. 工资总额　　D. 职工人数或工资总额

26. 权数对平均数的影响作用,实质上取决于(　　)。
A. 作为权数的各组单位数占总体单位数比重的大小
B. 各组标志值占总体标志总量比重的大小
C. 标志值本身的大小
D. 标志值数量的多少

27. 为了用标准差分析比较两个同类总体平均指标的代表性,其基本的前提条件是(　　)。
A. 两个总体的标准差应相等　　B. 两个总体的平均数应相等
C. 两个总体的单位数应相等　　D. 两个总体的离差之和应相等

28. 如果各个标志值都扩大1倍,而频数都减少为原来的1/2,则平均数(　　)。
A. 不变　　B. 扩大1倍　　C. 减少1/2　　D. 无法判断

29. 对于不同水平的总体不能直接用标准差比较其标志变动度,这时需分别计算各自的(　　)来比较。
A. 标准差系数　　B. 平均差　　C. 全距　　D. 均方差

30. 离中趋势指标中,最容易受极端值影响的是(　　)。
A. 极差　　B. 平均差　　C. 标准差　　D. 标准差系数

31. 已知某班40名学生,其中男、女学生各占一半,则该班学生性别成数方差为(　　)。
A. 25%　　B. 30%　　C. 40%　　D. 50%

32. 方差是数据中各变量值与其算术平均数的(　　)。
A. 离差绝对值的平均数　　B. 离差平方的平均数
C. 离差平均数的平方　　D. 离差平均数的绝对值

33. 两个总体的平均数不等,但标准差相等,则(　　)。
A. 平均数小,代表性大　　B. 平均数大,代表性大
C. 两个平均数的代表性相同　　D. 无法判断

34. 若把全部产品分为合格品和不合格品,则所采用的标志属于(　　)。
A. 不变标志　　B. 是非标志　　C. 品质标志　　D. 数量标志

35. 在研究总体中出现频数最多的标志值是(　　)。
A. 算术平均数　　B. 几何平均数

C. 众数　　　　　　　　　　　　　　D. 中位数

36. 假定把标志值所对应的权数都缩小1/4,则算术平均数(　　)。

A. 也缩小1/4　　　　　　　　　　　B. 不变

C. 扩大4倍　　　　　　　　　　　　D. 以上都不对

37. 某10位举重运动员体重分别为:101斤、102斤、103斤、108斤、102斤、105斤、102斤、110斤、105斤、102斤,据此计算平均数,结果满足(　　)。

A. 算术平均数=中位数=众数　　　　B. 众数>中位数>算术平均数

C. 中位数>算术平均数>众数　　　　D. 算术平均数>中位数>众数

38. 中位数(　　)。

A. 是一种代表值　　　　　　　　　B. 不是一种代表值

C. 是最常见的数值　　　　　　　　D. 是一种变化趋势

39. 某市有100个副食品零售商店,职工2 500人,商业零售总额5 000万元,在研究职工分布和劳动效率的情况时(　　)。

A. 100个商店既是变量值总量又是总体频数

B. 2 500人既是变量值总量又是总体频数

C. 5 000万元既是变量值总量又是总体频数

D. 每一个商店的零售额既是变量值总量又是总体频数

40. 某市橡胶厂强化承包责任制,2018年到2020年全厂共实现利税10 164万元,上缴国家、企业留利和用于职工福利分别占84.3%、12.7%和3%。后三项统计相对数是(　　)。

A. 计划完成情况相对数　　　　　　B. 动态相对数

C. 结构相对数　　　　　　　　　　D. 比较相对数

E. 强度相对数

41. 试指出动态相对数(　　):(甲)某厂电冰箱产量今年比去年的增加了10%,(乙)根据某项普查资料,某国农业人口占总人口的比重为38%。

A. 甲　　　　　　　　　　　　　　B. 乙

C. 甲、乙　　　　　　　　　　　　D. 全部是

42. 在同一总体中(　　)。

A. 总体单位总量与总体标志总量都只有一个

B. 总体单位总量可有若干个,总体标志总量只能有一个

C. 总体单位总量只能有一个,总体标志总量可有若干个

D. 总体单位总量与总体标志总量均可有若干个

43. 同一指标在不同时间上对比的相对指标是（　　）。

A. 比较相对指标　　B. 强度相对指标

C. 计划完成程度相对指标　　D. 动态相对指标

44. 某市人均年生活费支出是 9 800 元，是同类城市的 1.1 倍，则这两项指标（　　）。

A. 一个是强度相对指标，一个是比较相对指标

B. 两个都是相对指标

C. 两个都是比较相对指标

D. 一个是平均指标，一个是比较相对指标

45. 不同总体间的标准差不能进行直接对比，是因为（　　）。

A. 平均数不一致　　B. 离散程度不一致

C. 总体单位数不一致　　D. 离差平方和不一致

46. 标志变异指标与平均数的代表性之间存在（　　）。

A. 正比关系　　B. 反比关系

C. 恒等关系　　D. 倒数关系

47. 调查数据显示，本科毕业生的平均月薪为 5 600，方差为 400，则离散系数为（　　）。

A. 7.14%　　B. 0.36%

C. 5.35%　　D. 26.73%

三、多项选择题

1. 下列统计指标中属于总量指标的有（　　）。

A. 工资总额　　B. 商业网点密度

C. 商品库存量　　D. 人均国民生产总值

E. 进出口总额

2. 下列指标中，属于时期指标的有（　　）。

A. 人口出生数　　B. 毕业生人数

C. 年末人口总数　　D. 在校学生人数

E. 出勤人数

3. 下列指标中属于时点指标的有（　　）。

A. 某地区人口数　　B. 某地区死亡人口数

C. 企业的设备台数　　D. 电视机销售台数

E. 某企业月末职工人数

4. 下列指标中，属于相对指标的有（　　）。

A. 某地区平均每人生活费
B. 某地区人口出生率
C. 某地区粮食产量
D. 某企业利润计划完成程度
E. 某地区人口自然增长率

5. 全国人口数、商品库存量、人口出生数、出口总额这 4 个指标（　　）。

A. 都是总量指标
B. 都是质量指标
C. 都是数量指标
D. 有两个时期指标，两个时点指标
E. 都是时期指标

6. 经调查得知，某地区 2×21 年人口自然增长率为 12.1%。这一指标属于（　　）。

A. 总量指标
B. 相对指标
C. 质量指标
D. 数量指标
E. 强度相对指标

7. 下列指标中，属于动态相对指标的有（　　）。

A. 2006 年到 2015 年我国人口平均增长 1.48%
B. 2015 年国民生产总值为 2006 年的 236.3%
C. 2015 年国民生产总值中，第一、第二、第三产业分别占 28.4%、44.3%、27.3%
D. 2015 年国民收入为 1982 年的 2 364.2%

8. 据预测，若中国大陆 GDP 平均每年增长 7.5%，到 2006 年可达到 16 000 亿美元，占全球比重 4.1%，人均 GDP1 182 美元。该资料中用到的指标有（　　）。

A. 绝对数
B. 动态相对数
C. 比较相对数
D. 强度相对数
E. 结构相对数

9. 2020 年中国国债发行达到创纪录的 7.12 万亿元。2020 年我国人民币存款余额为 212.57 亿元。这两个指标（　　）。

A. 都是时期数
B. 都是时点数
C. 都是绝对数
D. 前者是时点数，后者是时期数
E. 前者是时期数，后者是时点数

10. 某高校女生比重 2×20 年为 20%，2×21 年提高到 25%，男女生性别比为 3∶1。该资料中存在着（　　）。

A. 总量指标
B. 相对指标

C. 两个结构相对指标
D. 一个比例相对指标
E. 一个比较相对指标

11. 相对指标的计量单位有(　　)。
A. 百分数
B. 千分数
C. 系数或倍数
D. 成数
E. 复名数

12. 下列指标中的结构相对指标有(　　)。
A. 集体所有制企业职工总数的比重
B. 某工业产品产量比上年增长的百分比
C. 大学生占全部学生的比重
D. 某年积累额占国民收入的比重
E. 某年人均消费额

13. 质量指标(　　)。
A. 可以用绝对数表示
B. 可以用相对数表示
C. 可以用平均数表示
D. 不能用相对数数或平均数表示

14. 在相对指标中,分子和分母可以互相对换的有(　　)。
A. 比较相对数
B. 比例相对数
C. 动态相对数
D. 结构相对数
E. 强度相对数
F. 计划完成情况相对数

15. 在各种平均数中,不受极端值影响的平均数有(　　)。
A. 算术平均数
B. 调和平均数
C. 中位数
D. 几何平均数
E. 众数

16. 众数是指(　　)。
A. 位置平均数
B. 总体中出现次数最多的标志值
C. 不受极端值的影响
D. 适用于总体单位数多,有明显集中趋势的情况
E. 处于变量数列中点位置的那个标志值

17. 在什么条件下,加权算术平均数等于简单算术平均数(　　)。
A. 各组次数相等
B. 各组标志值不等

C. 变量数列为组距变量数列
D. 各组次数都为1
E. 各组次数占总次数的比重相等
18. 几何平均数主要适用于(　　)。
A. 标志值的总和等于标志值总量的情况
B. 标志值的连乘积等于总比率的情况
C. 标志值的连乘积等于总速度的情况
D. 具有等比关系的变量数列
E. 求平均比率时
19. 中位数(　　)。
A. 由标志值在变量数列中所处的位置决定的
B. 是根据标志值出现的次数决定的
C. 是总体单位水平的平均值
D. 是总体一般水平的代表值
E. 不受总体中极端数值的影响
20. 平均指标与变异指标结合运用体现在(　　)。
A. 用变异指标说明平均指标代表性的大小
B. 以变异指标为基础,用平均指标说明经济活动的均衡性
C. 以平均指标为基础,用变异指标说明经济活动的均衡性
D. 以平均指标为基础,用变异指标说明经济活动的节奏性
E. 以平均指标为基础,用变异指标说明总体各单位的离散程度
21. 平均数的计算方法有(　　)。
A. 算术平均法　　B. 众数法
C. 中位数法　　D. 调和平均法
E. 几何平均法
22. 有些离中趋势指标是用有名数表示的,它们有(　　)。
A. 极差　　B. 平均差
C. 标准差　　D. 平均差系数
23. 不同总体间的标准差不能简单进行对比,是因为(　　)。
A. 平均数不一致　　B. 标准差不一致
C. 计量单位不一致　　D. 总体单位数不一致
E. 与平均数的离差之和不一致

24. 关于极差，下列说法正确的有（　　）。

A. 只能说明变量值变异的范围

B. 不反映所有变量值差异的大小

C. 反映数据的分配状况

D. 最大的缺点是受极端值的影响

E. 最大的优点是不受极端值的影响

25. 标志变异指标中标准差和变异系数的区别有（　　）。

A. 两者的作用不同

B. 两者的计算方法不同

C. 两者的适用条件不同

D. 指标表现形式不同

E. 与平均数的关系不同

26. 对于是非标志来说（　　）。

A. 其平均数为 P

B. 其标志值为 0 和 1

C. 其相对权数之和为 1

D. 其相对权数之和为 q

E. 其方差为 $P(1-P)$

27. 下列标志变异指标中，用无名数表示的有（　　）。

A. 全距

B. 平均差

C. 标准差

D. 平均差系数

E. 标准差系数

28. 不同数据组间各标志值的差异程度可以通过标准差系数进行比较，因为标准差系数（　　）。

A. 消除了不同数据组各标志值的计量单位的影响

B. 消除了不同数列平均水平高低的影响

C. 消除了各标志值差异的影响

D. 数值的大小与数列的差异水平无关

E. 数值的大小与数列的平均数大小无关

29. 在下列条件下，加权算术平均数等于简单算术平均数（　　）。

A. 各组次数相等

B. 各组变量值不等

C. 变量数列为组距数列

D. 各组次数都为 1

E. 各组次数的比重相等

30. 下列因素中，会对加权算术平均数的大小产生影响的有（　　）。

A. 各组频率和频数

B. 各组标准值大小

C. 各组标志值大小

D. 权数的大小

31. 大多数相对数都是无名数，通常以(　　)来表示。

A. 百分数　　B. 千分数

C. 系数　　D. 倍数

E. 成数　　F. 平均数

32. 属于同一总体内部之比的相对数有(　　)。

A. 计划完成相对数　　B. 结构相对数

C. 比例相对数　　D. 比较相对数

E. 强度相对数　　F. 动态相对数

33. 下列属于强度相对数的是(　　)。

A. 每人平均国民生产总值　　B. 学生平均成绩

C. 每人平均钢产量　　D. 出生率

E. 每人职工平均工资

34. 下列属于强度相对数的有(　　)。

A. 人口自然增长率　　B. 人口密度

C. 按人口计算平均每人占用粮食产量　　D. 职工出勤率

35. 6名学生统计学原理的考试成绩为50,65,76,80,80,90。则6名学生考试成绩的(　　)。

A. 均值为73.5分　　B. 中位数为78分

C. 中位数为80分　　D. 众数为80分

E. 全距为40分

四、判断题

1. 时点指标只能间断计数。(　　)

2. 能计算总量指标的总体必须是有限总体。(　　)

3. 某年甲、乙两地社会商品零售额之比为1∶3,这是一个比例相对指标。(　　)

4. 我国某地区人均粮食产量为420千克，这一指标是平均指标。(　　)

5. 某企业生产某种产品的单位成本，计划在上年的基础上降低2%，实际降低了3%，则该企业差一个百分点，没有完成计划任务。(　　)

6. 国民收入中积累额与消费额之比为1∶3,这是一个比较相对指标。(　　)

7. 数量指标的表现形式是绝对数，质量指标的表现形式是相对数和平均数。(　　)

8. 结构相对数的数值只能小于1。(　　)

9. 水平法和累计法的选择依据是计划指标。 ( )

10. 绝对数随着总体范围的扩大而增加。 ( )

11. 相对指标的表现形式可以是有名数,也可以是无名数。 ( )

12. 2×21 年某省的人口密度为每平方公里 539 人,这是强度相对指标。 ( )

13. 动态相对指标的分子和分母可以互换。 ( )

14. 比例相对指标的分子和分母是不能互换的。 ( )

15. 计划完成相对指标计算结果,大于 100%不一定都是超额完成计划,小于 100%不一定未完成计划。 ( )

16. 某工厂 2×21 年 7 月末实有生产设备 2 000 台,是时期指标。 ( )

17. 权数对算术平均数的影响作用取决于权数本身绝对值的大小。 ( )

18. 中位数和众数都属于平均数,因此它们数值的大小受到总体内各单位标志值大小的影响。 ( )

19. 在资料已分组、形成变量数列的条件下,计算算术平均数或调和平均数时,应采用简单式;反之,采用加权式。 ( )

20. 当各标志值的连乘积等于总比率或总速度时,宜采用几何平均法计算平均数。 ( )

21. 中位数和众数的大小与分配数列的极端数值无关。 ( )

22. 按人口平均的粮食产量是一个平均数。 ( )

23. 在特定条件下,加权算术平均数等于简单算术平均数。 ( )

24. 全距易受极端数值的影响。 ( )

25. 假如所有标志值的频数都减少一半,那么平均数也减少一半。 ( )

26. 比较不同总体变异程度的高低,既可以用变异系数,也可以用标准差或其他变异指标。 ( )

27. 标准差是总体各单位变量值与总体算术平均数离差平方的算术平均数。 ( )

28. 调和平均数是根据标志值的倒数计算的,所以其计算结果等于平均数的倒数。 ( )

29. 是非标志的标准差是总体中两个成数的几何平均数。 ( )

30. 在任何条件下,要判别两个平均数代表性大小,只需计算标准差,用标准差的大小来判别两个平均数代表性的大小就可以。 ( )

31. 变量数列中任何一组标志值为零,则无法计算调和平均数。 ( )

32. 如果两组变量的平均数相同，则这两组数据的标准差也相同。 (　　)

33. 总量指标计算是否正确，会直接影响相对指标和平均指标的准确性。 (　　)

34. 按最低限额规定的计划指标，其计划完成程度相对指标越小越好，即低于100%为超额。 (　　)

35. 比例相对指标是总体某部分数值与总体另一部分数值之比。 (　　)

36. 所有相对指标的分子、分母均可互换计算，从而形成正、逆指标。 (　　)

37. 相对指标直接相加无意义，所以均不能直接相加。 (　　)

38. 标志变异指标的数值越大，平均数的代表性就越好。 (　　)

39. 是非标志的标准差是总体中两个成数的几何平均数。 (　　)

五、简答题

1. 结构相对指标、比例相对指标和比较相对指标有什么不同的特点？请举例说明。

2. 强度相对指标和其他相对指标的主要区别是什么？

3. 简述时点指标与时期指标的区别？

4. 什么是绝对数？它可分为几种？请举例说明。

5. 如何理解权数的意义？在什么情况下，应用简单算术平均数和加权算术平均数计算的结果是一致的？

6. 什么是变异系数？变异系数的应用条件是什么？

7. 什么是平均数？它有什么特点？

8. 加权算术平均数的大小受哪几个因素的影响？

9. 什么是极差？它有什么特点？

六、计算分析题

1. 某企业10月份生产情况如表4－10所示。

表4－10　某企业10月份生产情况　　单位：台

车　间	实际产量	计划产量
第一车间	440	400
第二车间	400	400
第三车间	650	700

要求：计算该企业各车间和全厂产量计划完成比例。

2. 某集团所属三家公司2×21年工业产值计划和实际资料如表4－11所示。

表4－11 某集团所属三家公司2×21年工业产值计划和实际资料 单位:件

企业名称	2×21年					2×20年实际产值	2×21年比2×20年增长的百分比
	计划		实际		计划完成		
	产值	比重	产值	比重			
A					97%		9.3%
B		31%			111%		
C	370		402				－0.8%
合计	1 900					1 500	

要求:请计算空白处指标。

3. 某管理局所属三个工业企业2×21年上半年总产值计划完成情况如表4－12所示。

表4－12 某管理局所属三个工业企业2×21年上半年总产值计划完成情况

企业名称	第一季度实际总产值(万元)	第二季度					第二季度与第一季度的比例
		计划产值		实际产值		计划完成	
		总产值(万元)	比重	总产值(万元)	比重		
甲	105	110		116			
乙	125	135				100%	
丙	162			195		95.1%	
合计	392			446			

要求:请计算空白处指标。

4. 2×21年,某百货公司所属商场销售计划执行情况如表4－13所示。

表 4-13　2×21 年某百货公司所属商场销售计划执行情况

商场名称	2×21 年				2×20 年实际零售额	2×21 年实际零售额与2×20 年的比例
	计划		实际零售额	完成计划		
	零售额	比重				
	(1)	(2)	(3)	(4)	(5)	(6)
中山	4 000		4 800		3 000	
大华	2 500			110	2 000	
光明			5 000	80	4 000	
合计						

要求：请计算空白处指标。

5. 某企业所属三个分厂产值资料如表 4-14 所示。

表 4-14　某企业所属三个分厂产值资料

企业名称	上年实际产值（万元）	本　年				本年实际产值与上年实际产值的比例
		计划产值（万元）	实际产值		计划完成	
			金额（万元）	比重		
甲		107.8			98.0%	107.8%
乙	120	132			100%	
丙	180	189			115.5%	
合计				100%		

要求：请计算空白处指标。

6. 某工业集团公司工人工资情况如表 4-15 所示。

表 4-15　某工业集团公司工人工资情况

按月工资（元）分组	企业个数	各组工人所占比重
4 000～5 000	3	20%
5 000～6 000	6	25%
6 000～7 000	4	30%
7 000～8 000	4	15%
8 000 以上	5	10%
合　计	22	100%

要求：计算该集团工人的平均工资。

7. 2×21 年某月份，甲、乙两农贸市场某农产品价格和成交量、成交额资料如表 4－16所示。

表 4－16　2×21 年某月份甲、乙两农贸市场某农产品价格和成交量、成交额资料

品种	价格(元/斤)	甲市场成交额(万元)	乙市场成交量(万斤)
A	1.1	1.2	2
B	1.4	2.8	1
C	1.5	1.5	1
合计	—	5.5	4

要求：哪一个市场农产品的平均价格较高？并说明原因。

8. 某企业一批灯泡寿命的分组资料如表 4－17 所示。

表 4－17　某企业一批灯泡寿命的分组资料

灯泡寿命(小时)	灯泡数(个)
800 以下	10
800～900	50
900～1 000	150
1 000～1 100	70
1 100 以上	20
合　计	300

要求：计算算术平均数、众数和中位数。

9. 某地区农作物产量资料如表 4－18 所示。

表 4-18　某地区农作物产量资料

按亩产量分组(千克)	播种面积(亩)	组中值	
500 以下	20		
500～600	30		
600～700	50		
700～800	60		
800 以上	40		
合　计	200		

要求：计算① 平均亩产量；② 众数；③ 中位数；④ 全距；⑤ 平均差；⑥ 标准差；⑦ 标准差系数。

10. 某厂甲、乙两个工人班组，每班组有8名工人，每个班组每个工人的月生产量记录如下：（单位：件）

甲班组：20 40 60 70 80 100 120 70

乙班组：67 68 69 70 71 72 73 70

计算甲、乙两组工人平均每人产量；

要求：计算全距、平均差、标准差、标准差系数；比较甲、乙两组的平均每人产量的代表性。

11. 某系学生数学考试成绩如表4－19所示。

表4－19 某系学生数学考试成绩

按考试成绩分组(分)	人数(人)	各组学生占全部学生比重(%)		
40～50	6	2.5		
50～60	12	5		
60～70	72	30		
70～80	84	35		
80～90	48	20		
90以上	18	7.5		
合 计	240	100		

要求：用两种方法计算该系学生数学平均成绩。

12. 某车间两个班组开展劳动竞赛，每人日产量资料如下：（单位：件）

A班组：12 15 17 10 12 20 18 16 19 14

B班组：8 16 10 9 24 23 25 10 11 20

要求：(1) 分别计算A班组、B班组的平均日产量、平均差及其标准差。

(2) 比较哪个班组的平均日产量更具有代表性。

13. 某农贸集市某种蔬菜早市每千克0.25元，中午每千克0.2元，晚市每千克0.1元，现在早、中、晚各买1元蔬菜，求平均价格。

14. 某机关有甲、乙两个科室，甲科室有11人，乙科室有16人，各科室年龄排列如下：

甲科室年龄分别是:20、23、27、29、30、33、34、35、41、49、58。

乙科室年龄分别是:18、21、23、25、28、33、35、36、40、44、45、47、48、51、55、60。

请问:哪个科室的职工更年轻一些?

15. 某企业一车间有30名职工,他们的日工资收入情况如表4-20所示。

表4-20 职工日工资收入情况

工资分组(元)	职工人数			
320~360	3			
360~400	7			
400~440	13			
440~480	5			
480~520	2			
合计	30			

要求:计算平均数、众数和中位数。

第五章

动 态 数 列

第一节　动态数列的编制

一、动态数列的概念

动态分析法就是应用统计方法研究经济现象数量方面变化发展过程，它是统计分析的一种重要方法。要进行动态分析，我们必须积累和掌握现象在各个时期的统计资料。如果将现象在时间上变化发展的一系列同类的统计指标按时间先后顺序排列，就形成一个动态数列，或称时间数列。动态数列由两个基本要素构成：一个是资料所属时间；另一个是各时间上的统计指标数值，习惯上称之为动态数列中的发展水平。

研究动态数列具有重要的作用。通过动态数列的编制和分析：一可以描述社会经济现象的发展状况和结果；二可以研究社会经济现象的发展速度、发展趋势，探索现象发展变化的规律，并据以进行统计预测；三可以利用不同的但有相互联系的数列进行对比分析或相关分析。

二、动态数列的种类

动态数列按统计指标性质的不同，可以分为绝对数动态数列、相对数动态数列和平均数动态数列三种。其中，绝对数动态数列是基本数列，相对数动态数列和平均数动态数列则是由绝对数动态数列派生而形成的数列。下面结合表 5－1 分别对这几种时间数列进行阐述。

表 5－1　某地区国内生产总值等时间数列表

年　份	国内生产总值(亿元)	第三产业占GDP比重	年底总人口(万人)	职工平均货币工资(元)
2010	18 547.9	31.3%	114 333	2 140
2011	21 617.9	33.4%	115 823	2 340

（续表）

年 份	国内生产总值(亿元)	第三产业占GDP比重	年底总人口(万人)	职工平均货币工资(元)
2012	26 638.1	34.3%	117 171	2 711
2013	34 634.4	32.7%	118 517	3 371
2014	46 759.4	31.9%	119 850	4 538
2015	58 478.1	30.7%	121 121	5 500
2016	67 884.6	30.1%	122 889	6 210
2017	74 462.6	30.9%	123 626	6 470
2018	78 345.2	32.1%	124 810	7 479
2019	81 910.9	33.0%	125 909	8 346

(一) 绝对数动态数列

绝对数动态数列又称总量指标数列，是指将反映现象总规模、总水平的某一总量指标在不同时间上的观察数值按时间先后顺序排列起来所形成的数列。总量指标数列是计算相对指标和平均指标、进行各种时间数列分析的基础。

按其指标所反映时间状况的不同，总量指标数列又分为时期数列(见表 5－1 第 2 栏)和时点数列(见表 5－1 第 4 栏)。

1. 时期数列的概念

在绝对数动态数列中，如果各项指标都是反映某种现象在一段时间内发展过程的总量，这种绝对数动态数列就称为时期数列。

2. 时期数列的特点

(1) 数列中各项指标的数值是可以相加的，即相加具有一定的经济意义。

(2) 数列中每一个指标数值的大小和所属的时间长短有直接的联系。一般说来，时间越长，指标数值就越大；反之，就越小。

(3) 数列中每个指标的数值，通常是通过连续不断的登记而取得的。

3. 时点数列的概念

在绝对数动态数列中，如果各项指标都是反映某种现象在某一时点上所处的数量水平，这种绝对数动态数列就称为时期数列。

4. 时点数列的特点

(1) 数列中各项指标的数值是不能相加的,相加不具有实际经济意义。

(2) 数列中每一个指标数值的大小与其时间间隔长短没有直接的联系。在时点数列中两个相邻指标在时间上的距离叫做"间隔"。

(3) 数列中每个指标的数值,通常是通过一定时期登记一次而取得的。

(二) 相对数动态数列

相对数时间数列又称为相对指标数列,它是指将反映现象相对水平某一相对指标在不同时间上的观察值按时间先后顺序排列起来所形成的数列。它反映现象对比关系的发展变化情况,说明社会经济现象的比例关系、结构、速度的发展变化过程(见表 5-1 的第 3 栏)。

(三) 平均数时间数列

平均数时间数列又称为平均指标数列。指将反映现象平均水平的某一平均指标在不同时间上的观察值按时间先后顺序排列起来所形成的数列。它反映社会现象一般水平的发展趋势(见表 5-1 的第 5 栏)。

三、时间数列的编制原则

编制时间数列的目的,是为了进行时间数列分析,因而保证数列中各项观察值具有可比性,是编制时间数列的基本原则。所谓可比性,是要求各观察值所属时间、总体范围、经济内容、计算方法、计算价格、计量单位等可比。

1. 各项观察值所属时间可比

这是要求各观察值所属时间的一致性。对时期数列而言,由于各观察值的大小与所属时间的长短直接相关,因此各观察值所属时间的长短应该一致,否则不便于对比分析。对于时点数列,虽然两时点间间隔长短与观察值无明显关系,但为了更好地反映现象的发展变化状况,两时点间的间隔也应尽可能相等。

2. 各项观察值总体范围可比

这是就所属空间范围而言,如地区范围、隶属范围、分组范围等。当时间数列中某些观察值总体范围不一致时,必须进行适当调整使其一致,否则前后期指标数值不能直接对比。

3. 各项观察值经济内容可比

指标的经济内容是由其理论内涵所决定的,随着社会经济条件的变化,有些指标的经济内容发生了变化。对于名称相同而经济内涵不一致的指标,尤其要注意这一点,务必使各时间上的观察值内涵一致,否则也不具备可比性。例如,我国的工业总产值指标,有的年份包括了乡村企业的工业产值,有的年份则不包括。

4. 各项观察值的计算方法可比

对于指标名称总体范围和经济内容都相同的指标计算方法不同也会导致数值差异,有时甚至是极大的差异。例如,国内生产总值(GDP),按照生产法、支出法、分配法计算的结果就有差异。因此,同一时间数列中,各个时期(时点)指标值的计算方法要统一。如果从某一时期,计算方法做了重大改变,那么发布资料必须注明,以便动态比较时进行调整。

5. 计算价格和计量单位可比

统计指标的计算价格种类很多,有现行价格和不变价格之分。不变价格为了适应客观经济条件的变化也在不断调整,形成了多个时期的不变价格,编制时间数列遇到前后时期所用的计算价格不同,就需要进行调整,使其统一。对于实物指标的时间数列,则要求计量单位保持一致,否则也要进行调整。

第二节 动态发展水平指标

时间数列水平分析指标有:发展水平、平均发展水平、增减量、平均增减量四种。

一、发展水平

发展水平又称发展量,是时间数列中的各个指标数值,它反映现象在各个时期(或时点)发展所达到的规模或水平,是计算动态分析指标的基础。发展水平一般指总量指标,也包括平均指标和相对指标。

发展水平由于在时间数列中所处的位置和作用不同而有所区别:

(1) 最初水平,是指时间数列中的第一项指标值,一般表示为 a_0。

(2) 最末水平,是指时间数列的最后一项指标值,一般表示为 a_n。

(3) 中间发展水平,即介于首项与末项之间的各期发展水平,设时间数列有 $n+1$ 项。a_0 为最初水平,a_n 为最末水平,那么中间发展水平为 a_1, a_2, a_3, …, a_{n-1}。

(4) 基期水平,亦称基数,是在进行对比时,作为基础时期的发展水平。

(5) 报告期水平,也称计算期水平,是在进行动态对比时,所要研究时期的发展水平。

上述不同的发展水平都不是固定的,它们随着研究目的、研究时间的改变而作相应的改变。这次的报告期水平可能是将来的基期水平,这个数列的最末水平可能是另一个数列的最初水平。

二、平均发展水平

平均发展水平是动态数列中各项指标值的平均数,又称为序时平均数或动态平均数。它可以概括性地描述出现象在一段时间内所达到的一般水平。序时平均数作为一种平均数,与静态平均数有相同点,即它们都抽象了现象的个别差异,以反映现象总体的一般水平。但两者又有明显的区别,主要表现在:序时平均数抽象的是现象在不同时间上的数量差异,因而它能够从动态上说明现象在一定时期内发展变化的一般趋势;静态平均数抽象的是总体各单位某一数量标志值在同一时间上的差异,因此它是从静态上说明现象总体各单位的一般水平。

由于不同时间数列中观察值的表现形式不同,序时平均数有不同的计算方法。下面分别进行阐述。

(一)绝对数动态数列的序时平均数

如前所述,总量指标数列分为时期数列和时点数列两种,应针对两者的特点,分别采用不同的方法计算相应的平均发展水平。

1. 根据时期数列计算的序时平均数

由于时期数列的各项指标数值可以相加,所以根据时期数列计算平均发展水平可以用简单算术平均法计算:

$$\bar{a}=\frac{a_1+a_2+\cdots+a_n}{n}=\frac{\sum a}{n}$$

式中:$\bar{a}$ 为序时平均数;

$a_1, a_2, a_3, \cdots, a_{n-1}, a_n$ 为时期数列中的发展水平;

n 为时期数列的项数。

【例 5-1】某企业 2×21 年四个季度的销售额资料如表 5-2 所示。

表 5-2 某企业 2×21 年销售情况 单位:万元

时　期	第一季度	第二季度	第三季度	第四季度
销售额	4 500	4 000	4 800	5 000

该企业 2×21 年各季度平均销售额为:

$$\bar{a}=\frac{\sum a}{n}=\frac{4\ 500+4\ 000+4\ 800+5\ 000}{4}=4\ 575(\text{万元})$$

这一计算结果表明了在 2×21 年各季度的平均销售额为 4 575 万元。

2. 根据时点数列计算序时平均数

时点数列中的每一项指标均为时点指标,时点指标的特性决定了时点数列序时平均数的计算要比时期数列序时平均数的计算复杂。根据掌握资料的不同,时点数列有连续时点和间断时点两种,下面我们就这两种情况分别介绍。

1) 连续时点数列序时平均数的计算

时点数列一般都不连续,但如果时点数列的资料是逐日记录、逐列排列的,则称此数列为连续时点数列。

(1) 数列中各项指标为逐日登记且逐日排列时称为间隔相等的连续时点数列。可用简单算术平均法求序时平均数。

计算公式为:

$$\bar{a} = \frac{\sum a}{n}$$

例如,已知某企业一个月内每天的工人数,如果计算该月每天平均工人数,将每天工人数相加之和除以该月的日历天数即可求得。

(2) 数列中的各项指标不是逐日登记,只是在发生变动时进行登记,称为间隔不等的连续时点数列。可用加权算术平均法计算序时平均数。

计算公式为:

$$\bar{a} = \frac{\sum af}{\sum f}$$

【例 5-2】 某种商品 5 月份的库存量记录如表 5-3,计算 5 月份平均日库存量。

表 5-3 某种商品 5 月份库存资料

日　期	1～4 日	5～10 日	8～20 日	21～26 日	27～31 日
库存量(万台)	50	55	40	35	30

该商品 5 月份平均日库存量为:

$$\bar{a} = \frac{\sum af}{\sum f} = \frac{50 \times 4 + 55 \times 6 + 40 \times 10 + 35 \times 6 + 30 \times 5}{4 + 6 + 10 + 6 + 5} = 42(\text{万台})$$

2）间断时点数列序时平均数的计算

在实际统计工作中，很多现象并不是逐日对其时点数据进行统计，而是隔一段时间(如 1 月、1 季度、1 年等)对其期末时点数据进行登记。这样得到的时点数列称为间断时点数列。如果每隔相同的时间登记一次，所得数列称为间隔相等的间断时点数列；如果每两次登记时间的间隔不尽相同，所得数列称为间隔不等的间断时点数列。

当其时点资料是以月度、季度、年度为时间间隔单位，我们已不可能像连续时点资料那样求得准确的时点平均数。这种情况下，我们可以根据资料所属时间的间隔特点，选用不同的计算公式。对于间隔相等的资料，采用“首末折半”；对于间隔不等的资料，采用“间隔加权”的方法计算序时平均数。下面分别对这两种情况进行阐述：

(1) 若掌握的是间隔相等的间断时点数列资料，各时点上的指标值为 a_1，a_2，a_3，…，a_{n-1}，a_n，相邻时点的平均数为：$\frac{a_1+a_2}{2}$，$\frac{a_2+a_3}{2}$，$\frac{a_3+a_4}{2}$，…，$\frac{a_{n-1}+a_n}{2}$

则间隔相等的间断时点数列的序时平均数计算公式为：

$$\bar{a}=\frac{\frac{a_1+a_2}{2}+\frac{a_2+a_3}{2}+\cdots+\frac{a_{n-1}+a_n}{2}}{n-1}=\frac{\frac{a_1}{2}+a_2+\cdots+a_{n-1}+\frac{a_n}{2}}{n-1}$$

公式中分子的首项和末项均以$\frac{1}{2}$为系数，因此这种方法“首尾折半简单算术平均法”。

【例 5-3】某商业企业 2×21 年第二季度某种商品的库存量如表 5-4 所示，试求该商品第二季度月平均库存量。

表 5-4　某商业企业 2×21 年第二季度某商品库存量

	3 月末	4 月末	5 月末	6 月末
库存量(万件)	66	72	64	68

解：$4 \text{ 月份平均库存量}=\frac{66+72}{2}=69(\text{万件})$

$$5 \text{ 月份平均库存量}=\frac{72+64}{2}=68(\text{万件})$$

$$6 \text{ 月份平均库存量}=\frac{64+68}{2}=66(\text{万件})$$

$$\text{第二季度平均库存量}=\frac{69+68+66}{3}=67.67(\text{万件})$$

为简化计算过程,上述计算步骤可表示为:

$$\text{第二季度平均库存量} = \frac{\frac{66+72}{2}+\frac{72+64}{2}+\frac{64+68}{2}}{3} = \frac{\frac{66}{2}+72+64+\frac{68}{2}}{3} = 67.67(\text{万件})$$

由此可见,两种计算方法的结果是一致的。

(2) 如果时点数列的间隔不等,计算序时平均数时应以各时点的间隔长度 f 为权数,采用加权算术平均法计算。其公式为:

$$\bar{a} = \frac{\frac{(a_1+a_2)}{2}f_1+\frac{(a_2+a_3)}{2}f_2+\cdots+\frac{(a_{n-1}+a_n)}{2}f_{n-1}}{f_1+f_2+\cdots+f_{n-1}}$$

其中 f 表示相邻两时点的间隔长度。

【例 5-4】 表 5-5 列示了某市 2×17—2×21 年年末人口的部分年份资料,请计算年平均人口数。

表 5-5 某市 2×17—2×21 年部分年份年末人口数

年　份	2×17	2×18	2×19	2×20	2×21
年底总人口(人)	1 143 330	1 171 710	1 211 210	1 248 100	1 259 090

解:对资料进行观察分析,属间隔不等的间断时点资料,采用"间隔加权"方法。

$$\bar{a} = \frac{\frac{(a_1+a_2)}{2}f_1+\frac{(a_2+a_3)}{2}f_2+\cdots+\frac{(a_{n-1}+a_n)}{2}f_{n-1}}{f_1+f_2+\cdots+f_{n-1}}$$

$$= \frac{\frac{1\ 143\ 330+1\ 171\ 710}{2}\times 2+\frac{1\ 171\ 710+1\ 211\ 210}{2}\times 3+\frac{1\ 211\ 210+1\ 248\ 100}{2}\times 3+\frac{1\ 248\ 100+1\ 259\ 890}{2}\times 1}{9}$$

$$= 1\ 203\ 553.3(\text{人})$$

计算结果表明某市 2×17—2×21 年年平均人口数为 1 203 553.3 人。

应该注意,采用这种方法计算所得的序时平均数也是以现象在两个时点之间为假设条件而得的近似值。

（二）相对数动态数列的序时平均数

相对数时间数列是派生数列，它一般是由两个有密切关系的总量指标时间数列的各项按一一对应关系相比而形成的。由于各个相对数不能直接相加，所以根据相对指标动态数列计算平均发展水平时，应分别计算分子数列的平均发展水平 $\bar{a}$ 和分母数列的平均发展水平 $\bar{b}$，然后将两个平均发展水平对比，方可得到相对指标动态数列的序时平均数 $\bar{c}$。

用公式表示为：

$$\text{相对指标数列的序时平均数}=\frac{\text{分子数列的序时平均数}}{\text{分母数列的序时平均数}}$$

即：
$$\bar{c}=\frac{\bar{a}}{\bar{b}}$$

具体计算时，因分子数列和分母数列的构成不同，又可以分为以下三种情况。

1．分子分母都是时期数列

当分子分母都是时期数列时，两者的构成指标都为时期指标，设分别以 a、b 表示分子数列和分母数列的指标值，且有 $c=\frac{a}{b}$。由于分子数列和分母数列皆为时期数列，可得出：

$$\bar{a}=\frac{\sum a}{n},\ \bar{b}=\frac{\sum b}{n},\ \bar{c}=\frac{\bar{a}}{\bar{b}}=\frac{\frac{\sum a}{n}}{\frac{\sum b}{n}}=\frac{\sum a}{\sum b}$$

【例 5-5】某企业 2×21 年商品销售额计划完成情况如表 5－6 所示，求第一季度各月产值计划平均完成程度。

表 5－6　某企业 2×21 年商品销售额计划完成情况统计表

季　度	一	二	三	四
计划数(万元)	300	280	270	320
实际数(万元)	330	290	290	345
计划完成程度(%)	110.00	103.57	107.41	107.81

在表 5－6 中，分子分母都为时期数列，而计划完成程度数列是一个相对指标时间数列，是由前两个时期数列对应项对比得到的，若要计算该相对指标时间数列的序时平均数，需计算分子和分母的序时平均数，再得出第一季度平均计划完成程度。其计算为：

第一季度平均计划完成程度：

$$\bar{c}=\frac{\bar{a}}{\bar{b}}=\frac{\frac{\sum a}{n}}{\frac{\sum b}{n}}$$

$$=\frac{\sum a}{\sum b}=\frac{330+290+290+345}{300+280+270+320}=\frac{1\ 255}{1\ 170}=107.27\%$$

2. 分子、分母均由时点数列对比组成

如果分子和分母数列都是时点数列，当两个时点数列的资料是逐日记录且以日为间隔依次排列时，就可视为连续的时点数列，可用简单算术平均法分别计算分子数列和分母数列的序时平均数，再求得相对指标时间数列的序时平均数。计算公式为：

$$\bar{c}=\frac{\bar{a}}{\bar{b}}=\frac{\frac{\sum a}{n}}{\frac{\sum b}{n}}=\frac{\sum a}{\sum b}$$

如果分子数列和分母数列都是间隔相等的间断时点数列，可用“首位折半简单算术平均法”分别求出分子数列和分母数列的序时平均数，再将两值相比得出相对指标时间数列的序时平均数。计算公式为：

$$\bar{c}=\frac{\bar{a}}{\bar{b}}=\frac{\dfrac{\frac{a_1}{2}+a_2+a_3+\cdots+a_{n-1}+\frac{a_n}{2}}{n-1}}{\dfrac{\frac{b_1}{2}+b_2+b_3+\cdots+b_{n-1}+\frac{b_n}{2}}{n-1}}$$

【例 5-6】某企业 2×21 年第二季度工人数及其构成资料如表 5－7 所示。

表 5-7 某企业第二季度各月末工人数统计表

日期	3 月末	4 月末	5 月末	6 月末
全体职工	500.0	570.0	580.0	600.0
其中：工人	420.0	450.0	485.0	512.0
工人占全部职工比重	84.0%	78.9%	83.6%	85.3%

$$\bar{c}=\frac{\frac{420}{2}+450+485+\frac{512}{2}}{\frac{500}{2}+570+580+\frac{600}{2}}=\frac{1\ 401}{1\ 700}=82.41\%$$

计算结果表明第二季度工人占全部职工百分比是 82.41%。

如果分子数列和分母数列是两个间隔不相等的间断时点数列，则应以间隔时间长度为权数，按如下加权平均数公式计算相对指标时间数列的序时平均数：

$$\bar{c}=\frac{\bar{a}}{\bar{b}}=\frac{\dfrac{\frac{a_1+a_2}{2}f_1+\frac{a_2+a_3}{2}f_2+\cdots+\frac{a_{n-1}+a_n}{2}f_{n-1}}{f_1+f_2+\cdots+f_{n-1}}}{\dfrac{\frac{b_1+b_2}{2}f_1+\frac{b_2+b_3}{2}f_2+\cdots+\frac{b_{n-1}+b_n}{2}f_{n-1}}{f_1+f_2+\cdots+f_{n-1}}}$$

【例 5-7】某企业职工分为固定工和合同工，该企业工人人数统计资料如表 5-8 所示。

表 5-8 某企业某年工人人数统计资料

日期	1 月 1 日	5 月 31 日	7 月 1 日	10 月 31 日	12 月 31 日
固定工	700	700	710	720	740
合同工	8	10	12	20	24

求该企业合同工占全部工人的平均比重。

$$\bar{c}=\frac{\bar{a}}{\bar{b}}=\frac{\dfrac{\dfrac{8+10}{2}\times 5+\dfrac{10+12}{2}\times 1+\cdots+\dfrac{20+24}{2}\times 2}{5+1+4+2}}{\dfrac{\dfrac{708+710}{2}\times 5+\dfrac{710+722}{2}\times 1+\cdots+\dfrac{740+764}{2}\times 2}{5+1+4+2}}=1.89\%$$

3. 用简单算术法求得序时平均数，再将两值相比得出相对指标时间数列的序时平均数

【例 5-8】 某百货公司第一季度各月销售、库存和商品流转次数资料如表 5－9 所示。

表 5－9 某百货公司某年第一季度商品流转次数

月　份	上年 12 月	1	2	3
商品销售额(万元)	—	300.00	400.00	280.00
月末库存额(万元)	70.00	75.00	55.00	75.00
商品流转次数(次)	—	4.14	6.15	4.31

求第一季度平均每月商品流转次数。

由于商品销售额是时期数列，月末库存额是时点数列，也就是说分子、分母数列性质不同，应分别计算序时平均数，然后将两数值对比，求得该企业第一季度平均每月商品流转次数。其计算为：

$$\bar{c}=\frac{300+400+280}{\dfrac{70}{2}+75+55+\dfrac{75}{2}}=\frac{980}{202.5}=4.84(\text{次})$$

计算结果表明该企业第一季度平均每月商品流转次数是 4.84 次。

(三) 平均数动态数列的序时平均数

平均数时间数列分为两种，一种是由一般平均数所组成的时间数列，另一种是由动态平均数所组成的时间数列。由于这两种时间数列的性质不同，计算序时平均数的方法也不同。

1. 根据一般序时平均数所组成的时间数列计算序时平均数

由于该种时间数列中每个指标都是平均数，不能直接相加，因此必须求出分子数列的序时平均数和分母数列的序时平均数，用两者对比，才可求出一般平均数时

间数列的序时平均数。其计算公式为：

$$\bar{c}=\frac{\bar{a}}{\bar{b}}=\frac{\frac{\sum a}{n}}{\frac{\sum b}{n}}=\frac{\sum a}{\sum b}$$

【例 5-9】某厂产品成本资料如表 5－10 所示。

表 5－10 某企业产量与单位成本资料

时　　间	一季度	二季度	三季度	四季度
产量(只) b	366	324	382	402
单位成本(元) c	122.8	136.1	118.5	118.5

求平均单位成本。

$$\bar{c}=\frac{\bar{a}}{\bar{b}}=\frac{\frac{\sum a}{n}}{\frac{\sum b}{n}}=\frac{\sum a}{\sum b}=\frac{\sum bc}{\sum b}=\frac{181\ 945.2}{1\ 474}=1\ 23.42(\text{元})$$

2. 序时平均数时，可直接用简单算术平均法计算

如果数列中各时期的间隔不等，则以时间间隔的长度为权数，用加权算术平均法计算。其计算公式为：

$$\bar{a}=\frac{\sum af}{\sum f}$$

式中：f 代表间隔，即权数。

【例 5-10】某水泥厂各季平均月产量资料如表 5－11 所示。

表 5－11 2×21 年某水泥厂各季平均月产量

季　　度	一 季 度	二 季 度	三 季 度	四 季 度
平均月产量(万吨)	2 300	2 700	2 800	2 600

求全年平均月产量。

$$全年平均月产量 = \frac{2\ 300 + 2\ 700 + 2\ 800 + 2\ 600}{4} = 2\ 600(万吨)$$

【例 5-11】 某年某旅游区旅客的月平均人数资料如表 5-12 所示。

表 5-12　某年某旅游区旅客的月平均人数

时　　间	1 月	2～3 月	4～8 月	9～11 月	12 月
月平均人数(万人次)	10	13	16	14	10

求全年平均每日的旅客人次。

$$全年平均每日的旅客人次 = \frac{10 \times 1 + 13 \times 2 + 16 \times 5 + 14 \times 3 + 10 \times 1}{1 + 2 + 5 + 3 + 1} = 14(万人次)$$

三、增长量

增长量又称增减量，是在一定时期内增减的绝对量，即报告期水平与基期水平之差。计算公式为：

$$增长量 = 报告期水平 - 基期水平$$

差值大于零是增长量，小于零是减少量。增长量随着研究目的的不同，选择的基期不同，可以分为逐期增长量和累计增长量。

（一）逐期增长量

逐期增长量是以前一期为基期计算的相邻两个时期的增减绝对量，表明现象逐期变动的绝对数量，其数列为：

$$a_1 - a_0,\ a_2 - a_1,\ a_3 - a_2,\ \cdots,\ a_n - a_{n-1}$$

（二）累计增长量

累计增长量是各期水平与固定基期水平之差，表明现象在较长一段时间内累计变动的绝对数量。若以 a_0 为基期，则数列为：

$$a_1 - a_0,\ a_2 - a_0,\ a_3 - a_0,\ \cdots,\ a_n - a_0$$

（三）累计增长量和逐期增长量的关系

(1) 累计增长量等于相应各期逐期增长量之和，即：

$$a_n - a_0 = (a_1 - a_0) + (a_2 - a_1) + (a_3 - a_2) + \cdots + (a_n - a_{n-1})$$

(2) 相邻两累计增长量之差等于相应的逐期增长量，即：

$$(a_n - a_0) - (a_{n-1} - a_0) = a_n - a_{n-1}$$

此外，为了消除季节变动的影响，还可以计算年距增长量指标，即本年某期水平减去上年同期水平的差值，表明本期发展水平比去年同期发展水平的增减数量。计算公式为：

年距增长量＝本期发展水平－去年同期发展水平

【例 5-12】 某百货商店 2×20 年第四季度商品销售额为 5 000 万元，2×21 年第四季度销售额为 5 200 万元，则年距增长量为：

2×21 年第四季度的年距增长量＝5 200－5 000＝200(万元)

四、平均增长量

平均增长量又称平均增减量，是指某现象在一定时期内平均每期增减变化的数量，即各期增长量的序时平均数。计算公式为：

$$平均增长量 = \frac{累计增长量(a_n - a_0)}{逐期增长量个数(n)} = \frac{逐期增长量之和}{逐期增长量个数(n)}$$

由以上公式可以看出，平均增长量是逐期增长量的序时平均数。

【例 5-13】 我国 2006—2015 年国内生产总值资料如表 5-13 所示。

表 5-13 我国 2006—2015 年国内生产总值 单位：亿元

年 份	2006	2007	2008	2009	2010	2011	2012	2013	2014	2015
国内生产总值	209 407	246 619	300 670	335 353	401 202	471 564	519 322	568 845	636 168	676 708
逐期增长量	—	37 212	54 051	34 683	65 849	70 362	47 758	49 523	67 323	40 540
累计增长量	—	37 212	91 263	125 946	191 795	262 157	309 915	359 438	426 761	467 301

求国内生产总值平均增长量。

$$国内生产总值平均增长量 = \frac{37\ 212 + 54\ 051 + \cdots + 40\ 540}{9}$$

$$= \frac{467\ 301}{9} = 51\ 922.33(亿元)$$

$$国内生产总值平均增长量 = \frac{676\ 708 - 209\ 407}{9} = \frac{467\ 301}{9} = 51\ 922.33(亿元)$$

可见两种方法的计算结果是一样的。

第三节 动态数列速度分析指标

动态数列的速度分析指标,也即反映国民经济速度的主要指标,有发展速度、增长速度、平均发展速度和平均增长速度。这四种指标具有密切联系,其中发展速度是基本的速度分析指标。

一、发展速度

发展速度是指动态数列中报告期水平与基期水平之比,表明现象发展变化的相对程度。即报告期水平已经发展到基期水平的若干倍或百分之几。根据对比基期不同,发展速度数列可以分为环比发展速度与定基发展速度。

(一) 环比发展速度

环比发展速度,是各期水平与其前一期水平之比,表明现象逐期发展变化的程度。计算公式为:

$$环比发展速度 = \frac{报告期水平}{前一期水平} \times 100\%$$

设有时间数列的发展水平:a_0, a_1, a_2, a_3, …, a_{n-1}, a_n

$$环比发展速度 = \frac{a_1}{a_0}, \frac{a_2}{a_1}, \frac{a_3}{a_2}, \cdots, \frac{a_n}{a_{n-1}}$$

环比发展速度说明被研究现象逐期发展变化的程度。

(二) 定基发展速度

定基发展速度是各期水平与固定基期水平之比,说明现象在一段时期内总的发展变化程度。其计算公式为:

$$定基发展速度 = \frac{报告期水平}{固定基期水平} \times 100\%$$

设有时间数列的发展水平:a_0, a_1, a_2, a_3, …, a_{n-1}, a_n

$$定基发展速度 = \frac{a_1}{a_0}, \frac{a_2}{a_0}, \frac{a_3}{a_0}, \cdots, \frac{a_n}{a_0}$$

(三) 环比发展速度与定基发展速度的关系

定基发展速度和环比发展速度均是说明现象在不同时间上发展变化的程度和方向的,因为采用基期的不同而各说明不同的问题,表现不同的侧面,两者之间既有区别又有联系。

环比发展速度与定基发展速度的联系主要体现在两者之间存在着如下的数量关系:

(1) 观察期内各个环比发展速度的连乘积等于相应时期的定基发展速度。即:

$$\frac{a_n}{a_0} = \frac{a_1}{a_0} \times \frac{a_2}{a_1} \times \frac{a_3}{a_2} \times \cdots \times \frac{a_n}{a_{n-1}}$$

(2) 两个相邻的定基发展速度,用后者除以前者,等于相应时期的环比发展速度。即:

$$\frac{a_n}{a_0} \div \frac{a_{n-1}}{a_0} = \frac{a_n}{a_{n-1}}$$

利用上述关系,可以根据一种发展速度去推算另一种发展速度。

【例 5-14】以 2010—2015 年我国社会消费品零售总额为例,说明上述两种动态分析指标。我国社会消费品零售总额的定基发展速度和环比发展速度如表 5-14 所示。

表 5-14 2010—2015 我国社会消费品零售总额

单位:亿元

年份	发展水平	增长量		发展速度		增长速度	
		累计	逐期	定基	环比	定基	环比
(甲)	(1)	(2)	(3)	(4)	(5)	(6)	(7)
2010	156 998.4	—	—	100%	—	—	—
2011	183 918.6	26 920.2	26 920.2	117.15%	117.15%	17.15%	17.15%
2012	210 307	53 308.6	26 388.4	133.95%	114.35%	33.95%	14.35%
2013	237 809.9	80 811.5	27 502.9	151.47%	113.08%	51.47%	13.08%
2014	262 394	105 395.6	24 584.1	167.13%	110.34%	67.13%	10.34%
2015	300 931	143 932.6	38 537	191.68%	114.69%	91.68%	14.69%

有时为了消除季节变动的影响，更准确地说明本期发展水平与去年同期发展水平的相对发展程度，可以计算年距发展速度。其计算公式为：

$$年距发展速度=\frac{本期发展水平}{去年同期发展水平}$$

例如，某地区 2×21 年第一季度钢产量为 300 万吨，2×20 年第一季度钢产量为 240 万吨，则：

$$年距发展速度=\frac{300}{240}=125\%$$

这说明 2×21 年第一季度钢产量已达到上年同期产量水平的 125%。

在计算和应用发展速度指标时，最关键的问题是如何确定基期，我们须按照统计任务和实际工作的需要，选择最合理、最合适的基期。

二、增长速度

增长速度是报告期增长量与基期水平之比的相对数，其计算公式为：

$$增长速度=\frac{增长量}{基期水平}=\frac{报告期水平-基期水平}{基期水平}\times 100\%$$

$$增长速度=发展速度-100\%(或 1)$$

由此可见，增长速度是相应的发展速度减去 100%而得出的值，两者之间有密切关系，但是两者说明的内容是不同的。发展速度说明报告期水平是基期水平的多少倍或百分之几，而增长速度说明报告期水平比基期水平增加了多少倍或增加了百分之几。

增长速度根据采用的基期不同，分为环比增长速度和定基增长速度。

(一) 环比增长速度

环比增长速度，是用逐期增长量与前期水平相比。其计算公式为：

$$环比增长速度=\frac{逐期增长量}{基期水平}=环比发展速度-1$$

即：

$$\frac{a_1}{a_0}-1,\ \frac{a_2}{a_1}-1,\ \frac{a_3}{a_2}-1,\ \cdots,\ \frac{a_n}{a_{n-1}}-1$$

(二) 定基增长速度

定基增长速度，是用累计增长量与固定基期水平之比。其计算公式为：

$$定基增长速度=\frac{累计增长量}{基期水平}=定基发展速度-1$$

即：

$$\frac{a_1}{a_0}-1,\ \frac{a_2}{a_0}-1,\ \frac{a_3}{a_0}-1,\ \cdots,\ \frac{a_n}{a_0}-1$$

值得注意的是，两种增长速度之间不能直接进行换算，都必须借助于发展水平指标或发展速度指标进行相应的推算或换算。

发展速度是速度指标中的基础指标，但在实际应用中，增长速度的应用范围更为广泛。

【例 5-15】 根据表 5－15 资料可验证各速度指标的计算。

表 5－15　我国 2001～2011 年教育支出的速度指标计算表　　单位：亿元

年份	财政用于教育支出	增长量		发展速度		增长速度		增长 1%绝对值
		累计	逐期	定基	环比	定基	环比	
2001	3 057.01	—	—	—	100%	—	—	—
2002	3 491.4	434.39	434.39	114.21%	114.21%	14.21%	14.21%	30.57
2003	3 850.62	793.61	359.22	125.96%	110.29%	25.96%	10.29%	34.91
2004	4 465.86	1 408.85	615.24	146.09%	115.98%	46.09%	15.98%	38.51
2005	5 161.08	2 104.07	695.22	168.83%	115.57%	68.83%	15.57%	44.66
2006	6 348.36	3 291.35	1 187.28	207.67%	123.00%	107.67%	23.00%	51.61
2007	8 280.21	5 223.2	1 931.85	270.86%	130.43%	170.86%	30.43%	63.48
2008	10 449.63	7 392.62	2 169.42	341.83%	126.20%	241.83%	26.20%	82.8
2009	12 231.09	9 174.08	1 781.46	400.10%	117.05%	300.10%	17.05%	104.5
2010	14 670.07	11 613.06	2 438.98	479.88%	119.94%	379.88%	19.94%	122.31
2011	16 116	13 058.99	1 445.93	527.18%	109.86%	427.18%	9.86%	146.7

进行动态分析时，既要看速度，又要看水平。速度指标与水平指标相结合的常用指标是增长 1%的绝对值，是逐期增长量除以相对应的环比增长速度。用公式表示：

$$增长 1\% 的绝对值 = \frac{逐期增长量}{环比增长速度 \times 100} = \frac{前期水平}{100}$$

由于相同的增长速度指标，可以从差别很大的绝对数计算而得，用以计算增长速度指标的基期水平越高，增长速度提高1%所包含的增长量就越多，因此在进行动态分析时，必须把速度指标与增长量结合起来研究。例如，2002 年，我国国内生产总值为 10.24 万亿元人民币，折合 1.24 万亿美元，国内生产总值增长速度达到 8%，增长 1%的绝对值是 113.99 亿美元；而同期美国国内生产总值约为 10.45 万亿美元，是我国的 8.4 倍，增长速度只有 2.2%，远远低于我国，但其增长 1%的绝对值达到1 020.8亿美元。美国 GDP 增长 1%的绝对量相当于我国 GDP 增长 9%的绝对量。通过比较可以看到，我国经济发展速度比较快，正在缩小与发达国家的差距。但从经济规模上看还不够大，特别是人均水平还不高。在进行统计对比时，要做到客观、全面，就必须把相对数与绝对数结合起来分析，比较好的形式就是计算“增长 1%绝对值”。

三、平均发展速度和平均增长速度

由于现象所处的历史条件不同，在各个时间上的发展速度就有所不同。为了进行动态分析，需要将现象在各个时间上的速度差异抽象化，计算平均速度指标。平均速度指标有平均发展速度和平均增长速度两种。

平均发展速度是各环比发展速度的平均数，是说明社会经济现象在一定发展阶段各个时间上发展速度一般水平的统计指标。

平均发展速度的计算通常采用两种方法：水平法(几何平均法)和方程法(累计法)。

(一) 水平法

水平法亦称几何平均法。由于总速度不等于各年环比发展速度之和，而是等于各年环比发展速度之连乘积，所以要用几何平均法来计算。

设用 $\overline{x}$表示平均发展速度，计算公式为：

$$\overline{x} = \sqrt[n]{x_1, x_2, \cdots, x_n} = \sqrt[n]{\prod x} = \sqrt[n]{\frac{a_1}{a_0} \times \frac{a_2}{a_1} \times \frac{a_3}{a_2} \times \cdots \times \frac{a_n}{a_{n-1}}} = \sqrt[n]{\frac{a_n}{a_0}}$$

注意：用水平法计算平均发展速度的实质是要求在最初水平(a_0)的基础上，每期按平均发展速度($\overline{x}$)发展，经过 n 期后将达到最末期发展水平 a_n。因此，用水平法计算的平均发展速度推算出的末期水平与实际的末期水平一致。从计算公式不难看出，按水平法计算的平均发展速度，实际上只与数列的最初观察值 a_0 和最末观察值 a_n 有关，而与其他观察值无关，这一特点表明，用水平法计算平均发展速度侧重于考察现象末期到达的水平，它可以直接利用期末水平与期初水平计算，简便易算。因此，在实际应用中，如果我们关心的是现象在最后一期应达到的水平时，采用水平法计算平均发展速度比较合适。水平法计算平均发展速度忽略了中间各期的水平，当中间各期环比发展速度差异很大时，就不适宜用水平法计算平均发展速度。

【例 5-16】已知我国社会消费品零售总额 2010—2015 年各年的环比发展速度分别为 117.15%、114.35%、113.08%、110.34%、114.69%，则其年平均发展速度为：

$$\bar{x} = \sqrt[n]{x_1, x_2, \cdots, x_n} = \sqrt[n]{\prod x}$$
$$= \sqrt[5]{117.15\% \times 114.35\% \times 113.08\% \times 110.34\% \times 114.69\%}$$
$$= \sqrt[5]{191.68\%} = 113.90\%$$

【例 5-17】已知我国社会消费品零售总额 2010 年为 156 998.4 亿元，2015 年为 300 931亿元，则其年平均发展速度为：

$$\bar{x} = \sqrt[5]{\frac{a_n}{a_0}} = \sqrt[5]{\frac{300\ 931}{156\ 998.4}} = \sqrt[5]{191.68\%} = 113.90\%$$

（二）方程法

方程式法亦称累计法。它的实质是要求在最初水平（a_0）基础上，各期按平均发展速度计算所得的水平之和，应等于同期实际水平之和。

用累计法计算平均发展速度，侧重于考察各期水平的总和，即现象在全期内的累计总量。

按累计法计算平均发展速度需要求解以下高次方程：

$$a_0\bar{x} + a_0\bar{x}^2 + a_0\bar{x}^3 + \cdots + a_0\bar{x}^n = \sum a_i$$

其中：$i = 1, 2, 3, \cdots, n$

用累计法求平均发展速度的解：求解上面方程求解比较复杂，实际工作中，通常编制《平均增长速度查对表》，据之查出平均增长速度。

查表方法如下：

第一步：计算确定是递增还是递减速度：

若 $(a_1 + a_2 + a_3 + \cdots + a_{n-1} + a_n) \div n > a_0$，则查递增速度查对表。

若 $(a_1 + a_2 + a_3 + \cdots + a_{n-1} + a_n) \div n < a_0$，则查递减速度查对表。

第二步：计算各年发展水平总和为基期水平的百分数：

$$(a_1 + a_2 + a_3 + \cdots + a_{n-1} + a_n) \div a_0$$

第三步：查表。在累计法查对表中的 n 年栏内，找到接近各年发展水平总和为基期水平百分比的数字，再查到该数所在行左边第一栏内百分比，即为所求的平均每年增长或减少速度。

【例 5-18】根据表 5－16 资料计算累计法平均发展速度。

表 5－16 某地区 2×16—2×21 年基本建设投资总额

年　份	2×16	2×17	2×18	2×19	2×20	2×21
基建投资总额(亿元)	50	60	65	70	75	80

解：$a_0 = 50$，$n = 5$，且 2×16—2×21 年的平均水平为 70＞50。

查递增速度查对表，并先计算：

$$\frac{\sum a_1}{\sum a_0} = \frac{60 + 65 + 70 + 75 + 80}{50} = 7$$

由查对表(见表 5－17)查得 700％介于 699.32％与 701.34％之间，相应的平均增长速度介于 11.4％与 11.5％之间。运用插值法可得到具体的数值。计算得 11.43％，说明 5 年的平均增长速度为 11.43％。

表 5－17 累计法平均增长速度查对表(节录)

平均每年增长％	各年发展水平总和为基期水平的％				
	1 年	2 年	3 年	4 年	5 年
…	…	…	…	…	…
11.4	111.4	235.50	373.75	527.75	699.32
11.5	111.5	235.82	374.44	529.00	701.34
11.6	111.6	236.15	375.14	530.25	703.36
11.7	111.7	236.47	375.84	531.51	705.40
11.8	111.8	236.74	376.53	532.76	707.43
11.9	111.9	237.12	377.23	534.02	709.47
12.0	112.0	237.44	377.93	535.28	711.52
…	…	…	…	…	…

平均增长速度是说明现象在一段时期内平均每年增长的程度，它比平均发展速度能更好地反映现象的发展变化。

平均增长速度不能直接根据环比增长速度或增长量计算，而只有先计算平均发展速度，再将其减 1 即可。公式为：

$$平均增长速度=平均发展速度-100\%$$

计算结果为正值叫递增率，负值叫递减率。

例如，某地区社会商品零售额 2×16 年为 1 558.6 万元，2×21 年增加到 2 849.4 万元。问：从 2×16—2×21 年社会商品零售额的平均增长速度是多少？

$$平均增长速度=\sqrt[n]{\frac{a_n}{a_0}}-1=\sqrt[5]{\frac{2\ 849.4}{1\ 558.6}}-1=0.128=12.8\%$$

四、应用动态分析指标时应注意的问题

（一）正确选择对比基期

计算动态指标，对比基期可以是报告期前一期，也可以是固定基期。以报告期前一期作为对比基期，主要是为了说明现象逐期发展变化情况。对于固定基期来说，一般是根据研究目的来选择。例如，分析五年计划执行情况，可选择本五年计划开始执行的前 1 年为基期；评价现象发展水平高低时，可以选择历史最高或最低时期为基期等。

对于受季节因素影响较明显的现象，适于选用去年同期（同月、同季）作为基期，以消除季节因素影响，从而表明它们增长变化的程度。以去年同期计算的增长量和发展速度，称为年距增长量和年距发展速度，即：

$$年距增长量=本期发展水平-去年同期发展水平$$

$$年距发展速度=\frac{本期发展水平}{去年同期发展水平}$$

$$年距增长量=\frac{年距增长量}{去年同期发展水平}=年距发展速度-1(或100\%)$$

（二）既看速度，又看水平

通常，基数小，增长速度高；基数大，增长速度低。所以高速度可能掩盖了低水平，而低速度又可能隐含着高水平。这是因为在计算增长速度时，由于对比基数不同，同样增长 1%所代表的绝对量可能相差悬殊。因此，增长速度要与绝对增长量结合起来，计算“增长 1%的绝对值”指标。计算公式为：

$$增长1\%的绝对值 = \frac{逐期增长量}{环比增长速度} \times 1\% = \frac{前一期水平}{100}$$

(三) 用分段平均速度补充说明总平均速度

计算不同时期的平均速度,确切反映该现象的发展过程及规律性,来补充说明总平均速度。如在一段时间内现象在前期处于递增状况,后期处于递减状况,可分别计算递增时期和递减时期分段平均速度,补充说明全期总平均速度。同样,现象具有上述特殊性时,应用分段平均增长量补充说明总的平均增长量。

(四) 在现实中我们经常遇到计划数以增长速度指标表述的情况

如计划成本降低率、劳动生产率提高率等,在考核计划完成度时,可以用实际数除以计划数,但必须考虑原来的基数,即将增长速度化为发展速度之后在计算。例如,某种产品的计划成本降低率为 8%,实际降低率为 9%,则:

$$计划完成相对指标 = \frac{100\% - 9\%}{100\% - 8\%} \times 100\% = 98.9\%$$

计算结果表明该产品的实际成本比计划降低了 1.1%。

如果用 9%-8%=1%只能说明实际降低率比计划多降低了一个百分点,此时的百分数的基数不是计划数,而是上年实际数。

(五) 几何平均法与方程法的应用

关于现象发展平均速度的这两种方法的应用,必须注意两种计算方法侧重点有所不同。几何平均法侧重于考察期末发展水平,它不反映中间各项水平的变化,所以在计算平均发展速度时,必须对间隔期内的各期经济情况进行分析,只有在经济发展情况比较稳定时,方可运用几何平均法。如果中间各期发展水平忽高忽低或者最初和最末水平受特殊因素的影响而过高过低时,用几何平均法计算平均速度,就会降低这一指标的意义,甚至失去代表性而不能确切说明实际情况。

方程式法侧重于考察整个时期各年发展水平的总和。因此,利用这种方法计算出的平均速度,不决定于最初与最末水平的变化情况,而决定于间隔期内中间各个时期的变化情况。

习 题

一、填空题

1. 在一个时间数列中,最早出现的数值称为(　　　),最晚出现的数值称为

(　　)。

2. 绝对数时间数列中不同时间的数值相加有实际意义的是(　　)数列,不同时间的数值相加没有实际意义的是(　　)数列。

3. 各年末商品库存量数列属于(　　)数列,各年的基建投资额数列属于(　　)数列。

4. 计算平均发展速度的常用方法有(　　)法和(　　)法。

5. 动态数列按其指标表现形式的不同分为(　　)、(　　)和平均指标动态数列三种动态数列。

6. 平均发展水平又称(　　),它是从(　　)上说明现象总体在某一时期内发展的一般水平。

7. 发展速度由于采用基期的不同,可分为(　　)和(　　)发展速度。

8. 增长量是报告期水平与基期水平之差,由于采用的基期不同增长量可分为(　　)增长量和(　　)增长量,这两者的关系可用公式表示为:$(a_1-a_0)+(a_2-a_1)+\cdots+(a_n-a_n-1)=a_n-a_0$。

9. 增长速度的计算方法有两种:(1)(　　);(2)(　　)。

10. 平均发展速度是对各期(　　)速度求平均的结果,它也是一种(　　)。

11. 已知某产品产量2×20年与2×19年相比增长了5%,2×21年与2×19年相比增长了12%,则2×21年与2×20年相比增长了(　　)。

12. 根据时间间隔相等的时期数列计算序时平均数时应采用(　　)方法。根据时间间隔相等的时点数列计算序时平均数时应采用(　　)方法。

13. 静态平均数是根据(　　)计算的,序时平均数则是根据(　　)计算的。

14. 本期定基发展速度与前一期定期发展速度之比等于(　　),本期累计增长量与本期逐期增长量之差等于(　　)。

15. 各年年末商品库存量数列属于(　　)数列,各年的基建投资额数列属于(　　)数列。

16. 各项环比发展速度的(　　)等于定基发展速度,累计增长量等于各项逐期增长量的(　　)。

17. 社会经济现象发展的动态分析主要包括(　　)和(　　)两部分。

18. 动态数列是由反映(　　)变化和(　　)变化的两个因素所构成的。

19. 时间数列是将(　　)在(　　)上的数值,按时间先后顺序排列而形成的数列,又称(　　)。

20. 某国民净收入2017年为3 880亿元,2019年为4 247亿元,我们就说到

2019 年(　　　)4 247 亿元。

21. 根据时间数列不同时间的发展水平所求的平均数叫(　　　)，又称(　　　)。

22. 某校在校生 2017 年比 2016 年增加 5%，2018 年增加 10%，2019 年比 2018 年增加 15%，那么，这 3 年共增加学生(　　　)。

23. 在一个时间数列中，最早出现的数值称为(　　　)最晚出现的数值称为(　　　)。

24. 发展水平可以是总量指标，也可以是(　　　)指标或平均指标。

25. 已知某油田 2010 年原油总产量为 200 万吨，2015 年原油总产量是 459 万吨，则 2010—2015 年该油田原油总产量年平均增长速度的算式为(　　　)。

二、单项选择题

1. 时间数列与变量数列(　　)。

A. 都是根据时间顺序排列的

B. 都是根据变量值大小排列的

C. 前者是根据时间顺序排列的，后者是根据变量值大小排列的

D. 前者是根据变量值大小排列的，后者是根据时间顺序排列的

2. 下面 4 个动态数列中，属于时点数列的是(　　)。

A. 历年招生人数动态数列　　B. 历年增加在校生人数动态数列

C. 历年在校生人数动态数列　　D. 历年毕业生人数动态数列

3. 某企业 2×21 年年末职工人数 6 000 人，本年退休人数 120 人，上述两个指标是(　　)。

A. 均为时期指标

B. 均为时点指标

C. 前者为时期指标，后者为时点指标

D. 前者为时点指标，后者为时期指标

4. 根据牧区每个月初的牲畜存栏数计算全牧区半年的牲畜平均存栏数，采用的公式是(　　)。

A. 简单平均法　　B. 几何平均法

C. 加权序时平均法　　D. 首尾折半法

5. 某企业第一季度各月的平均职工人数：1 月份平均为 210 人，2 月份平均为 215 人，3 月份平均为 205 人，则第一季度平均各月的职工人数为(　　)。

A. 210 人　　B. 630 人

C. 不能计算　　D. 资料不全

6. 以2×16年为最初水平,2×21年为最末水平,计算钢铁产量的年平均发展速度时,需开(   )。

A. 14次方　　B. 17次方　　C. 15次方　　D. 18次方

7. 某企业某产品的产量每年的增加量等于一个常数,则该产品产量的环比增长速度(   )。

A. 年年下降　　B. 年年增长

C. 年年保持不变　　D. 无法作出结论

8. 已知某地区的粮食产量的环比增长速度2×18年为3.5%,2×19年的环比增长速度为4%,2×20年的环比增长速度为5%,2×21年的定基增长速度为16.4%,则2×21年的环比增长速度为(   )。

A. 23.4%　　B. 37.25%　　C. 102.99%　　D. 2.99%

9. 下列数列中,属于动态数列的是(   )。

A. 学生按学习成绩分组形成的数列

B. 工业企业按地区分组形成的数列

C. 职工按工资水平高低排列形成的数列

D. 出口额按时间先后顺序排列形成的数列

10. 已知某企业总产值2×21年比2×18年增长187.5%,2×20年比2×18年增长150%,则2×21年比2×20年增长(   )。

A. 37.5%　　B. 125%　　C. 115%　　D. 25%

11. 时期数列的每一项指标数值(   )。

A. 无需连续相加　　B. 不能相加

C. 与时间长短无直接关系　　D. 可以相加

12. 时间数列由(   )要素构成。

A. 1个　　B. 2个　　C. 3个　　D. 多个

13. 每年年末设备的库存量是(   )。

A. 时间数列　　B. 时点数列

C. 相对数时间数列　　D. 平均数时间数列

14. 根据时期数列计算序时平均数应采用(   )。

A. 几何平均法　　B. 加权算术平均法

C. 简单算术平均法　　D. 首尾折半法

15. 间隔相等的期初期末时点数列计算序时平均数应采用(   )。

A. 几何平均法　　B. 加权算术平均法

C. 简单算术平均法　　D. 首尾折半法

16. 定基发展速度和环比发展速度的关系是(　　)。

A. 两个相邻时期的定基发展速度之商等于相应的环比发展速度

B. 两个相邻时期的定基发展速度之差等于相应的环比发展速度

C. 两个相邻时期的定基发展速度之和等于相应的环比发展速度

D. 两个相邻时期的定基发展速度之积等于相应的环比发展速度

17. 说明现象在较长时期内发展的总速度的指标是(　　)。

A. 环比发展速度　　B. 平均发展速度

C. 定基发展速度　　D. 定基增长速度

18. 已知各期环比增长速度为2%、5%、8%和7%,则相应的定基增长速度的计算方法为(　　)。

A. (102%×105%×108%×107%)−100%

B. 102%×105%×108%×107%

C. 2%×5%×8%×7%

D. (2%×5%×8%×7%)−100%

19. 平均发展速度是(　　)。

A. 定基发展速度的算术平均数　　B. 环比发展速度的算术平均数

C. 环比发展速度的几何平均数　　D. 增长速度加上100%

20. 下列数列中哪一个属于动态数列(　　)。

A. 学生按成绩分组形成的数列

B. 工业企业按地区分组形成的数列

C. 职工人数按时间顺序先后排列形成的数列

D. 职工按工资水平高低顺序排列形成的数列

21. 10年内每年年末国家黄金储备是(　　)。

A. 发展速度　　B. 增长速度　　C. 时期数列　　D. 时点数列

22. 序时平均数计算中,“首末折半法”运用于(　　)。

A. 时期数列的资料

B. 间隔相等的间断时点数列资料

C. 间隔不等的时点数列资料

D. 由两个时点数列构成的相对数动态数列资料

23. 增长速度的计算方法为(　　)。

A. 数列发展水平之差　　B. 数列发展水平之比

C. 绝对增长量和发展速度之比　　D. 绝对增长量和基期水平之比

24. 环比增长速度是(　　)。

A. 用报告期的累计增长量除以 100
B. 用累计增长量除以基期水平
C. 用报告期水平除以以前水平
D. 用逐期增长量除以基期水平

25. 时间数列与变量数列(　　)。

A. 都是根据时间顺序排列的
B. 都是根据变量值大小排列的
C. 前者是根据时间顺序排列的,后者是根据变量值大小排列的
D. 前者是根据变量值大小排列的,后者是根据时间顺序排列的

26. 发展速度属于(　　)。

A. 比例相对数
B. 比较相对数
C. 动态相对数
D. 强度相对数

27. 计算发展速度的分母是(　　)。

A. 报告期水平
B. 基期水平
C. 实际水平
D. 计划水平

28. 由一个 9 项的时间序列可以计算的环比发展速度有(　　)。

A. 8 个
B. 9 个
C. 10 个
D. 7 个

29. 采用几何平均法计算平均发展速度的依据是(　　)。

A. 各年环比发展速度之积等于总速度
B. 各年环比发展速度之和等于总速度
C. 各年环比增长速度之积等于总速度
D. 各年环比增长速度之和等于总速度

30. 已知某地区 1965—2017 年各年的平均人口数资料,计算该地区人口数的年平均发展速度 应开(　　)。

A. 50 次方
B. 51 次方
C. 52 次方
D. 53 次方

三、多项选择题

1. 下列说法正确的有(　　)。

A. 平均增长速度大于平均发展速度
B. 平均增长速度小于平均发展速度
C. 平均增长速度＝平均发展速度－1
D. 平均发展速度＝平均增长速度－1
E. 平均发展速度×平均增长速度＝1

2. 时期数列的特点有(　　)。

A. 数列中各个指标数值不能相加
B. 数列中各个指标数值可以相加

C. 数列中各个指标数值大小与时间长短无直接关系
D. 数列中各个指标数值大小与其时间长短有直接关系
E. 数列中各个指标数值，通常是通过连续不断登记而取得的
3. 下面的数列属于时点数列的有（　　）。
A. 某种股票周一至周五各天的收盘价
B. 某工厂各月份的利润额
C. 某地区 2×13—2×21 年年末的各年平均人口数
D. 某商店各月末的商品库存额
E. 某企业 2×13—2×21 年年末固定资产净值
4. 时间数列中发展水平包括（　　）。
A. 中间水平　　B. 最初水平　　C. 最末水平　　D. 平均水平
5. 下面现象中，侧重于用几何平均法计算平均发展速度的有（　　）。
A. 基本建设投资额　　B. 商品销售量
C. 垦荒造林数量　　D. 居民消费支出状况
E. 产品产量
6. 定基发展速度和环比发展速度的关系包括（　　）。
A. 两者都属于速度指标
B. 环比发展速度的连乘积等于定基发展速度
C. 定基发展速度的连乘积等于环比发展速度
D. 相邻两个时期定基发展速度之商等于相应的环比发展速度
E. 相邻两个时期环比发展速度之商等于相应的定基发展速度
7. 将不同时期发展水平加以平均得到的平均数称为（　　）。
A. 平均发展水平　　B. 一般平均数
C. 动态平均数　　D. 静态平均数
E. 序时平均数
8. 时间数列按统计指标的表现形式不同可分为（　　）。
A. 时期数列　　B. 时点数列
C. 绝对数时间数列　　D. 平均数时间数列
E. 相对数时间数列
9. 下列选项中，属于时期数列的有（　　）。
A. 我国近几年来的耕地总面积　　B. 我国历年新增人口数
C. 我国历年图书出版量　　D. 我国历年黄金储备
E. 某学校 2×05 年至 2×21 年男女比例

10. 某企业某种产品原材料月末库存资料如下：

月份	1月	2月	3月	4月	5月
原材料库存量(吨)	8	10	13	11	9

则该动态数列(　　)。

A. 各项指标数值是连续统计的结果

B. 各项指标数值是不连续统计的结果

C. 各项指标数值反映的是现象在一段时期内发展的总量

D. 各项指标数值反映的是现象在某一时点上的总量

E. 各项指标数值可以相加得到5个月原材料库存总量

11. 下列选项中,属于时点数列的有(　　)。

A. 历年旅客周转量　　B. 某工厂每年设备台数

C. 历年商品销售量　　D. 历年牲畜存栏数

E. 某银行储户存款余额

12. 累计增长量与逐期增长量(　　)。

A. 前者基期水平不变,后者基期水平总在变动

B. 两者存在关系式:逐期增长量之和＝累计增长量

C. 相邻的两个逐期增长量之差等于相应的累计增长量

D. 根据这两个增长量都可以计算较长时期内的平均每期增长量

E. 这两个增长量都属于速度分析指标

13. 下列选项中,属于序时平均数的有(　　)。

A. 一季度平均每月的职工人数

B. 某产品产量某年各月的平均增长量

C. 某企业职工第四季度人均产值

D. 某商场职工某年月平均人均销售额

E. 某地区近几年出口商品贸易额平均增长速度

14. 计算平均发展速度的方法有(　　)。

A. 算术平均法　　B. 几何平均法

C. 方程式法　　D. 调和平均法

E. 加权平均法

15. 下列数列中,属于由两个时期数列对比构成的相对数或平均数动态数列的有(　　)。

A. 工业企业全员劳动生产率数列
B. 百元产值利润率动态数列
C. 产品产量计划完成程度动态数列
D. 某企业人员构成动态数列
E. 各种商品销售额所占比重动态数列

16. 构成时间数列的统计变量值，可以是(　　)。

A. 全面调查所搜到的全面数据资料
B. 非全面调查所搜集到的观察数据资料
C. 总体范围不一致的数据资料
D. 计算口径不一致的数据资料
E. 抽样调查资料

17. 下列数列中，属于时期数列的是(　　)。

A. 第五次人口普查数
B. 某厂近5年钢产量
C. 北京市近5年企业数
D. 某店各季末商品库存量
E. 某店2015—2020年商品销售额

四、判断题

1. 编制动态数列时，各指标的经济内容可以不一致的。(　　)
2. 平均发展速度是将各期环比发展速度简单平均得到的。(　　)
3. 掌握间隔相等的期初期末资料计算平均发展水平用“首尾折半法”。(　　)
4. 两个相邻的定基发展速度相除可得最初水平。(　　)
5. 时期数列有连续时期数列和间断时期数列两种。(　　)
6. 只有增长速度大于100%才能说明事物的变动是增长的。(　　)
7. 采用几何平均法计算平均发展速度时，每一个环比发展速度都会影响到平均发展速度的大小。(　　)
8. 若将2×13—2×21年年末国有企业固定资产净值按时间先后顺序排列，此种动态数列称为时点数列。(　　)
9. 定基发展速度和环比发展速度之间的关系是两个相邻时期的定基发展速度之积等于相应的环比发展速度。(　　)
10. 若逐期增长量每年相等，则其各年的环比发展速度是年年下降的。(　　)
11. 若环比增长速度每年相等，则其逐期增长量也是年年相等。(　　)
12. 平均增长速度不是根据各个增长速度直接来求得，而是根据平均发展速度计算的。(　　)
13. 时期数列中各期指标数值大小与时间长短没有关系。(　　)
14. 动态数列又叫时间数列。(　　)

15. 计算平均发展速度只能用几何平均法，不能用方程式法。（ ）

16. 增长量是报告期水平与基期水平的差，用来说明社会经济现象增长的绝对数量，因此它绝对是一个正数。（ ）

17. 时期数列的每一项指标数值无须连续登记取得。（ ）

18. 用各年人口出生率编制的时间数列是平均数时间数列。（ ）

19. 时点数列的每一项指标数值的大小与在时间间隔上的长短没有直接关系。（ ）

20. 所谓动态数列是将不同时间的同一指标数值由小到大顺序排列而成的。（ ）

21. 动态数列中的发展水平可以是绝对数，也可以是相对数或平均数。（ ）

22. 时期数列的每一项指标数值无须连续登记取得。（ ）

23. 用各年人口出生率编制的时间数列是平均数时间数列。（ ）

24. 某地区医生人数逐年增加，2018年、2019年、2020年3年各年的环比增长率分别为8%、18%、15%。该地区3年来医生人数共增长了41%（即8%+18%+15%）。（ ）

25. 时间数列中的发展水平都是统计绝对数。（ ）

26. 相对数时间数列中的数值相加没有实际意义。（ ）

27. 由两个时期数列的对应项相对比而产生的新数列仍然是时期数列。（ ）

28. 由于时点数列和时期数列都是绝对数时间数列，它们的特点是相同的。（ ）

29. 发展速度可以为负值。（ ）

30. 只有增长速度大于100%才能说明事物的变动是增长的。（ ）

五、简答题

1. 什么是环比发展速度？什么是定基发展速度？两者有何关系？
2. 什么是动态数列？编制动态数列有何意义？动态分析采用的分析指标有哪些？
3. 什么是时期数列和时点数列？两者相比较有什么特点？
4. 什么是增长量？它有哪几种？它们之间有什么关系？
5. 什么是发展速度？它有哪几种？它们之间有什么关系？
6. 什么是增长速度？它有哪几种？它们之间有什么关系？

六、计算分析题

1. 某地区人口自然增长情况如表5-18所示。

表 5-18　某地区人口自然增长情况　　单位：万人

年份	2012	2013	2014	2015	2016
比上年增加人口	1 656	1 793	1 726	1 678	1 629

要求：计算该地区从 2×17—2×21 年平均增加人口数量。

2. 某商店 2×21 年各月末商品库存额资料如表 5-19 所示。

表 5-19　某商店 2×21 年各月末商品库存额资料

月份	1	2	3	4	5	6	8	11	12
库存额(万元)	60	55	48	43	40	50	45	60	68

又知 1 月 1 日商品库存额为 63 万元。

要求：计算上半年、下半年和全年的平均商品库存额。

3. 某地区 2×21 年上半年各月月初资料如表 5-20 所示。

表 5-20　某地区 2×21 年上半年各月月初资料　　单位：万人

月份	1	2	3	4	5	6	7
人数	22	20.6	24.2	26.2	25	26	27

要求：计算该地区上半年平均人口数。

4. 2×21 年 6 月份职工人数如表 5-21 所示。

表 5-21　2×21 年 6 月份职工人数

日　期	职工人数(人)a	f	af
1～6	480		
7～16	490		
17～26	495		
27～30	485		

要求：计算 6 月份平均职工人数。

5. 某工厂的工业总产值 2×18 年比 2×17 年增长 7%，2×19 年比 2×18 年增长 10.5%，2×20 年比 2×19 年增长 7.8%，2×21 年比 2×20 年增长 14.6%。

要求：以 2×17 年为基期计算 2×18—2×21 年该厂工业总产值增长速度和平均增长速度。

6. 某国发电量 1982 年为 73 亿度，2021 年为 6 775 亿度。

要求：(1) 计算累计增长量。

(2) 计算平均每年增长量。

(3) 计算定基发展速度和定基增长速度。

(4) 计算年平均发展速度和年平均增长速度。

7. 某地区粮食产量2×16—2×18年平均发展速度是103%，2×19—2×20年平均发展速度是105%，2×21年比2×20年增长6%。

要求：计算2×16—2×21年的平均发展速度。

8. 某厂开展定期的财产清理，其中槽钢的库存情况如表5-22所示。

表5-22 某厂槽钢的库存情况

时间	上年年末	1月末	2月末	3月末
槽钢库存量(m)	140	150	146	120

要求：计算第一季度的平均库存量。

9. 某企业职工人数如表5-23所示。

表5-23 某企业职工人数

日期	7月1日	8月1日	11月1日	12月31日
工人数(人)	1 210	1 240	1 300	1 270

要求：计算该企业下半年平均工人数。

10. 某工业企业2×17—2×21年工业增加值资料如表5-24所示。

表5-24 某工业企业2×17—2×21年工业增加值资料 单位：万元

年份		2×17	2×18	2×19	2×20	2×21
工业增加值		677	732	727	779	819
增长量	逐期增长量	—				
	累计增长量	—				
发展速度	环比发展速度					
	定基发展速度					
每增长1%的绝对值						

要求：① 计算空格数值；② 计算平均发展水平、平均增长量、平均发展速度与平均增长速度。

11. 现有某地区工业产量2×16—2×21年资料如表5-25所示。

表5-25 某地区工业产量2×16—2×21年资料 单位:万吨

年份	产量	环比动态指标			
		绝对增长量	发展速度	增长速度	增长1%绝对值
2×16		—	—	—	—
2×17	100				0.962
2×18		4			
2×19			105.8%		
2×20					
2×21	122				1.15

要求:计算空格数值。

12. 某企业2×21年第一季度各月计划完成程度如表5-26所示。

表5-26 某企业2×21年第一季度各月计划完成程度

时间	1月	2月	3月
计划完成 c	80	100	120
实际产量 a	440	620	720

要求:计算该企业第一季度平均计划完成程度。

13. 某厂上半年总产值及平均每个工人产值资料如表5-27所示。

表5-27 某厂上半年总产值及平均每个工人产值资料

月份	1	2	3	4	5	6
总产值(万元)a	40	42	44	48.4	49.5	48
平均每个工人产值(元)c	4 000	4 200	4 400	4 400	4 500	6 000

要求:计算该厂第二季度平均劳动生产率和上半年月平均劳动生产率。

第六章

统计指数

第一节　统计指数的意义和种类

一、统计指数的概念和特点

（一）统计指数的概念

统计指数概念产生于18世纪后半期，主要用于分析研究现象的动态变化，如物价变动、产量的变动、劳动生产率的变动、股价的变动、成本的变动等。指数的概念，有广义和狭义之分。

1. 广义上的指数

广义上的指数是指由同类指标对比所得到的相对数，如我们讲的比较相对数、动态相对数（发展速度）、计划完成程度相对数等都可称为指数。例如，2004年与2003年相比较，我国棉花产量的发展速度为130.1%，可以称为棉花产量指数为130.1%，粮食总产量的发展速度为109.0%，可以称为粮食产量指数为109.0%。

2. 狭义上的指数

狭义上的指数是指不能直接加总的多种事物组成的复杂社会经济现象总体数量综合变动的相对数。本教材所指的指数主要是指狭义上的指数。

（二）统计指数的特点

统计指数具有如下三个特点：

（1）综合性。对于狭义的指数而言，它反映的是复杂社会经济现象总体内部各个组成部分的综合变动，而不是某一个组成部分的变动。

（2）相对性。因为统计指数反映的是事物发展变化的相对程度，它可以度量总体在不同空间或时间上的相对变化，所以具有相对性。

（3）平均性。统计指数是总体水平的一个代表性数值。平均性的含义有两个：一个是指数进行比较的综合数量是作为个别量的一个代表，这本身就具有平均的性质；另一个是两个综合量对比形成的指数反映了个别量的平均变动水平。例如，物价指数 108%反映了多种商品和服务价格的平均变动水平。

二、统计指数的种类

从不同角度，指数可以分为以下几种类型。

（一）按照反映对象范围的不同，统计指数分为个体指数和总指数

1. 个体指数

个体指数是反映单一事物数量变动程度的相对数，或者说是反映简单总体数量变动程度的相对数。显然，个体指数就是一般的动态相对数。个体指数有个体产量指数、个体销售量指数、个体价格指数和个体单位成本指数。个体产量指数和个体销售量指数统称为个体物量指数。

$$\text{个体指数}(K)=\frac{\text{报告期水平}}{\text{基期水平}}$$

即：

$$K_p=\frac{P_1}{P_0}$$

$$K_q=\frac{q_1}{q_0}$$

$$K_z=\frac{z_1}{z_0}$$

式中：K 为个体指数；

q 为销售量；

p 为价格；

z 为单位成本；

下标号 1 为报告期；

下标号 0 为基期。

2. 总指数

总指数是反映不能直接相加的许多个别事物构成的现象总体变动的相对数。比如，反映全部工业产品产量总变动程度的工业生产指数，反映全部零售商品价格变动程度的零售物价指数等，都是反映多种不同事物总动态的相对数，所以都属于总指数。总指数是对每种事物数量变动程度的综合平均，如产品产量总指数是综合反映总体中各种产品产量的平均变动情况的；价格总指数是综合反映总体中各种商

品价格的平均变动程度的。

(二) 按照指数化指标的性质不同,统计指数分为数量指标指数和质量指标指数

1. 数量指标指数

数量指标指数是根据数量指标计算的,用来表明现象总体规模、总数量综合变动程度的相对数。如产品产量指数、商品销售量指数、职工人数指数等,都是数量指标指数。

2. 质量指标指数

质量指标指数是根据质量指标计算的,用来表明现象相对水平或平均水平变动的指数。如价格指数、商品单位成本指数、劳动生产率指数等,都是质量指标指数。

(三) 在指数数列中,按所采用的基期不同,指数可分为定基指数和环比指数

指数总是按日、月或年连续不断进行编制和计算的,因此在时间顺序上就形成了一个指数数列。

1. 定基指数

定基指数是指在指数数列中都以某一固定时期作为比较的时期而计算指数。例如,我们把 2×21 年 2 月、3 月、4 月、5 月份的物价水平都和 2×18 年 1 月份的物价水平相比较,这样得到的指数就是定基指数。

2. 环比指数

环比指数是指在指数数列中随着时间的推移,每期都以前一时期作为比较的时期而计算的指数。例如,我们把 2×21 年 2 月、3 月、4 月、5 月的物价水平都和相邻的前一个月的物价水平相比较,这样得到的指数就是环比指数。

三、统计指数的作用

统计指数基本作用可以概括为以下三个方面。

(一) 综合反映现象变动的方向和程度

无论是在宏观还是微观的经济管理与分析中,都经常需要以多种不同事物为总体进行研究。由于各种事物的数量不同度量,不能直接加总,故无法通过计算一般的动态相对数来反映其数量的综合变动程度,只能通过计算指数来解决此类问题,指数的计算结果一般用百分数表示,这个百分数大于或小于 100%,表示变动方向为升或降,这个百分数与 100%的差数,表示升降变动的程度。例如,2×21 年商品零售价格指数为 102.8%,说明各种商品的价格有升有降,但总的讲来,或者说平均来讲,上涨了 2.8%。

(二) 分析受多种因素影响的现象总变动中各个因素变动影响的方向和程度

许多现象的数量变化是由若干因素共同变动引起的,这种受多种因素影响的现象的数量往往表现为若干因素的连乘积。例如,商品销售额=商品销售量×商品销售价格,工资总额=职工人数×工资水平,等等。运用指数分析法,可以分别测定出每个因素的变动对现象总动态的影响方向、影响程度以及影响的绝对值。又如,职工平均工资的变动往往取决于各组工资水平和职工人数构成两个因素的变动,利用统计指数可以分析各组工资水平和职工人数构成对职工平均工资的影响。

(三) 研究社会经济现象在长时期内的发展变化趋势

按时间的先后顺序,将不同时期的指数数值排列起来,就形成了指数数列。利用指数数列,可以反映客观现象的连续变化,从动态上反映事物发展变化的趋势。

第二节 综合指数的编制方法

一、综合指数的概念和特点

(一) 综合指数的概念

综合指数是编制和计算总指数的一种基本形式,它是由两个总量指标对比而形成的指数。在所研究的总量指标中,包含两个或两个以上的因素,将其中一个或一个以上的因素指标固定下来,仅观察其中一个因素的变动,这样编制出来的总指数就叫综合指数。

(二) 综合指数的特点

(1) 先综合后对比,即先解决总体中各个个体由于使用价值、经济用途、计量单位、规格、型号等不同不能直接简单相加对比的问题。为此,需要引入一个媒介因素(权数),使不能直接相加、不能直接对比的现象变成能够直接相加、能够直接对比的现象,这个因素为同度量因素,亦称同度量系数或权数。

(2) 把总量指标中的同度量因素加以固定,以测定所要研究的因素,即指数化指标的影响程度。例如,若要观察两个时期多种商品销售总额中的销售量的影响,需要把两个时期各种商品的价格作为权数固定在同一时期,以测定两个时期各种商品销售量的影响。

(3) 分子与分母所研究对象的范围原则上必须一致。

(4) 综合指数的计算对资料要求较高,需要使用全面资料。

二、同度量因素的确定

确定同度量因素即权数时,需要考虑以下几个方面的问题。

1. 要根据现象之间的内在联系来确定权数

比如，为了反映多种产品数量的综合变动状况，需要把它们综合后进行对比，但由于不同产品具有不同的使用价值和计量单位，无法直接进行加总，这就需要找到一种共同的尺度将各种不同产品综合到一起。我们知道，不同使用价值的产品可以通过产品价格或生产成本等转化成可比的价值量。这里的产品价格或生产成本就成了不同产品的共同计量尺度，它一方面使不能直接加总的产品转化成可以加总的量，同时也对所计算的产品项目起到一种加权作用。在此，产品价格或产品成本也就是我们所寻找的计算物量指数的权数。

2. 确定权数的所属时期

无论是计算数量指标指数，还是计算质量指标指数，都要求指数中分子和分母必须是同一时期的。这里的同一时期，既可以都是基期，也可以都是报告期或某一个固定时期等。但是用不同时期的权数，会产生不同的计算结果，而且指数的实际意义也会不同。权数应确定在哪一个时期，通常取决于计算指数的预期目的和所研究现象的特点。

3. 确定权数的具体形式

权数可以是一组不同产品的价格、成本、生产量或销售量等形式，也可以是一组产品的价值量或其他总量形式。此外，权数也可以采取比重形式，比如，用某一类商品销售额占总销售额的比重，对各类商品价格进行加权计算物价指数。采用哪种形式的权数，主要取决于计算指数时所依据的数据形式和所选择的计算方法。

三、综合指数的编制

对于综合指数，若所测定的是一组项目的物量变动状况，则称为数量指标指数，如产品产量指数、商品销售量指数等；若所测定的是一组项目的质量变动状况则称为质量指标指数，如价格指数、产品成本指数等。但由于同度量因素可以固定在不同时期，因而综合指数有不同的计算公式。较为常用的是拉氏指数和帕氏指数两种形式。

1. 拉氏指数

拉氏指数是同度量因素固定在基期的综合指数。

若要反映多种商品价格的综合变动情况，不能简单地直接加总，但可以找到与之对应的商品销售量，由于：

$$\text{商品价格} \times \text{商品销售量} = \text{商品销售额}$$

$$p \times q = pq$$

商品销售额具有可加性，如果直接将报告期和基期的商品销售总额对比，可以得到如下

公式:

$$\overline{K}_{pq}=\frac{\sum p_1q_1}{\sum p_0q_0}$$

式中:p、q 分别为商品的价格和销售量;

0、1 分别为基期和报告期;

$\overline{K}_{pq}$ 为总指数。

上式总指数是商品价格和销售量两种因素共同变动作用的结果,反映的是商品销售总额的变动程度。如果只想反映商品价格的变动程度,可将商品销售量作为同度量因素固定起来,若固定在基期的 q_0 水平上,就得到拉氏物价指数公式:

$$\overline{K}_{p}=\frac{\sum p_1q_0}{\sum p_0q_0}$$

同理,如果只想反映商品销售量的变动程度,可将商品价格作为同度量因素固定起来,若固定在基期的 p_0 水平上,就得到拉氏物量指数公式:

$$\overline{K}_{q}=\frac{\sum p_0q_1}{\sum p_0q_0}$$

上面两个公式是由德国经济学家家拉斯贝尔(Laspeyre)于 1864 年提出的,故被称为拉氏公式。

【例 6-1】某商店三种商品销售情况如表 6-1 所示。

表 6-1 商品销售量和商品价格资料

商品名称	计量单位	销售量		价格(元)		销售额			
		基期 q_0	报告期 p_1	基期 p_0	报告期 p_1	p_0q_0	p_1q_1	p_0q_1	p_1q_0
甲	支	400	600	0.25	0.2	100	120	150	80
乙	件	500	600	0.4	0.36	200	216	240	180
丙	个	200	180	0.5	0.36	100	108	90	120
合 计	—	—	—	—	—	400	444	480	380

据表 6－1 资料，可得拉氏价格指数：

$$\overline{K}_p = \frac{\sum p_1 q_0}{\sum p_0 q_0} = \frac{380}{400} = 95\%$$

$$\sum p_1 q_0 - \sum p_0 q_0 = 380 - 400 = -20(\text{元})$$

计算结果表明，三种商品的价格水平平均下降 5%，由于价格下跌，使商品销售额减少 20 元，从消费者一方看，使居民少支出 20 元。

拉氏物量指数：

$$\overline{K}_q = \frac{\sum p_0 q_1}{\sum p_0 q_0} = \frac{480}{400} = 120\%$$

$$\sum p_0 q_1 - \sum p_0 q_0 = 480 - 400 = 80(\text{元})$$

计算结果表明，三种商品的销售量平均增长 20%，由于销售量增长使商店增加销售额 80 元，或居民由于多购买商品而增加支出 80 元。

2. 帕氏指数

帕氏指数是同度量因素固定在报告期的综合指数。

该方法是由另外一位德国经济学家帕许(Paashe)于 1874 年提出的，故又称为帕氏指数，公式为：

$$\text{帕氏物价指数 } \overline{K}_p = \frac{\sum p_1 q_1}{\sum p_0 q_1}$$

$$\text{帕氏物量指数 } \overline{K}_q = \frac{\sum p_1 q_1}{\sum p_1 q_0}$$

【例 6-2】利用表 6－1 资料计算帕氏指数。

帕氏价格指数：

$$\overline{K}_p = \frac{\sum p_1 q_1}{\sum p_0 q_1} = \frac{444}{480} = 92.5\%$$

$$\sum p_1 q_1 - \sum p_0 q_1 = 444 - 480 = -36(\text{元})$$

计算结果说明,三种商品的价格水平平均下降了 7.5%,由于价格下跌,使商店减少销售额 36 元,或居民少支出 36 元。

帕氏销售量指数:

$$\overline{K}_q = \frac{\sum p_1 q_1}{\sum p_1 q_0} = \frac{444}{380} = 116.84\%$$

$$\sum p_1 q_1 - \sum p_1 q_0 = 444 - 380 = 64(\text{元})$$

计算结果说明,三种商品的销售量平均增长 16.84%,由于销售量增长而使商店增加销售额 64 元。

从以上计算和分析中看到,同一个资料,帕氏指数与拉氏指数的结果是不同的。为什么会出现这种现象?现以价格指数为例进行讨论。从包含的因素看,帕氏价格指数用报告期的销售量 q_1 作为同度量因素,以基期作为比较标准,价格从 p_0 变到 p_1,所以帕氏价格指数在反映零售商品价格变动的同时,也包含有销售量变动的因素在内,这意味着帕氏指数并没有完全排除同度量因素的干扰。用公式表示为:

$$\sum p_1 q_1 = \sum p_1 (q_1 - q_0 + q_0)$$

$$\sum p_0 q_1 = \sum p_0 (q_1 - q_0 + q_0) = \sum p_0 (q_1 - q_0) + \sum p_0 q_0$$

因此,公式 $\overline{K}_p = \dfrac{\sum p_1 q_1}{\sum p_0 q_1}$ 中包含有 $(q_1 - q_0)$ 的影响。从绝对数来看:

$$\sum p_1 q_1 - \sum p_0 q_1 = \sum p_1 q_0 - \sum p_0 q_0 + \sum (p_1 - p_0)(q_1 - q_0)$$

式中 $\sum (p_1 - p_0)(q_1 - q_0)$ 被称为价格与销售量的共变影响额。

是不是由于共变影响因素的存在就完全否认帕氏指数而全部选择拉氏指数呢?这还应该从指数应用的现实经济意义去分析。计算价格指数的目的,是测定商品价格的波动情况,以说明市场物价变动对人们生活的影响程度。如果用拉氏指数公式即同度量因素固定在基期,其分子与分母之差额来说明由于物价的变动,居民按过去的购买量及其结构购买商品所支出的金额的多少,这显然没有什么现实意义。从实际生活角度看,人们更关心在报告期销售量条件下价格变动对实际生活的影响。如果用帕氏指数公式即同度量因素固定在报告期,则可以同时反映出价格和消费结构的变化,具有比较明确的经济意义,公式的分子与分母之差额,说明由于物价的变动,居民按目前的购买量及其结构购买商品所支出的金额的多少。可见,用帕氏指数公式计算价格指数,比较符合价格指数的计算目的。销售量指数的计算目的在于反映销售量的变动,把价格固定在基期水平上意味着在原来价格水平的基础上测定销售量的综合变动是比较恰当的。因此,在编制销售量指数时,一般应采用基期的商品价格作为同度量因素。这种选择同时也是指数体系的要求。

综上所述,在计算质量指标指数时,应采用报告期的数量指标作为同度量因素。在计算数量指标指数时,应采用基期质量指标作为同度量因素。这是编制综合指数的一般原则。

第三节 平均数指数

综合指数是计算总指数的另一种形式,它要求有全面的统计资料,如就物价指数而言,它不仅要有全部商品的价格和销售量资料,而且还要有不同时期的系统记录。在统计工作中,要搜集全部商品在不同时期的价格和销售量资料,显然存在一定困难。因此,除在较小范围内,且在商品品种较少情况下,可以直接采用综合指数编制总指数外,多数情况下采用平均数指数计算总指数。

(一) 平均数指数的特点

平均数指数是计算总指数的另一种形式。它是以某一时期的总量为权数对个体指数加权平均计算出来的。其基本特点是:先计算出各个单项事物的个体指数,然后再对这些个体指数进行加权平均以求得总指数。加权的目的,是为了衡量不同商品价格(或物量)的变动对总指数造成的不同影响。

(二) 加权平均数指数的具体形式

根据掌握的资料不同,平均数指数又有加权算术平均数指数、调和平均数指数、几何平均数指数等。本教材只介绍前两种平均数指数。

1. 加权算术平均数指数

加权算术平均数指数按采用权数的形式不同可以分为基期权数的算术平均数指数和固定权数的算术平均数指数。

(1) 基期权数的算术平均数指数。它是采用基期总量指标价值总额作为权数,对个体指数进行加权平均计算的指数。计算公式为:

$$\overline{K}_q = \frac{\sum \frac{q_1}{q_0} p_0 q_0}{\sum p_0 q_0} = \frac{\sum k_q p_0 q_0}{\sum p_0 q_0}$$

$$\overline{K}_p = \frac{\sum \frac{p_1}{p_0} p_0 q_0}{\sum p_0 q_0} = \frac{\sum k_p p_0 q_0}{\sum p_0 q_0}$$

【例 6-3】根据表 6－1 资料，整理后的资料如表 6－2 所示。

表 6－2 某商店三种商品的销售额计算表

商品名称	计量单位	个体指数(%)		销 售 额 (元)		
		销售量 k_q	价格 k_p	p_0q_0	$k_q p_0q_0$	$k_p p_0q_0$
甲	支	150	80	100	150	80
乙	件	120	90	200	240	180
丙	个	90	120	100	90	120
合计	—	—	—	400	480	380

用表 6－2 资料代入基期权数形式的加权算术平均数指数的两个计算公式得：

$$\overline{K}_q = \frac{\sum \frac{q_1}{q_0} p_0 q_0}{\sum p_0 q_0} = \frac{\sum k_q p_0 q_0}{\sum p_0 q_0} = \frac{480}{400} = 120\%$$

$$\overline{K}_p = \frac{\sum \frac{p_1}{p_0} p_0 q_0}{\sum p_0 q_0} = \frac{\sum k_p p_0 q_0}{\sum p_0 q_0} = \frac{380}{400} = 95\%$$

上述计算结果与拉氏综合指数的计算结果完全一致，这说明基期权数形式的加权算术平均数指数可以看作拉氏综合指数的变形。但必须具备一个特定的条件，即以基期总值 (p_0q_0) 为权数，并且两种形式指数包括的计算范围要完全一致。因此，掌握了各种个体指数 (k_q 或 k_p)，以及各物品的基期价值 (p_0q_0) 资料时，就可以运用基期加权算术平均数公式来计算拉氏综合指数。采用基期价值 (p_0q_0) 这个特定权数加权，加权算术平均数指数与拉氏综合指数的联系如下：

$$\overline{K}_q=\frac{\sum \frac{q_1}{q_0}p_0q_0}{\sum p_0q_0}=\frac{\sum k_qp_0q_0}{\sum p_0q_0}=\frac{\sum p_0q_1}{\sum p_0q_0}$$

$$\overline{K}_p=\frac{\sum \frac{p_1}{p_0}p_0q_0}{\sum p_0q_0}=\frac{\sum k_pp_0q_0}{\sum p_0q_0}=\frac{\sum p_1q_0}{\sum p_0q_0}$$

在我国统计实践中,数量指标指数一般采用基期权数形式的加权算术平均数指数公式计算。

(2) 固定权数的算术平均数指数。在国内外广泛使用的加权算术平均数指数中,所用的权数并不是基期或报告期的价值指标(p_0q_0 或 p_1q_1),而是采用某种固定权数(W)。固定权数是指某一个固定时期的权数,即可以根据全面调查资料,也可以采用各种有关抽样调查资料,用相对数(比重)的形式固定下来,在相当长的时期内一直使用相当方便。如西方国家编制的工业生产指数,多采用工业部门增加值所占的比重资料作为权数。固定权数形式的加权算术平均数指数公式为:

$$\overline{K}_q=\frac{\sum k_q W}{\sum W} \qquad \overline{K}_p=\frac{\sum k_P W}{\sum W}$$

式中:W 为某一固定时期的权数。

2. 加权调和平均数指数

调和平均数指数按采用权数形式的不同也可以分为两种:报告期权数的调和平均数指数和固定权数的调和平均数指数。

(1) 报告期权数的调和平均数指数。它是采用报告期价值量作为权数,对个体指数进行加权平均计算的指数。其公式为:

$$\overline{K}_q=\frac{\sum p_1q_1}{\sum p_1q_1\frac{q_0}{q_1}}=\frac{\sum p_1q_1}{\sum p_1q_1\frac{1}{k_q}}$$

$$\overline{K}_p=\frac{\sum p_1q_1}{\sum p_1q_1\frac{p_0}{p_1}}=\frac{\sum p_1q_1}{\sum p_1q_1\frac{1}{k_p}}$$

【例 6-4】根据表 6-1 资料，整理后的资料如表 6-3 所示。

表 6-3 某商店三种商品的销售额计算表

商品名称	计量单位	个体指数		报告期销售额(元)	$p_1q_1\frac{1}{k_q}$	$p_1q_1\frac{1}{k_p}$
		销售量 k_q	价格 k_p			
甲	支	150%	80%	120	80	150
乙	件	120%	90%	216	180	240
丙	个	90%	120%	108	120	90
合　计	—	—	—	444	380	480

用表 6-3 资料代入报告期权数形式的加权调和平均数指数的两个计算公式得：

$$\overline{K}_q=\frac{\sum p_1q_1}{\sum p_1q_1\frac{q_0}{q_1}}=\frac{\sum p_1q_1}{\sum p_1q_1\frac{1}{k_q}}=\frac{444}{380}=116.84\%$$

$$\overline{K}_p=\frac{\sum p_1q_1}{\sum p_1q_1\frac{p_0}{p_1}}=\frac{\sum p_1q_1}{\sum p_1q_1\frac{1}{k_p}}=\frac{444}{480}=92.5\%$$

上述计算结果与帕氏综合指数的计算结果完全相同。这是否说明这两种指数在方法上没有实质的区别呢？事实不是这样。只有在特定的条件下，即两种形式指数包括的计算范围完全一致时，它们的计算结果才相同。也只有在这种条件下报告期权数形式的加权调和平均数指数才是帕氏综合指数的变形。因此，当掌握了各种个体指数和各物品的报告期价值资料时，就可以运用报告期加权调和平均数指数公式计算帕氏综合指数。采用报告期价值(p_1q_1)这个特定权数加权，加权调和平均数指数与帕氏综合指数的联系如下：

$$\overline{K}_q=\frac{\sum p_1q_1}{\sum p_1q_1\frac{q_0}{q_1}}=\frac{\sum p_1q_1}{\sum p_1q_1\frac{1}{k_q}}=\frac{\sum p_1q_1}{\sum p_1q_0}$$

$$\overline{K}_p=\frac{\sum p_1q_1}{\sum p_1q_1\frac{p_0}{p_1}}=\frac{\sum p_1q_1}{\sum p_1q_1\frac{1}{k_p}}=\frac{\sum p_1q_1}{\sum p_0q_0}$$

在我国统计实践中,质量指标指数一般采用报告期权数形式的加权调和平均数指数公式计算。

(2)固定权数的调和平均数指数。这种加权调和平均数指数在实际工作中应用较少。其计算公式为:

$$\overline{K}_q=\frac{\sum W}{\sum \frac{1}{k_q}W} \qquad \overline{K}_p=\frac{\sum W}{\sum \frac{1}{k_p}W}$$

第四节 均值指数

一、均值指数的概念

前面所讲综合法总指数和平均法指数都是从绝对总量的对比上反映总体的变动方向和变动程度。而均值指数是从总体的两个总平均水平的对比中反映其变动方向和变动程度的。所谓均值指数是将两个不同时期、同一经济内容的平均指标值对比,以说明同类现象在两个不同时期平均水平的动态变化的相对指标。均值指数又称平均指标指数。需要指出的是,均值指数是平均数的指数,而作为总指数形式之一的平均法指数,则是个体指数的平均数,两者是截然不同的。

二、均值指数的编制

均值指数的一般公式为:

$$\overline{K}_{可变}=\frac{\overline{x_1}}{\overline{x_0}}=\frac{\sum x_1f_1}{\sum f_1}\div\frac{\sum x_0f_0}{\sum f_0}$$

它同时受组平均数 x 和结构 $\frac{f}{\sum f}$ 两个因素的影响。

根据指数法的一般原理,要单独考察总变动中某一个因素的变动,就必须把另一个因素固定,即确定同度量因素。

视组平均数为质量指标,以报告期总体结构作为同度量因素,可得反映组平均数变动对总体平均数变动的影响方向和程度的指数,称为固定构成指数,即:

$$\overline{K}_{固定} = \frac{\sum x_1 f_1}{\sum f_1} \div \frac{\sum x_0 f_1}{\sum f_1}$$

同理,视总体结构为数量指标,以基期组平均数作为同度量因素,可得反映总体结构变动对总体平均数变动的影响方向和程度的指数,称为结构影响指数,即:

$$\overline{K}_{结构} = \frac{\sum x_0 f_1}{\sum f_1} \div \frac{\sum x_0 f_0}{\sum f_0}$$

【例 6-5】现根据表 6-4 资料,以平均工资的变动为例,说明均值指数的编制。

表 6-4 某公司员工工资情况表

工资等级	月工资(元)		员工数(人)		工资总额(元)		
	基期 x_0	报告期 x_1	基期 f_0	报告期 f_1	$x_0 f_0$	$x_0 f_1$	$x_1 f_1$
1	800	850	50	40	40 000	32 000	34 000
2	1 000	1 050	100	85	100 000	85 000	89 250
3	1 200	1 300	200	175	240 000	204 000	221 000
4	1 500	1 600	70	125	105 000	187 500	200 000
5	2 000	2 150	50	55	100 000	110 000	118 250
6	2 500	2 650	30	25	75 000	62 500	66 250
合　计	—	—	500	500	660 000	681 000	727 850

计算三个指数:

(1) 可变构成指数:$\overline{K}_{可变} = \frac{\overline{x_1}}{\overline{x_0}} = \frac{\sum x_1 f_1}{\sum f_1} \div \frac{\sum x_0 f_0}{\sum f_0} = \frac{1\ 457.5}{1\ 320} = 110.42\%$

月平均工资增加额:$\overline{x_1} - \overline{x_0} = 1\ 457.5 - 1\ 320 = 137.5$(元)

(2) 固定构成指数:$\overline{K}_{固定} = \frac{\sum x_1 f_1}{\sum f_1} \div \frac{\sum x_0 f_1}{\sum f_1} = \frac{1\ 457.5}{1\ 362} = 107.01\%$

对总平均工资的绝对影响数:

$$\frac{\sum x_1 f_1}{\sum f_1} - \frac{\sum x_0 f_0}{\sum f_1} = 1\ 457.5 - 1\ 362 = 95.5(\text{元})$$

(3) 结构影响指数：$\overline{K}_{\text{结构}} = \frac{\sum x_0 f_1}{\sum f_1} \div \frac{\sum x_0 f_0}{\sum f_0} = \frac{1\ 362}{1\ 320} = 103.18\%$

对总平均工资的绝对影响数：

$$\frac{\sum x_0 f_1}{\sum f_1} - \frac{\sum x_0 f_0}{\sum f_0} = 1\ 362 - 1\ 320 = 42(\text{元})$$

第五节　指数体系与因素分析

一、指数体系的意义及其作用

在经济分析中，一个指数通常只能说明某一方面的问题，而实践中往往需要将多个指数结合起来加以运用，这就要求建立相应的"指数体系"。

指数体系可以有两种不同的含义。"广义的指数体系"类似于指标体系的概念，泛指由若干个内容上互相关联的统计指数所结成的体系。根据考察问题的需要，构成这种体系的指数可多可少。比如，工业品批发价格(或出厂价格)指数、农产品收购价格指数、消费品零售价格指数等构成了"市场物价指数体系"；而国民经济运行的生产、流通和使用各个环节以及国民经济各部门的多种经济指数则构成了"国民经济核算指数体系"，其中除了上面列举的有关价格指数之外，还包括诸如国内总产出价格指数和物量指数、国内生产总值(GDP)价格指数和物量指数、投资价格指数和物量指数，以及资产负债存量价格指数等，其内容构成十分复杂。

"狭义的指数体系"仅指几个指数之间在一定的经济联系基础之上所结成的较为严密的数量关系式。其最为典型的表现形式就是：一个总值指数等于若干个(两个或两个以上)因素指数的乘积。我们下面专门讨论这种形式的指数体系。例如：

销售额指数＝销售量指数×销售价格指数
总产值指数＝产量指数×产品价格指数
总成本指数＝产量指数×单位产品成本指数
总产量(或总产值)指数＝员工人数指数×劳动生产率指数

增加值指数＝员工人数指数×劳动生产率指数×增加值率指数

销售利润指数＝销售量指数×销售价格指数×销售利润率指数

显然，这些指数体系都是建立在有关指数化指标之间的经济联系基础之上的，因指数体系的分析作用主要有两个方面：一是进行“因素分析”，即分析现象的总变动中各有关因素的影响程度；二是进行“指数推算”，即根据已知的指数来推算未知的指数。

二、总量指标指数体系及因素分析

（一）总量指标指数体系

由总量指数及其若干个因素指数构成的数量关系式，称为总量指标指数体系。对于指数体系的理解，需要把握以下两个问题：

第一，在指数体系中，总量指数与各因素指数之间的数量关系表现为两个方面：一是从相对量来看，总量指数等于各因素指数的乘积，如以上所举几个例子；二是从绝对量来看，总量的变动差额等于各因素指数变动差额之和。

第二，在加权指数体系中，为使总量指数等于各因素指数的乘积，两个因素指数中通常一个为数量指数，另一个为质量指数，而且各因素指数中权数必须是不同时期的，比如数量指标指数用基期权数加权，质量指标指数则必须用报告期权数加权，反之，亦然。

加权综合指数由于所用权数所属时期的不同，可以形成不同的指数体系。但实际分析中比较常用的是基期权数加权的数量指标指数和报告期权数加权的质量指标指数形成的指数体系。该指数体系可表示为：

$$\frac{\sum q_1 p_1}{\sum q_0 p_0}=\frac{\sum q_1 p_0}{\sum q_0 p_0}\times\frac{\sum q_1 p_1}{\sum q_1 p_0}$$

因素影响差额之间的关系为：

$$\sum q_1 p_1-\sum q_0 p_0=\left(\sum q_1 p_0-\sum q_0 p_0\right)+\left(\sum q_1 p_1-\sum q_1 p_0\right)$$

（二）总量指标的两因素分析

总量指标两因素分析，就是通过总量指标指数体系将影响总量指标变动的两个因素分离出来加以计算，从而对总量指标的变动作出解释。

【例 6-6】现以表 6－1 的资料为例，说明总量指标两因素的分析方法。

1. 计算出销售额的总变动

销售额总指数：

$$\overline{K}_{pq} = \frac{\sum p_1 q_1}{\sum p_0 q_0} = \frac{444}{400} = 111\%$$

销售额增加数：

$$\sum p_1 q_1 - \sum p_0 q_0 = 444 - 400 = 44(元)$$

它说明报告期三种商品的总销售额比基期增长了 11%，增加的金额为 44 元。

2. 分析销售额总变动的具体原因

通过销售额指数体系，可把销售额的变动归结为销售量和商品价格两个因素变动共同作用的结果。分析销售额总变动的具体原因，就是利用指数体系分离出销售量的变动和价格的变动对销售量变动的影响方向、程度和实际效果。分析过程如下：

(1) 销售量变动影响的具体情况如下。

销售量指数：

$$\overline{K}_q = \frac{\sum p_0 q_1}{\sum p_0 q_0} = \frac{480}{400} = 120\%$$

对销售额的影响：

$$\sum p_0 q_1 - \sum p_0 q_0 = 480 - 400 = 80(元)$$

它说明了由于报告期商品销售量的变动而使商品销售额增长 20%，由此引起的商品销售额增加的金额为 80 元。

(2) 物价变动的影响的具体情况如下：

价格指数：

$$\overline{K}_p = \frac{\sum p_1 q_1}{\sum p_0 q_1} = \frac{444}{480} = 92.5\%$$

对销售额的影响：

$$\sum p_1 q_1 - \sum p_0 q_1 = 444 - 480 = -36(元)$$

它说明了由于物价的变动使报告期三种商品的总销售额比基期下降了 7.5%，由此引起的商品销售额减少的绝对额为 36 元。

上述分析使用的指数体系，代入数据可表示如下：

$$111\% = 120\% \times 92.5\%$$

其因素影响的绝对值之间的关系为：

$$44\text{ 元} = 80\text{ 元} + (-36\text{ 元})$$

通过上述分析可以看出，该商店三种商品的销售额报告期比基期增长 11%，是由销售量增长 20%与价格下降 7.5%共同引起的。商品销售额增加 44 元，是销售量变动使其增加 80 元和价格变动使其减少 36 元共同影响的。在本资料的销售量和价格两因素中，前者对销售额是正影响，后者是负影响。

三、均值指数体系及其因素分析

在资料分组条件下，平均指标的变动受两个因素的影响：一是受各组平均指标变动的影响；二是受各组单位数在总体中所占比重变动的影响。这样，我们可以运用指数因素分析方法来分析这两个因素变动对平均指标变动的影响方向和影响程度，即进行平均指标的两因素分析。

根据指数因素分析方法的要求，对于平均指标变动进行两因素分析，必须建立一个平均指标指数体系。其通用公式为：

可变构成指数＝固定构成指数×结构影响指数

上式用符号可以表示为：

$$\frac{\sum x_1 f_1}{\sum f_1} \div \frac{\sum x_0 f_0}{\sum f_0} = \left(\frac{\sum x_1 f_1}{\sum f_1} \div \frac{\sum x_0 f_1}{\sum f_1}\right) \times \left(\frac{\sum x_0 f_1}{\sum f_1} \div \frac{\sum x_0 f_0}{\sum f_0}\right)$$

而因素影响差额之间的关系为：

总体平均指标变动差额＝各组水平影响差额＋比重权数影响差额

$$\frac{\sum x_1 f_1}{\sum f_1} - \frac{\sum x_0 f_0}{\sum f_0} = \left(\frac{\sum x_1 f_1}{\sum f_1} - \frac{\sum x_0 f_1}{\sum f_1}\right) + \left(\frac{\sum x_0 f_1}{\sum f_1} - \frac{\sum x_0 f_0}{\sum f_0}\right)$$

【例 6-7】设有某公司员工人数和月平均工资的分组资料如表 6－4 所示。试对该公司员工平均工资的变动进行因素分析。

根据 6－4 资料，具体分析步骤如下。

1. 计算出平均工资的总变动

基期平均工资：

$$\overline{x_0} = \frac{\sum x_0 f_0}{\sum f_0} = \frac{660\ 000}{500} = 1\ 320(\text{元})$$

报告期平均工资：

$$\overline{x_1} = \frac{\sum x_1 f_1}{\sum f_1} = \frac{728\ 750}{500} = 1\ 457.5(\text{元})$$

可变构成指数：$\overline{K}_{\text{可变}} = \frac{\overline{x_1}}{\overline{x_0}} = \frac{\sum x_1 f_1}{\sum f_1} \div \frac{\sum x_0 f_0}{\sum f_0} = \frac{1\ 457.5}{1\ 320} = 110.42\%$

月平均工资增加额：$\overline{x_1} - \overline{x_0} = 1\ 457.5 - 1\ 320 = 137.5(\text{元})$

它说明该公司员工总平均工资报告期比基期提高了 10.42%，平均每人增加月工资 137.5 元。

2. 分析总平均工资变动的具体原因

这需要利用平均工资指数体系，分离出组平均工资和员工人数结构变动对总平均工资的影响程度和绝对数量。因此，总平均工资的变动，决定于组平均工资水平和员工人数结构的变动。采用平均指标体系分析如下：

(1) 平均工资(变量值)变动影响。

固定构成指数：$\overline{K}_{\text{固定}} = \frac{\sum x_1 f_1}{\sum f_1} \div \frac{\sum x_0 f_1}{\sum f_1} = \frac{1\ 457.5}{1\ 362} = 107.01\%$

对总平均工资的绝对影响数：

$$\frac{\sum x_1 f_1}{\sum f_1} - \frac{\sum x_0 f_1}{\sum f_1} = 1\ 457.5 - 1\ 362 = 95.5(\text{元})$$

(2) 总体结构变动影响。

结构影响指数：$\overline{K}_{\text{结构}} = \frac{\sum x_0 f_1}{\sum f_1} \div \frac{\sum x_0 f_0}{\sum f_0} = \frac{1\ 362}{1\ 320} = 103.18\%$

对总平均工资的绝对影响数：

$$\frac{\sum x_0 f_1}{\sum f_1} - \frac{\sum x_0 f_0}{\sum f_0} = 1\ 362 - 1\ 320 = 42(\text{元})$$

3. 综合分析

上述三个指数之间的关系，可表示为：

$$110.42\% = 107.01\% \times 103.18\%$$

各因素影响的绝对数之间的关系为：

$$137.5\text{元} = 95.5\text{元} + 42\text{元}$$

计算结果表明，由于各等级工资水平的变化，平均工资提高7.01%，即增加了95.5元；由于员工工资分布的结构变化，平均工资提高3.18%，即增加了42元；两者的共同影响，使得全公司员工的总平均工资提高10.42%，即增加了137.5元。

习题

一、填空题

1. 综合反映商品销售量变动程度的指数称(　　　)，综合反映产品单位成本变动程度的指数称(　　　)。

2. 统计指数按照采用基期的不同，可分为(　　　)和(　　　)。

3. 一般来说，算术平均数指数是以(　　　)为权数计算的，调和平均数指数是以(　　　)为权数计算的。

4. 指数按其所反映的对象范围的不同，分为(　　　)指数和(　　　)指数。

5. 利用统计指数体系进行因素分析主要有(　　　)和(　　　)两个方面。

6. 按照一般原则，编制数量指标指数时，同度量因素固定在(　　　)，编制质量指标指数时，同度量因素固定在(　　　)。

7. 平均指数的计算形式为(　　　)指数和(　　　)指数。

8. 因素分析包括(　　　)数和(　　　)数分析。

9. 统计总指数的计算形式有(　　　)和(　　　)。

10. 影响商品销售额总指数变动的数量指标指数是(　　　)，质量指标指数是(　　　)。

11. 把不能直接相加或对比的现象过渡到可以相加或对比的因素叫(　　　)，它在反应现象的总变动程度中起权衡轻重的作用，故又称(　　　)。

12. 商品销售量指数=商品销售额指数(　　　)。

二、单项选择题

1. 若销售量增长5%,零售价格增长2%,则商品销售额增长(　　)。

A. 7%　　B. 10%　　C. 7.1%　　D. 15%

2. 已知某商店经营的三种产品,在掌握其基期、报告期销售量和基期的销售额时,编制三种产品产量总指数应采用(　　)。

A. 加权调和平均数指数　　B. 固定权数加权平均指数

C. 数量指标综合指数　　D. 加权算术平均数指数

3. 某工厂总生产费用,今年比去年上升了50%,产量增加了25%,则单位成本提高了(　　)。

A. 25%　　B. 2%　　C. 75%　　D. 20%

4. 在由3个指数所组成的指数体系中,两个因素指数的同度量因素通常(　　)。

A. 都固定在基期

B. 都固定在报告期

C. 一个固定在基期,一个固定在报告期

D. 采用基期和报告期的平均数

5. 如果生活费用指数上涨20%,则现在1元(　　)。

A. 只值原来的0.8元　　B. 只值原来的0.83元

C. 与原来的1元等值　　D. 无法与原来比较

6. 同度量因素在计算综合指数中(　　)。

A. 只起同度量作用

B. 只起权数作用

C. 起权数与同度量作用

D. 既不起同度量作用,也不起权数作用

7. 下列指数中,属于质量指标指数的是(　　)。

A. 产量指数　　B. 商品销售量指数

C. 职工人数指数　　D. 劳动生产率指数

8. 加权调和平均数指数变形为综合指数时,其特定的权数是(　　)。

A. q_1p_1　　B. q_0p_0

C. q_1p_0　　D. q_0p_1

9. 某工厂今年一季度同去年一季度相比,工人的平均工资提高了3%,工人人数增长了5%,则该工厂今年比去年支付的工资(　　)。

A. 提高 8.15%　　B. 提高 15%

C. 无法计算　　D. 提高 3%

10. 统计指数按其反映的对象范围不同分为(　　)。

A. 个体指数和总指数　　B. 综合指数和平均值标指数

C. 简单指数和加权指数　　D. 数量指标指数和质量指标指数

11. 反映个别事物动态变化的相对数是(　　)。

A. 总指数　　B. 综合指数

C. 定基指数　　D. 个体指数

12. 编制质量指标指数时一般把同度量因素固定在(　　)。

A. 基期　　B. 报告期

C. 都可以　　D. 视具体情况而定

13. 统计指数划分为个体指数和总指数的依据是(　　)。

A. 反映的对象范围不同　　B. 指标性质不同

C. 采用的基期不同　　D. 编制指数的方法不同

14. 数量指标指数和质量指标指数的划分依据是(　　)。

A. 指数化指标的性质不同　　B. 所反映的对象范围不同

C. 所比较的现象特征不同　　D. 编制指数的方法不同

15. 编制总指数的两种形式是(　　)。

A. 数量指标指数和质量指标指数

B. 综合指数和平均指标指数

C. 算术平均数指数和调和平均数指数

D. 定基指数和环比指数

16. 销售价格综合指数表示(　　)。

A. 综合反映多种商品销售量变动程度

B. 综合反映多种商品销售额变动程度

C. 报告期销售的商品,其价格综合变动的程度

D. 基期销售的商品,其价格综合变动程度

17. 加权算术平均数指数变形为综合指数时,其特定的权数是(　　)。

A. $q_1 p_1$　　B. $q_0 p_0$　　C. $q_1 p_0$　　D. $q_0 p_1$

18. 编制综合法指数的一个很重要的问题是(　　)。

A. 选择基期　　B. 选择报告期

C. 选择同度量因素　　D. 选择计算单位

19. 编制价格指数，一般是用(　　)。

A. 基期价格作同度量因素　　B. 报告期价格作同度量因素

C. 报告期销售量作为同度量因素　　D. 基期销售量作为同度量因素

20. 某企业生产费用当年比前一年增长了50%，产量比前一年增长了25%，则单位成本比前一年增长了(　　)。

A. 25%　　B. 37.5%　　C. 20%　　D. 12.5%

21. 在由三个指数所组成的指数体系中，两个因素指数的同度量因素通常(　　)。

A. 都固定在基期

B. 都固定在报告期

C. 一个固定在基期，一个固定在报告期

D. 采用基期和报告期的平均

22. 某商店商品销售额报告期和基期相同，报告期商品价格比基期提高了10%，那么报告期商品销售量比基期(　　)。

A. 提高了10%　　B. 减少了10%

C. 提高了5%　　D. 提高了11%

23. 下列属于质量指数的是(　　)。

A. 职工人数指数　　B. 产量指数

C. 销售量指数　　D. 单位成本指数

24. 国家统计局发布的数据显示，2019年6月我国CPI同比上涨2.7%，连续4个月占比在2%上方。CPI是一个(　　)。

A. 个体指数　　B. 总值指数

C. 质量指数　　D. 数量指数

25. 某地区2019年6月份的居民消费价格指数为105%，则货币购买力指数为(　　)。

A. 5%　　B. 95.24%　　C. 105%　　D. 106.4%

三、多项选择题

1. 下列属于数量指标指数的有(　　)。

A. 工业总产值指数　　B. 劳动生产率指数

C. 职工人数指数　　D. 产品总成本指数

E. 产品单位成本指数

2. 指数的作用包括(　　)。

A. 综合反映复杂现象总体数量上的变动情况

B. 分析现象总体变动中受各个因素变动的影响

C. 反映现象总体各单位变量分布的集中趋势

D. 反映现象总体的总规模水平

E. 利用指数数列分析现象的发展趋势

3. 下列属于质量指标指数的(　　)。

A. 商品零售量指数　　B. 商品零售额指数

C. 商品零售价格指数　　D. 职工劳动生产率指数

E. 销售商品计划完成程度指数

4. 下列属于数量指标指数的有(　　)。

A. 工业总产值指数　　B. 劳动生产率指数

C. 职工人数指数　　D. 产品总成本指数

E. 产品单位成本指数

5. 编制总指数的方法有(　　)。

A. 综合指数　　B. 平均数指数

C. 质量指标指数　　D. 数量指标指数

E. 平均指标指数

6. 加权算术平均数指数是一种(　　)。

A. 综合指数　　B. 总指数

C. 平均数指数　　D. 个体指数加权平均数

E. 质量指标指数

7. 属于质量指标指数的有(　　)。

A. 劳动生产率指数　　B. 商品销售量指数

C. 价格指数　　D. 产品成本指数

E. 职工人数指数

8. 综合指数从编制方法上看有如下特点(　　)。

A. 先综合后对比　　B. 对同度量因素加以固定

C. 分子分母研究对象的范围一致　　D. 需要全面的资料

E. 以上都不对

9. 某企业2×21年比2×20年相比,某种产品的单位成本总指数为118%,这一相对数属于(　　)。

A. 综合指数　　B. 质量指标指数

C. 数量指标指数　　D. 价值质量指标

E. 个体指数

10. 在编制综合法指数时，同度量因素的作用包括(　　)。

A. 使分子分母可比

B. 作为一个媒介，使原来不能直接相加的现象数量过渡到可以相加

C. 权衡不同的变量值在总体变动中的作用

D. 计算简便

E. 不起作用

11. 甲地区 2×21 年工业总产值为乙地同年的 125%，这个是指(　　)。

A. 产量指数　　B. 静态指数

C. 个体指数　　D. 总指数

E. 价格指数

12. 进行平均数变动的因素分析应编制的指数有(　　)。

A. 算术平均法指数　　B. 调和平均法指数

C. 可变构成指数　　D. 固定构成指数

E. 结构影响指数

13. 某企业 2×21 年 6 月平均工资指数是 107%，这个指数是一种(　　)。

A. 综合法指数　　B. 均值指数

C. 平均数指数　　D. 可变构成指数

E. 结构影响指数

14. 下列属于质量指标指数的有(　　)。

A. 销售量指数　　B. 价格指数

C. 单位成本指数　　D. 劳动生产率指数

E. 工资水平指数

四、判断题

1. 指数分析只包括两因素分析。(　　)

2. 综合指数是根据全面资料计算的，而平均数指数是根据非全面资料计算的。(　　)

3. 数量指标指数反映总体的总规模水平，质量指标指数反映总体的相对水平或平均水平。(　　)

4. 数量指标作为同度量因素，时期一般固定在基期。(　　)

5. 在单位成本指数计算中，分子-分母。表示单位成本增减的绝对额。(　　)

6. 因素分析内容包括相对数和平均数分析。(　　)

7. 凡是相对数都可以认为是指数,统计上研究的是不可同度量现象进行综合对比的相对数。 ( )

8. 同度量因素在综合指数中既起同度量作用,也有权数作用。 ( )

9. 编制数量指标指数以报告期的质量指标作同度量因素。 ( )

10. 加权调和平均法是以报告期的总值指标作权数进行加权平均。农产品收购价格指数就是采用这种方法。 ( )

11. 某地区居民的消费价格指数上涨了4%,在货币收入不变的条件下,居民的实际收入则下降了3.8%。 ( )

12. 指数体系是因素分析的依据。 ( )

13. 广义的指数就是指各种相对数。 ( )

14. 编制总指数的方法有数量指标指数和质量指标指数两种。 ( )

15. 某地区零售物价指数为105%,则用同样多的人民币要比过去少购买商品4.76%。 ( )

16. 总指数的数值大于所有个体指数的数值。 ( )

17. 某种商品价格上涨5%,销售量下降5%,则商品销售额保持不变。 ( )

18. 综合指数就是相应个体指数的综合。 ( )

19. 价格指数=商品销售额指数×商品销售量指数。 ( )

20. 广义的指数就是指各种相对数。 ( )

21. 编制总指数的方法有数量指标指数、质量指标指数。 ( )

22. 地区零售物价指数为108.5%,则用同样多的人民币要比过去少购商品7.8%。 ( )

五、简答题

1. 什么是统计指数?指数的作用有哪些?

2. 平均数指数在什么条件下才能成为综合指数的变形?试列式证明两者之间的关系。

3. 平均指标指数和综合指数计算结论相同的条件是什么?

4. 什么是同度量因素,在编制指数时如何确定同度量因素的所属时间?

5. 什么是个体指数和总指数?

6. 什么是指数体系?有什么作用?

7. 什么是可变构成指数?它受几个因素变动的影响?

六、计算题

1. 某厂产品需消耗三种原材料,其采购总额和价格资料如表6-5所示。

表 6-5 某厂三种原材料的采购总额和价格

原材料名称	采购总额(万元)		2×21年比2×20采购量增加%	产量个体指数	
	2×20年	2×21年			
A	92	120	25		
B	20.4	34.8	20		
C	28.6	63.8	45		
合计					

要求：根据上表资料，试计算：

(1) 采购价格总指数。

(2) 由于采购量和采购价格的变动而增减的采购总额。

2. 某市2×20年社会商品零售额12 000万元，2×21年增加为15 600万元。物价指数提高了4%。

要求：试计算零售量指数，并分析零售量和物价因素变动对零售总额变动的影响绝对值。

3. (1) 已知同样多的人民币，报告期比基期少购买7%的商品，问物价指数是多少？

(2) 已知某企业产值报告期比基期增长了24%，职工人数增长了17%，问劳动生产率如何变化？

4. 某企业生产两种产品的资料如表6-6所示。

表 6-6 某企业生产两种产品的资料

产品	计量单位	产量		单位成本(元)		
		基期	报告期	基期	报告期	
甲	件	50	60	8	10	
乙	千克	150	160	12	14	
合计	—	—	—	—	—	

要求：(1) 计算两种产品总成本指数及总成本变动的绝对额。

(2) 计算两种产品产量总指数及由于产量变动影响总成本的绝对额。

(3) 计算两种产品单位成本总指数及由于单位成本影响总成本的绝对额。

5. 某公司三种商品销售额及价格变动资料如表 6－7 所示。

表 6－7　某公司三种产品销售额及价格变动资料

商品名称	商品销售额(万元)		价格变动率	价格指数	
	基期	报告期			
甲	500	650	2%		
乙	200	200	－5%		
丙	1 000	1 200	10%		

要求：计算三种商品价格总指数和销售量总指数。

6. 某总厂所属两个分厂的某产品成本资料如表 6－8 所示。

表 6－8　某总厂所属两个分厂的某产品成本资料

分厂	单位成本(元)		产量(件)	
	x_0	x_1	f_0	f_1
甲分厂	10	9	300	1 300
乙分厂	12	12.2	700	700
总　厂	—	—	1 000	2 000

要求：试分析总厂该产品平均单位成本变动受分厂成本水平及分厂产量结构变动的影响。

7. 某工业企业生产两种产品，其产量和原材料消耗的有关数据如表 6－9 所示。

表 6－9　某工业企业有关生产数据

产品名称	产量(台)		每台原材料消耗量(千克)		每千克原材料价格(元)	
	2×20 年	2×21 年	2×20 年	2×21 年	2×20 年	2×21 年
甲	24	24	12	12	54	59
乙	16	19	16	14	94	104
合计	—	—	—	—	—	—

要求：试建立指数体系，分析原材料消耗总额的变动及各因素的影响水平。

第七章

抽 样 推 断

第一节 抽样推断的基本概念

一、抽样推断的意义

抽样推断是指按照随机原则从总体中抽取一部分单位进行调查,并用样本指标去推断总体指标的统计方法。例如,根据对1%日光灯使用寿命的检验,来对全部日光灯管的使用寿命做出推断。根据少数职工家庭的生活情况调查资料来推断全国职工生活的实际水平等,都是抽样推断。抽样推断的基本要求是严格按照随机原则抽取样本单位。所谓随机原则,又称为同等可能性原则,是指调查总体的每个单位都有同等被抽中或不被抽中的概率,即样本的抽取完全是客观的,而不能主观地、有意识地选择样本。

抽样推断有如下优点:成本低,速度快;结果可作定量分析;调查人员少,可进行专业训练,能提高调查结果的准确性;可获得丰富的资料,应用的范围也比总体调查广。因此,抽样推断被人们看作是统计调查中的重要方法之一。目前,我国政府统计部门的人口变动情况调查、城乡住户调查、农产量调查、物价调查以及农村劳动力结构、固定资产结构等调查均采用了抽样推断的方法。今后,随着社会主义市场经济体制的建立和完善,抽样推断将得到更加广泛的应用。

二、抽样推断的特点

(1) 抽样推断是一种非全面的调查。

(2) 样本是按随机的原则抽取。在总体中每一个单位被抽取的机会是均等的,因此,能够保证被抽中的单位在总体中的均匀分布,不致出现倾向性误差,代表性强。抽取的全部样本单位作为一个“代表团”,用整个“代表团”来代表总体。而不是用随意挑选的个别单位代表总体。

(3) 抽样推断的目的是由样本推断总体。抽样推断研究样本的目的在于通过样本的数据对总体数量特征进行估计。

(4) 抽样误差可以事先计算与控制。抽样调查的误差,是在调查前就可以根据调查样本数量和总体中各单位之间的差异程度进行计算,并控制在允许范围以内,调查结果的准确程度较高。

三、抽样调查的作用

(1) 在不可能进行全面调查的情况下进行抽样推断。如对连续大量生产的某种小件商品的质量进行调查,只有借助抽样推断的方法。

(2) 全面调查实际办不到的或没有必要的,可进行抽样推断。如要了解一个面积为 2 000 平方千米的森林有多少棵树,从理论上讲可以一棵一棵的数,但实际中没有必要,可以抽取 10 平方千米的森林进行调查,计算每平方千米有多少棵树,再推断整个林区有多少棵树。

(3) 用于那些具有破坏性与消耗性的产品质量检查。如灯泡的使用寿命检查,电视机的抗震能力检验,罐头食品、烟酒的质量检查等。

(4) 对全面调查的资料进行评价与修正。全面调查涉及面广,调查结果容易发生误差,因此在全面调查之后进行抽样复查,根据复查结果计算差错率,并以此为依据检查和修正全面调查结果,从而提高全面调查的质量。

(5) 用于工业生产管理。抽样推断可以用于生产过程中的质量控制,检查生产工艺过程是否正常。

(6) 节省人力、费用和时间,方式灵活。

四、抽样推断的几个基本概念

(一) 全及总体和抽样总体

1. 全及总体

全及总体简称总体,是所要研究对象的全体,它由具有某种共同性质或特征的单位组成。总体单位数用 N 表示。如调查我国国有企业职工人数,总体单位数就是全国国有企业职工人数。

总体按各单位标志性质不同,可分为变量总体和属性总体。总体各单位可用数量标志计量叫变量总体,如反应工资水平高低的工人总体。总体各单位用品质标志描述叫属性总体,如反映性能好坏的产品总体等。变量总体又可按照其包含的单位数以及相应的变量多少可分为无限总体和有限总体。无限总体包含的单位无限多,有限总体包含的单位有限多。

2. 抽样总体

抽样总体简称样本，是从总体中抽取的部分单位所组成的小总体。样本的容量用 n 表示。一般来讲，大样本等于或超过 30，小样本小于 30。要注意的是，全及总体总是唯一确定的，而样本总体不唯一。

(二) 全及指标和抽样指标

1. 全及指标

全及指标是指根据总体各单位标志值计算的、反映总体属性的综合指标。由于全及总体是唯一确定的，故根据总体计算的全及指标也是个定值。

对于变量总体，可以有如下全及指标：全及总体平均数 $\overline{X}$、全及总体标准差 σ（方差 σ^2）。

设总体变量 X 有 N 个取值 X_1，X_2，X_3，…，X_N，则：

$$\overline{X}=\frac{X_1+X_2+X_3+\cdots+X_N}{N}=\frac{\sum X}{N}$$

$$\sigma^2=\frac{\sum(X-\overline{X})^2}{N}$$

对于属性总体，可以有如下全及指标：全及总体成数 P、全及总体标准差 σ_p（方差 σ_p^2）。

设总体 N 个单位中，有 N_1 个单位具有某种属性，N_0 个单位不具有某种属性，且 $N_1+N_0=N$，则：

$$P=\frac{N_1}{N}$$

$$Q=\frac{N_0}{N}=\frac{N-N_1}{N}=1-P$$

式中：P 为总体中具有某种属性的单位数占全部单位数的比重；

Q 为总体中不具有某种属性的单位数占全部单位数的比重。

这两者都称为全及总体成数。

属性总体标准差：

$$\sigma_P=\sqrt{P(1-P)}$$

2. 抽样指标

抽样指标是根据样本各单位标志值计算的，反映样本属性的指标。与全及指标对应的有下列样本指标，并以小写字母表示。

对于变量总体抽样指标主要有：样本平均数$\overline{x}$、样本标准差 s_n、修正样本标准差 s_{n-1}、样本方差 s_n^2、修正样本方差 s_{n-1}^2。

设样本总体有 n 个变量：x_1，x_2，x_3，…，x_n，则：

$$\overline{x}=\frac{\sum x}{n}$$

$$s_n=\sqrt{\frac{\sum_{i=1}^{n}(x_i-\overline{x})^2}{n}}$$

$$s_{n-1}=\sqrt{\frac{\sum_{i=1}^{n}(x_i-\overline{x})^2}{n-1}}$$

$$s_n^2=\frac{\sum_{i=1}^{n}(x_i-\overline{x})^2}{n}$$

$$s_{n-1}^2=\frac{\sum_{i=1}^{n}(x_i-\overline{x})^2}{n-1}$$

对于属性总体来说则有如下对应样本指标：

设样本总体 n 个单位中有 n_1 个单位具有某种属性，n_0 个单位不具有某种属性，且 $n_1+n_0=n$，则：

$$p=\frac{n_1}{n}$$

$$q=\frac{n_0}{n}=\frac{n-n_1}{n}=1-p$$

式中：p 为样本总体中具有某种属性的单位数占全部单位数的比重；

q 为样本总体中不具有某种属性的单位数占全部单位数的比重。

这两者都被称为样本总体成数。

样本标准差：$$s=\sqrt{p(1-p)}$$

有些社会经济现象，只表现为两种性质上的差异，例如，产品的质量表现为合格或不合格；对某一电视节目，观众表现为收看或不收看；学生成绩表现为及格或不及格等。这些只表现为是或否、有或无的标志称为交替标志，也称作是非标志。

$\sqrt{P(1-P)}$ 称为总体是非标志标准差。$\sqrt{p(1-p)}$ 称为样本是非标志标准差。

(三) 样本容量与样本个数

样本容量是指一个样本所包含的单位数,用 n 来表示。

样本个数又称为样本可能数目,是指从全及总体中可能抽取的样本个数。在样本容量确定以后,样本的可能数目便完全取决于抽样方法。

第二节　随机抽样方法与抽样分布

抽样方法按抽取样本的方式不同分为重复(置)抽样和不重复(置)抽样。

一、重复抽样与抽样分布

重复(置)抽样是从全及总体抽取样本时,随机抽取一个样本单位,记录该单位有关标志表现后,把它放回到全及总体中去,再从全及总体中随机抽取第二个样本单位,记录它的有关标志表现后,也把它放回全及总体中去,照此下去直到抽选第 n 个样本单位。

可见,重复抽样时:总体单位数在抽选过程中始终不变;总体中各单位被抽中的可能性前后相同;总体中各单位有被重复抽中的可能。一般来讲,用重复抽样的方法,从总体 N 个单位中,抽取样本容量为 n 的可能样本个数为 N^n 个。

样本平均数 $\bar{x}$ 的抽样分布即是样本平均数 $\bar{x}$ 的概率分布,它是由样本平均数的可能取值和与之相应的概率组成。

【例 7-1】某车间 4 个工人的月产量分别为:300 件、400 件、500 件、600 件。现用重复简单随机抽样的方法从全及总体中抽选出容量大小为 2 的样本,要求计算其平均产量,并研究其分布。

样本可能数为 4^2 个即 16 个。所有样本及样本平均数列表如表 7-1 所示。

表 7-1　所有样本及样本平均数列表

序　号	样本变量 x	样本平均数 $\bar{x}$	序　号	样本变量 x	样本平均数 $\bar{x}$
1	300 300	300	3	300 500	400
2	300 400	350	4	300 600	450

(续表)

序　号	样本变量 x	样本平均数 $\overline{x}$	序　号	样本变量 x	样本平均数 $\overline{x}$
5	400 300	350	11	500 500	500
6	400 400	400	12	500 600	550
7	400 500	450	13	600 300	450
8	400 600	500	14	600 400	500
9	500 300	400	15	600 500	550
10	500 400	450	16	600 600	600

样本平均数的抽样分布列表如表 7－2 所示。

表 7－2　样本平均数的抽样分布列表

样本平均数 $\overline{x}$	频　数	频率 p	样本平均数 $\overline{x}$	频　数	频率 p
300	1	0.0625	500	3	0.1875
350	2	0.125	550	2	0.125
400	3	0.1875	600	1	0.0625
450	4	0.25			

可以看出样本平均数的抽样分布呈现中间大两头小的分布。

在重复抽样时，样本平均数的抽样分布有数学期望值 $E(\overline{x}) = a = \overline{X}$；样本平均数的抽样分布有方差：$\sigma_{\overline{x}}^2 = \dfrac{\sigma^2}{n}$。

样本成数的抽样分布是样本成数的概率分布，由样本成数的可能取值和与之对应的概率组成。在重复抽样时，样本成数的抽样分布有数学期望值 $E(p) = P$，方差 $\sigma_P^2 = \dfrac{P(1-P)}{n}$，其中：$P$ 是总体的成数；$P(1-P)$ 是总体的方差。

二、不重复抽样与抽样分布

不重复(置)抽样是从全及总体抽取样本时,随机抽取一个样本单位,记录该单位有关标志表现后,这个样本单位不再放回全及总体参加下一次抽选;然后,从总体 $N-1$ 个单位中随机抽取第二个样本单位,记录它的有关标志表现后,该单位也不放回全及总体中去,从总体 $N-2$ 个单位中抽取第三个样本单位,照此下去直到抽选出第 n 个样本单位。

可见,不重复抽样时:总体单位数在抽选过程中逐渐减少;总体中各单位被抽中的可能性前后不断变化;总体中各单位没有被重复抽中的可能。一般来讲,用不重复抽样的方法,从总体 N 个单位中,抽取样本容量为 n 的可能样本个数为 C_N^n个。

样本平均数 $\bar{x}$ 的抽样分布是由样本平均数的可能取值和与相应的概率组成。

【例 7-2】 接[例 1],某车间 4 个工人的月产量分别为:300 件,400 件,500 件,600 件。现用不重复简单随机抽样的方法从全及总体中抽选出容量大小为 2 的样本,要求计算其平均产量,并研究其分布。

样本可能数目为 C_4^2 即 12 个,所有样本列表如表 7-3 所示。

表 7-3　所有样本列表

序　号	样本变量 x	样本平均数 $\bar{x}$	序　号	样本变量 x	样本平均数 $\bar{x}$
1	300 400	350	7	500 300	400
2	300 500	400	8	500 400	450
3	300 600	450	9	500 600	550
4	400 300	350	10	600 300	450
5	400 500	450	11	600 400	500
6	400 600	500	12	600 500	550

样本平均数的抽样分布如表 7-4 所示。

表 7-4 样本平均数的抽样分布

样本平均数 $\overline{x}$	频　数	频率 p	样本平均数 $\overline{x}$	频　数	频率 p
350	2	2/12	500	2	2/12
400	2	2/12	550	2	2/12
450	4	4/12			

可见,样本平均树的抽样分布呈现中间大两头小的分布。在不重复抽样时,样本平均数的抽样分布期望值 $E(\overline{x})=\overline{X}$,样本平均数的抽样分布有方差:$\sigma_{\overline{x}}^2=\frac{\sigma^2}{n}\left(\frac{N-n}{N-1}\right)$。

样本成数的抽样分布是样本成数的概率分布,由样本成数的可能取值和与之对应的概率组成。在不重复抽样条件下,样本成数的抽样分布有数学期望值 $E(p)=P$,方差 $\sigma_P^2=\frac{P(1-P)}{n}\frac{N-n}{N-1}$,其中:$P$ 是总体的成数;$P(1-P)$ 是总体的方差。

三、抽样分布定理

(一) 抽样平均数的抽样分布定理

(1) 如果 n 个样本单位是来自一个数学期望值为 a,方差为 σ^2 的正态分布总体的随机样本,则样本平均数 $\overline{x}$ 服从数学期望值为 a,方差为 σ^2 的正态分布;样本统计量 $t=\frac{X-a}{\sigma/\sqrt{n}}$ 服从标准正态分布。这一定理称为正态分布的再生性质。

(2) 对于任意一个数学期望值为 a,方差为 $\sigma_{\overline{x}}^2=\frac{\sigma^2}{n}$ 的总体,当样本容量 n 足够大时,样本平均数 $\overline{x}$ 趋于数学期望值为 a,方差为 $\sigma_{\overline{x}}^2=\frac{\sigma^2}{n}$ 的正态分布,即样本平均数 $\overline{x}$ 的分布将近似地服从期望值为 a,方差为 σ^2/n 的正态分布。这一定理称为中心极限定理。

(二) 样本成数的抽样分布定理

对于任一数学期望值为 P,方差为 $P(1-P)$ 的二项分布总体,当样本容量 n 足够大时 $[nP>5;n(1-P)>5]$,样本成数 P 趋于服从数学期望值为 P,方差为

$\sigma_P^2 = \dfrac{P(1-P)}{n}$ 的正态分布;样本统计量 $t = \dfrac{p-P}{\sqrt{P(1-P)/n}}$ 趋于服从标准正态分布。这一定理是中心极限定理的推论。

第三节 抽样平均误差

一、抽样误差的概念

抽样误差是指在遵循随机原则的条件下,用抽样总体的指标估计或推断全及指标所不可避免的误差。它包括抽样实际误差和抽样平均误差两种。

抽样实际误差是指某一样本指标与被它估计的总体指标之差。

抽样平均误差也称样本标准误差,从一般意义上说是所有抽样实际误差的平均水平。确切地说,抽样平均误差是所有样本指标与总体指标之间误差的平均数。用 μ_x 表示抽样平均误差,则:

$$\mu_x = \sqrt{\frac{\sum[\bar{x} - E(\bar{x})]^2}{\text{样本可能数目}}}$$

二、抽样误差的计算

(一) 重复抽样的抽样平均误差

重复抽样的抽样平均误差: $\mu_x = \sqrt{\dfrac{\sigma^2}{n}} = \dfrac{\sigma}{\sqrt{n}}$

可见,抽样平均误差和总体标志变动度的大小成正比,和样本容量 n 的平方根成反比。

【例 7-3】接[例 7-1],求样本平均误差。所有可能样本平均产量如表 7-5 所示。

表 7-5 所有可能样本平均产量

序号	样本变量 x	样本平均数 $\bar{x}$	离差 $\bar{x} - E(\bar{x})$	离差平方 $[\bar{x} - E(\bar{x})]^2$
1	300 300	300	−150	22 500
2	300 400	350	−100	10 000

（续表）

序　号	样本变量 x	样本平均数 $\bar{x}$	离差 $\bar{x}-E(\bar{x})$	离差平方 $[\bar{x}-E(\bar{x})]^2$
3	300 500	400	−50	2 500
4	300 600	450	0	0
5	400 300	350	−100	10 000
6	400 400	400	−50	2 500
7	400 500	450	0	0
8	400 600	500	50	2 500
9	500 300	400	−50	2 500
10	500 400	450	0	0
11	500 500	500	50	2 500
12	500 600	550	100	10 000
13	600 300	450	0	0
14	600 400	500	50	2 500
15	600 500	550	100	10 000
16	600 600	600	150	22 500
合　计	—	7 200	0	100 000

$$\text{样本平均数的平均数} = E(\bar{x}) = \frac{\sum \bar{x}}{\text{样本可能数目}} = \frac{7\ 200}{16} = 450(\text{件})$$

根据定义，抽样平均误差：

$$\mu_x = \sqrt{\frac{\sum [\bar{x} - E(\bar{x})]^2}{\text{样本可能数目}}} = \sqrt{\frac{100\ 000}{16}} = 79.0569$$

全及总体平均产量：

$$\overline{X}=\frac{300+400+500+600}{4}=450(\text{件})$$

全及总体标准差：

$$\sigma=\sqrt{\frac{\sum(X-\overline{X})^2}{N}}=\sqrt{\frac{50\ 000}{4}}(\text{件})$$

根据推导公式：

$$\mu_x=\sqrt{\frac{\sigma^2}{n}}=\frac{\sigma}{\sqrt{n}}=\sqrt{\frac{50\ 000}{4}}\sqrt{\frac{1}{4}}=79.0569(\text{件})$$

可见，根据推导公式计算的结果与根据定义计算的结果完全一致。

样本成数的抽样平均误差反映样本成数与总体样本成数的平均误差程度，它是衡量用 p 估计 P 时所可能产生的误差大小的指标，用 μ_p 表示样本成数的抽样平均误差，则：

$$\mu_p=\sqrt{\frac{P(1-P)}{n}}=\frac{\sqrt{P(1-P)}}{\sqrt{n}}$$

从上式可知，样本成数的抽样平均误差受总体标准差$\sqrt{P(1-P)}$和样本容量的平方根的影响。

（二）不重复抽样的抽样平均误差

不重复抽样的抽样平均误差：

$$\mu_x=\sqrt{\frac{\sigma^2}{n}\left(\frac{N-n}{N-1}\right)}$$

其大小受 n 、σ^2 和 $\frac{N-n}{N-1}$ 的影响。一般来说，如果总体样本数很大时，可近似的表示为：

$$\mu_x=\sqrt{\frac{\sigma^2}{n}\left(1-\frac{N}{n}\right)}$$

【例 7-4】 接[例 7-2]，求抽样平均误差。所有可能样本及平均产量列表如表7－6 所示。

表 7-6 所有可能样本及平均产量列表

序 号	样本变量 x	样本平均数 $\bar{x}$	离差 $\bar{x}-E(\bar{x})$	离差平方 $[\bar{x}-E(\bar{x})]^2$
1	300 400	350	−100	10 000
2	300 500	400	−50	2 500
3	300 600	450	0	0
4	400 300	350	−100	10 000
5	400 500	450	0	0
6	400 600	500	50	2 500
7	500 300	400	−50	2 500
8	500 400	450	0	0
9	500 600	550	100	10 000
10	600 300	450	0	0
11	600 400	500	50	2 500
12	600 500	550	100	10 000
合 计	—	5 400	0	50 000

$$\text{样本平均数的平均数} = E(\bar{x}) = \frac{\sum \bar{x}}{\text{样本可能数目}} = \frac{5\,400}{12} = 450(\text{件})$$

根据定义,抽样平均误差:

$$\mu_x = \sqrt{\frac{\sum[\bar{x}-E(\bar{x})]^2}{\text{样本可能数目}}} = \sqrt{\frac{50\,000}{12}} = 64.55(\text{件})$$

全及总体的平均产量:

$$\overline{X} = \frac{300+400+500+600}{4} = 450(\text{件})$$

全及总体标准差：

$$\sigma = \sqrt{\frac{\sum (X-\overline{X})^2}{N}} = \sqrt{\frac{50\ 000}{4}} (件)$$

根据推导公式计算：

$$\mu_x = \sqrt{\frac{\sigma^2}{n}\left(\frac{N-n}{N-1}\right)} = \sqrt{\frac{50\ 000}{4 \times 2} \times \frac{4-2}{4-1}} = 64.55(件)$$

根据推导公式计算的结果与根据定义计算的结果完全一致。

抽样成数的抽样平均误差用 μ_p 表示，则：

$$\mu_p = \sqrt{\frac{P(1-P)}{n} \cdot \frac{N-n}{N-1}}$$

根据上式可知，μ_p 受 n、$P(1-P)$ 和 $\dfrac{N-n}{N-1}$ 的影响。

如果单位总体数很大时，可近似的表示为：

$$\mu_p = \sqrt{\frac{P(1-P)}{n}\left(1-\frac{n}{N}\right)}$$

第四节　参数估计

参数估计即全及指标估计，就是对全及总体平均数和成数指标的推断。对全及指标的估计有两种：一种是点估计；另一种是区间估计。

一、点估计

点估计又称定值估计，它是直接用样本指标代替总体指标的方法，例如用样本平均数 $\overline{x}$ 直接估计总体平均数 $\overline{X}$，用样本成数 p 直接估计总体成数 P。

点估计简单明了，易于应用，但是没有考虑抽样平均误差的影响及估计的可靠性与准确性。因此，它只适用于要求不太严格的全及指标的估计。

二、区间估计

区间估计是在一定的抽样误差范围内建立一个置信区间，并联系这个区间的置信度以样本指标推断总体指标。区间估计必须具备三个基本要素：一是点估计量，可以是样本的平均数 $\bar{x}$，也可以是样本成数 p；二是误差范围，即抽样极限误差 Δ，通常用样本指标（点估计量）加减抽样极限误差来表示总体指标的估计的区间，这个区间也叫做置信区间；三是置信度 $F(t)=1-\alpha$ 表示总体指标落入估计区间有百分之几的概率保证，用数学公式表示区间估计：

$$P(\text{样本指标}-\text{极限误差}\leqslant\text{总体指标}\leqslant\text{样本指标}+\text{极限误差})=F(t)=(1-\alpha)$$

抽样极限误差可以用概率度 t 和抽样平均误差 μ 相乘得到，即：

$$\Delta=t\cdot\mu$$

概率度可以通过查正态分布概率表得到。例如，当 $F(t)=0.9500$ 时，查正态分布概率表得 $t=1.96$。

【例 7-5】 某村对 10 000 亩棉花进行抽样调查，随机抽取 400 亩进行实测，结果平均亩产 550 千克，标准差为 25 千克，在概率为 0.95 的保证下，求抽样极限误差。

解：已知 $F(t)=0.95$，查表得 $t=1.96$，$S=25$，$n=400$

$$\Delta_x=t\cdot\mu_x=t\cdot\sqrt{\frac{S^2}{n}}=1.96\times\sqrt{\frac{25^2}{400}}=2.45(\text{千克})$$

所以抽样极限误差为 2.45 千克。

【例 7-6】 从 20 000 盒罐头中，随机抽取 600 盒进行质量检验，检验结果有 30 盒变质，问在概率 $F(t)=0.9281$ 的保证下，合格品率的抽样误差的最大允许范围是多少？

解：已知 $F(t)=0.9281$，查表得 $t=1.8$，$n=600$

$$\text{合格品率}\quad p=\frac{600-30}{600}\times100\%=95\%$$

则 $$\Delta_p=t\cdot\mu_p=t\cdot\sqrt{\frac{p(1-p)}{n}}=1.8\times\sqrt{\frac{0.95\times(1-0.95)}{600}}=1.6\%$$

所以合格品的最大允许误差为 1.6%。

(一) 总体平均数的区间估计

用区间估计的方法来估计总体平均数，必须具备三要素：样本平均数 $\bar{x}$、平均数的极限抽样误差 Δ_x 和置信度 $F(t)$。公式如下：

$$P(\bar{x}-\Delta_x\leqslant\overline{X}\leqslant\bar{x}+\Delta_x)=F(t)=1-\alpha$$

例如，在[例 7-5]中，该村 10 000 亩棉花的平均产量在 447.55(550−2.45)千克与 552.45(550＋2.45)千克之间,即该村棉花在 95%的置信度下,平均亩产在 547.55～552.45 千克。

(二) 总体成数的区间估计

用区间估计的方法来估计总体成数,必须具备三要素：样本成数 p、成数的极限抽样误差 Δ_p 和置信度 $F(t)$。公式为：

$$P(p-\Delta_p \leqslant P \leqslant p+\Delta_p) = F(t)$$

例如,在[例 7-6]中,全部罐头的合格率在 93.4%(95%－1.6%)与 96.6%(95%＋1.6%)之间,即该批罐头在 92.81%的置信度下,合格率在 93.4%～96.6%。

【例 7-7】 某灯泡厂某月生产 5 000 000 个灯泡,在进行质量检查中,随机抽取 500 个进行检验,这 500 个灯泡的耐用时间如表 7－7 所示。

表 7－7　500 个灯泡的耐用时间

耐用时间(小时)	灯泡数	组中值	耐用时间(小时)	灯泡数	组中值
800～850	35	825	950～1 000	103	975
850～900	127	875	1 000～1 050	42	1 025
900～950	185	925	1 050～1 100	8	1 075

试求：(1) 该厂全部灯泡平均耐用时间的取值范围(概率保证程度 0.9973)。

(2) 检查 500 个灯泡中不合格产品占 0.4%,试在 0.6827 概率保证下,估计全部产品中不合格率的取值范围。

解：(1) 计算抽样平均误差：

$$\bar{x} = \frac{\sum xf}{\sum f} = 926.40(\text{小时})$$

$$\sigma = 55.20(\text{小时})$$

由概率保证程度 0.9973,查表得概率度 $t=3$

$$\mu_x = \frac{\sigma}{\sqrt{n}} = \frac{55.2}{\sqrt{500}} = 2.47(\text{小时})$$

计算抽样极限误差：

$$\Delta_x = t\mu_x = 3 \times 2.47 = 7.40(\text{小时})$$
$$\bar{x} - \Delta_x = 926.4 - 7.4 = 919.00(\text{小时})$$
$$\bar{x} + \Delta_x = 926.4 + 7.4 = 933.80(\text{小时})$$

估计总体指标区间：该厂全部灯泡平均耐用时间的范围为 919.00～933.80 小时。

(2) 已知 $p = 0.4\%$，概率保证程度为 0.6827 时，$t = 1$

则：
$$\mu_p = \sqrt{\frac{p(1-p)}{n}} = \sqrt{\frac{0.004 \times 0.996}{500}} = 0.28\%$$
$$\Delta_p = 1 \times \mu_p = 0.28\%$$
$$p - \Delta_p = 0.4\% - 0.28\% = 0.12\%$$
$$p + \Delta_p = 0.4\% + 0.28\% = 0.68\%$$

不合格率的范围为 0.12%～0.68%。

三、必要样本容量的确定

(一) 影响必要样本容量的因素

(1) 总体各单位标志变异程度，即总体方差 σ 或 $P(1-P)$ 的大小。总体标志变异程度大，要求样本容量大一些；反之，总体标志变异程度小，样本容量可以小些。

(2) 允许的极限误差 Δ_x 或 Δ_p 的大小。允许的极限误差越大，样本容量越小；反之，极限误差越小，样本容量越大。

(3) 概率度 t。t 越大，要求把握程度越高，则要多抽一些单位；t 越小，要求把握程度越低，则要少抽一些单位。

(4) 抽样方法。在其他条件相同的情况下，重置抽样比不重置抽样要抽取多一些样本单位。

(5) 抽样方式。例如，采用类型抽样的样本容量要小于简单随机抽样的样本容量。

(二) 必要样本容量的计算

1. 重复抽样条件下必要样本容量的确定

重复抽样条件下平均数的必要样本容量的确定：

$$\Delta_x = t\mu_x = t\sqrt{\frac{\sigma^2}{n}} \Rightarrow n_x = \frac{t^2\sigma^2}{\Delta_x^2}$$

重复抽样条件下成数的必要样本容量的确定：

$$\Delta_p = t\mu_p = t\sqrt{\frac{p(1-p)}{n}} \Rightarrow n_p = \frac{t^2 p(1-p)}{\Delta_p^2}$$

2. 不重复抽样条件下必要样本容量的确定

不重置抽样条件下平均数的必要样本容量的确定：

$$\Delta_x = t\mu_x = t\sqrt{\frac{\sigma^2}{n}\left(1-\frac{n}{N}\right)} \Rightarrow n_x = \frac{Nt^2\sigma^2}{N\Delta_x^2 + t^2\sigma^2}$$

不重置抽样条件下成数的必要样本容量的确定：

$$\Delta_p = t\mu_p = t\sqrt{\frac{P(1-P)}{n}\left(1-\frac{n}{N}\right)} \Rightarrow n_p = \frac{Nt^2P(1-P)}{N\Delta_p^2 + t^2P(1-P)}$$

【例 7-8】 从某企业 400 名工人中随机抽取 10%进行调查，获得日产零件资料如表 7-8 所示。

表 7-8 日产零件资料

日产零件数(件)	工人数(人)	日产零件数(件)	工人数(人)
100 以下	4	200～300	20
100～200	10	300 以上	6
合计			40

已知样本方差 $S^2 = 310$，要求：

(1) 在不重复抽样情况下以 95.45%($t=2$)的可靠性估计平均每位工人的日产零件的置信区间。

(2) 若在其他条件不变的情况下，使极限误差减少 20%，则至少应抽多少工人进行调查。

解：(1) 已知：$N = 400$ 人，$n = 40$ 人，则：

$$\bar{x} = \frac{\sum xf}{\sum f} = \frac{50\times 4 + 150\times 10 + 250\times 20 + 350\times 6}{40} = \frac{8\ 800}{40} = 220(\text{件})$$

$$\mu_x = \sqrt{\frac{s^2}{n}\left(1-\frac{n}{N}\right)} = \sqrt{\frac{310}{40}\left(1-\frac{40}{400}\right)} = 2.64(\text{件})$$

$$\Delta_x = t\mu_x = 2 \times 2.64 = 5.28(\text{件})$$

$$\bar{x} - \Delta_x \leqslant \overline{X} \leqslant \bar{x} + \Delta_x$$

$$220 - 5.28 \leqslant \overline{X} \leqslant 220 + 5.28$$

在不重复抽样情况下以 95.45%($t=2$)的可靠性估计平均每位工人的日产零件的置信区间的区间范围：[214.72, 225.28]

(2) 此题目为不重复抽样，由题目可得：

$$n = \frac{Nt^2\sigma^2}{N\Delta_x^2 + t^2\sigma^2} = \frac{400 \times 4 \times 310}{400 \times (5.28 \times 0.8)^2 + 4 \times 310} = 59.21 \approx 60(\text{人})$$

在其他条件不变的情况下，使极限误差减少 20%，则至少应抽 60 名工人进行调查。

习 题

一、填空题

1. 从全部总体单位中随机抽选样本单位的方法有两种，即(　　)抽样和(　　)抽样。

2. 影响抽样误差大小的因素有总体各单位标志值的差异程度、(　　)(　　)和抽样调查的组织形式。

3. 总体参数估计有(　　)和(　　)两种。

4. 允许误差 ΔX 为 0.04 时，抽样单位数 n 为 100，若其他条件不变，而允许误差减至 0.02 和 0.01 时，其相应的抽样单位数为(　　)和(　　)个。

5. 重复抽样的样本单位数扩大为原来的 4 倍，抽样平均误差将缩小(　　)，如抽样平均误差允许增加 1 倍，则样本单位数只需抽原来的(　　)。

6. 常用的抽样组织形式有(　　)(　　)(　　)和(　　)四种。

7. 总体参数区间估计必须具备的三个要素是估计值、(　　)和(　　)。

8. 抽样极限误差等于(　　)与(　　)的乘积。

9. 抽样估计就是利用实际调查计算的(　　)来估计相应的(　　)数值。

10. 抽样误差范围决定估计的(　　)，而概率保证程度决定估计的(　　)。

11. 重复抽样平均误差的大小与(　　)成反比例关系，又与(　　)成正比例关系。

12. 影响必要样本容量的因素有(　　)(　　)(　　)(　　)和(　　)。

13. 抽样平均误差就是抽样平均数(　　)与总体平均数(　　)之间(　　)。它反映抽样平均数(　　)与总体平均数(或总体成数)的(　　)。

14. 全及总体变量离散程度越大,抽样误差(　　),全及总体变量离散程度越小,抽样误差(　　)。

二、单项选择题

1. 抽样调查的主要目的是(　　)。

A. 用样本指标来推算总体指标　　B. 对调查单位作深入研究

C. 计算和控制抽样误差　　D. 广泛运用数学方法

2. 事先将总体各单位按某一标志排列,然后依排列顺序和按相同的间隔来抽选调查单位的抽样称为(　　)。

A. 简单随机抽样　B. 类型抽样　C. 等距抽样　D. 整群抽样

3. 在一定的抽样平均误差条件下,(　　)。

A. 扩大极限误差范围,可以提高推断的可靠程度

B. 扩大极限误差范围,会降低推断的可靠程度

C. 缩小极限误差范围,可以提高推断的可靠程度

D. 缩小极限误差范围,不改变推断的可靠程度

4. 反映样本指标与总体指标之间的平均误差程度的指标是(　　)。

A. 抽样误差系数　　B. 概率度

C. 抽样平均误差　　D. 抽样极限误差

5. 在其他条件不变的情况下,提高估计的概率保证程度,其估计的精确程度(　　)。

A. 随之扩大　B. 随之缩小　C. 保持不变　D. 无法确定

6. 对某种连续生产的产品进行质量检验,要求每隔一小时抽出 10 分钟的产品进行检验,这种抽查方式是(　　)。

A. 简单随机抽样　B. 类型抽样　C. 等距抽样　D. 整群抽样

7. 抽样平均误差是指抽样平均数(或抽样成数)的(　　)。

A. 平均数　B. 平均差　C. 标准差　D. 标准差系数

8. 在重复抽样情况下,假定抽样单位数增加 3 倍(其他条件不变),则抽样平均误差为原来的(　　)。

A. 1/2 倍　B. 1/3 倍　C. 1.731 倍　D. 2 倍

9. 在进行简单随机抽样时，为使抽样平均误差减少 25%，则抽样单位数应（ ）。

A. 增加 25%　　B. 减少 13.75%　　C. 增加 43.75%　　D. 减少 25%

10. 在进行抽样估计时，常用的概率度 t 的取值（ ）。

A. $t<1$　　B. $1\leqslant t\leqslant 3$　　C. $t=2$　　D. $t>3$

11. 某地订奶居民户户均牛奶消费量为 120 千克，抽样平均误差为 2 千克，据此可计算户均牛奶消费量在 114～126 千克的概率为（ ）。

A. 0.9545　　B. 0.9973　　C. 0.683　　D. 0.900

12. 对 400 名大学生抽取 19%进行不重复抽样调查，优等生比重为 20%，概率为 0.9545，优等生比重的极限误差为（ ）。

A. 4.0%　　B. 4.13%　　C. 9.18%　　D. 8.26%

13. 在重复的简单随机抽样中，当概率保证程度从 68.27%提高到 95.45%（其他条件不变），必要的样本容量将会（ ）。

A. 增加 1 倍　　B. 增加 2 倍　　C. 增加 3 倍　　D. 减少一半

14. 一个全及总体（ ）。

A. 只能抽取一个样本　　B. 可以抽取很多样本

C. 只能计算一个指标　　D. 只能抽取一个单位

15. 抽样平均误差反映了样本指标与总体指标之间的（ ）。

A. 实际误差　　B. 实际误差的绝对值

C. 平均误差程度　　D. 可能误差范围

16. 对 200 件产品进行检验，发现 8 件废品，则其合格率的方差为（ ）。

A. 0.04　　B. 0.96　　C. 0.0384　　D. 0.196

17. 在抽样推断中，抽样误差是（ ）。

A. 可以避免的　　B. 不可避免且无法控制

C. 可避免且可控制　　D. 不可避免但可控制

18. 在简单随机重复抽样条件下，当抽样平均误差缩小为原来的 1/2 时，则样本单位数为原来的（ ）倍。

A. 4　　B. 3　　C. 2　　D. 1/4

19. 对两个工厂工人工资做纯随机不重复抽样调查，调查的工人数一样，两个工厂工资方差一样，但第二个工厂工人数多一倍，则抽样平均误差（ ）。

A. 无法比较　　B. 第一个工厂大

C. 两个工厂一样大　　D. 第二个工厂大

20. 在同样的条件下,不重复抽样的抽样平均误差与重复抽样的抽样平均误差相比(　　)。

A. 两者相等　　B. 前者大于后者

C. 前者小于后者　　D. 两者大小无法确定

21. 抽样调查所必须遵循的基本原则是(　　)。

A. 准确性　　B. 随机性　　C. 可靠性　　D. 灵活性

22. 抽样误差是指(　　)。

A. 在调查过程中由于观察、测量等差错所引起的误差

B. 在调查中违反随机原则而出现的系统误差

C. 随机抽样而产生的代表性误差

D. 人为原因所造成的误差

23. 在抽样调查中(　　)。

A. 既有登记性误差,也有代表性误差

B. 既没有登记性误差,也没有代表性误差

C. 只有登记性误差,没有代表性误差

D. 没有登记性误差,只有代表性误差

24. 抽样误差产生于(　　)。

A. 登记性误差　　B. 系统性误差

C. 登记性误差与系统性误差　　D. 随机性的代表性误差

25. 抽样平均误差的实质是(　　)。

A. 总体标准差　　B. 抽样总体的标准差

C. 抽样误差的标准差　　D. 样本统计量的标准差

26. 在实际工作中,不重复抽样的抽样平均误差的计算,采用重复抽样的情况是(　　)。

A. 样本单位数占总体单位数的比重很小时

B. 样本单位数占总体单位数的比重很大时

C. 抽样单位数目很少时

D. 抽样单位数目很多时

27. 有一批LED灯管共1 000箱,每箱200支,现随机抽取20箱并检查这些箱中全部灯管,此种抽样方法属于(　　)。

A. 简单随机抽样　　B. 整群抽样

C. 分层抽样　　D. 等距抽样

28. 新兴公司2018年第一至第四季度销售收入的季节比率分别为70%、118%、88%和124%。销售收入受季节影响最大的是(　　)。

A. 一季度　　B. 二季度　　C. 三季度　　D. 四季度

三、多项选择题

1. 要增大抽样推断的精确度,可采用的办法有(　　)。

A. 增加样本数量　　B. 缩小抽样误差范围

C. 缩小概率度　　D. 增大抽样误差范围

E. 增大概率度

2. 抽样调查的特点可概括为(　　)。

A. 是非全面调查　　B. 是全面调查

C. 有意识选取调查单位　　D. 由样本推断总体

E. 只了解基本情况　　F. 按随机原则抽样

3. 抽样调查适用的场合包括(　　)。

A. 不宜进行全面调查而又要了解全面情况

B. 工业产品质量检验

C. 只需了解一部分单位的情况

D. 适用于任何调查

4. 从总体中抽取样本单位的具体方法有(　　)。

A. 简单随机抽样　B. 重复抽样　　C. 不重复抽样　　D. 类型抽样

5. 重复抽样的特点有(　　)。

A. 各次抽选互不影响　　B. 各次抽选相互影响

C. 每次抽选时,总体单位数逐渐减少　D. 每次抽选时,总体单位数始终不变

E. 各单位被抽中的机会在各次抽选中相等

6. 抽样推断的特点有(　　)。

A. 由部分认识总体的一种方法　　B. 按随机原则抽取样本单位

C. 运用概率估计的方法　　D. 可以计算,但不能控制抽样误差

E. 可以计算并控制抽样误差

7. 影响抽样数目的因素有(　　)。

A. 被调查标志的变异程度　　B. 允许误差

C. 概率度　　D. 抽样方法

E. 抽样的组织方式

8. 在重复抽样的条件下,影响抽样平均误差的因素有(　　)。

A. 总体中各单位被研究的变量的离散程度

B. 样本容量的大小

C. 总体单位数的多少

D. 极限误差范围

E. 概率保证程度

9. 在不重复抽样的条件下,影响抽样平均误差的因素有(　　)。

A. 总体中各单位被研究的变量的离散程度

B. 样本容量的大小

C. 总体单位数的多少

D. 抽样误差的可靠程度

E. 抽样误差的最大可能范围

10. 在抽样估计中应用的抽样误差有(　　)。

A. 抽样实际误差

B. 抽样平均误差

C. 抽样极限误差

D. 系统性偏差

E. 登记性误差

11. 下列选项中,属于分层抽样的有(　　)。

A. 为研究城市邮政信件传递速度,从普通信件和快递信件中抽取一定信件组成样本

B. 为研究某工厂工人平均年龄,把工厂工人划分为100个生产班组,从中抽取一定数量的班组组成样本

C. 某产品质量抽检从加工车床的性能(自动或半自动)分组中抽取一定数量的车床组成样本

D. 农产量抽样按地理条件分组,从中取样

E. 为调查某市育龄妇女生育人数,把全市按户籍派出所的管辖范围分成的许多区域,对抽中的区域全面调查育龄妇女的生育人数

12. 对总体平均数进行区间估计时,必须掌握基本数据有(　　)。

A. 总体平均数的点估计值

B. 样本平均数的抽样平均误差

C. 抽样间隔数

D. 概率度

E. 总体比例

四、判断题

1. 无限总体不能进行全面调查,只能进行抽样调查。(　　)

2. 抽样推断是利用样本资料对总体的数量特征进行估计的一种统计分析方法,因此不可避免地会产生误差,这种误差的大小是不能进行控制的。(　　)

3. 从全部总体单位中按照随机原则抽取部分单位组成样本,只可能组成一个

样本。 （ ）

4. 在抽样推断中，作为推断的总体和作为观察对象的样本都是确定的、唯一的。 （ ）

5. 抽样估计置信度就是表明抽样指标和总体指标的误差不超过一定范围的概率保证程度。 （ ）

6. 在其他条件不变的情况下，提高抽样估计的可靠程度，可以提高抽样估计的精确度。 （ ）

7. 抽样极限误差反映抽样的可能误差范围，实际上每次的抽样误差可能大于抽样平均误差、也可能小于抽样平均误差。 （ ）

8. 置信区间的大小表达了区间估计的精确度。 （ ）

9. 从全部总体中抽取部分单位构成样本，在样本变量相同的情况下，重复抽样构成的样本个数大于不重复抽样构成的样本个数。 （ ）

10. 在抽样推断中，全及指标是确定的、唯一的，而样本指标值是一个随机变量。 （ ）

11. 抽样平均误差就是总体指标的标准差。 （ ）

12. 极限误差就是最大的抽样误差，因此总体指标必然落在样本指标和极限误差共同构成的区间之内。 （ ）

13. 在其他条件不变的情况下，抽样误差和总体变异程度成正比。 （ ）

14. 随机抽样并不排除人的主观意识的作用。 （ ）

15. 点估计是用样本的统计量直接估计和代表总体参数。 （ ）

16. 样本容量的大小与抽样推断的可信程度成正比，与抽样极限误差成反比。 （ ）

17. 抽样推断的目的是通过对部分单位的调查，来取得样本的各项指标。 （ ）

18. 抽样成数的特点是样本成数越大，则抽样平均误差越大。 （ ）

19. 质检人员每隔 1 小时从生产线上随机抽取 1 分钟的产品进行检验，这种抽样方式属于分层抽样。 （ ）

20. 根据抽样调查结果得到某高校本科生平均月薪（元）95% 的置信区间为（6 500，11 000），则点估计值为 8 750 元。 （ ）

五、简答题

1. 什么是抽样推断？抽样推断有哪几方面的特点？

2. 什么是抽样误差？影响抽样误差大小的因素有哪些？

3. 抽样调查有哪些应用？

4. 什么是全及总体？什么是抽样总体？

5. 简述抽样调查组织方式。

六、计算分析题

1. 某企业对400只灯泡的使用寿命进行抽样调查，测得灯泡平均使用寿命为1 200小时，使用寿命的标准差为240小时。

要求：以95%的可靠性来推断该厂全部灯泡使用寿命的区间范围。($t=1.96$)。

2. 某灯泡厂从一批10 000只灯泡中按重复抽样随机抽取100只进行检验，有关数据如表7-9所示。

表7-9 某灯泡厂抽样检验的有关数据

耐用时数(小时)	灯泡数		
950以下	10		
950～1 050	34		
1 050～1 150	52		
1 150以上	4		
合　　计	100		

要求：如果规定耐用时间在950小时以上为合格品，在概率为95.45%($t=2$)的条件下，估计该批灯泡合格品率的区间范围。

3. 某制鞋厂生产一批旅游鞋，按1%的比例进行抽样调查，共抽查500双，结果如表7-10所示。

表7-10 某制鞋厂抽样调查结果

耐穿时间(天)	双数		
250～290	30		
290～330	70		
330～370	300		
370～410	60		
410以上	40		
合　　计	500		

要求：在概率0.9545的条件下计算($t=2$)。

(1) 这批旅游鞋的平均耐穿时间的可能范围。

（2）如果耐穿时间在330天以上的算合格，这批旅游鞋合格率的可能范围。

4. 从某年级学生中按简单随机抽取50名学生，对基础会计课程的考试成绩进行检查，得知其平均分数为75.6分，样本标准差10分。

要求：以95.45%（$t=2$）的概率保证程度推断全年级学生考试成绩的区间范围。

5. 在4 000件成品中按不重复方法抽取200件进行检查结果有废品8件。

要求：当概率为0.9545（$t=2$）时，估计这批成品废品率的范围。

6. 某工厂生产一种新型灯泡5 000只，随机抽取100只作耐用时间试验。测试结果：平均寿命为4 500小时，标准差300小时。试在90%概率保证下（$t=1.64$），估计该新式灯泡平均寿命区间；假定概率保证程度提高到95%（$t=1.96$），允许误差缩小一半，试问应抽取多少只灯泡进行测试？

7. 年终，某储蓄所定期储蓄存款账号进行抽样调查，得到资料如表7-11所示。

表7-11 某储蓄所定期储蓄存款账号抽样调查资料

存款额(元)	抽查户数			
10 000以下	38			
10 000～20 000	150			
20 000～30 000	200			
30 000～40 000	62			
40 000以上	14			
合　　计	464			

要求：（1）试估计该储蓄所所有储户平均存款额的区间（概率为0.9545，$t=2$）。

（2）以0.9545的概率估计定期存款额在2 000元以上的比重范围。

8. 某大学5 000名学生，随机抽选20%，调查每周收看电视时间，得到数列如表7-12所示。

表7-12 某大学学生抽样调查情况

收看影视时间(小时)	学生数			
0～2	8			
2～4	22			
4～6	40			

（续表）

收看影视时间（小时）	学生数			
6～8	25			
8～10	5			
合　计	100			

要求：试按95.45%的概率推断数列成数平均收视时间的误差范围和收视4～8小时的成数范围。($t=2$)

9. 某土畜产进出口公司出口一种名茶，抽样检验结果如表7-13所示。

表7-13　某土畜产进出口公司名茶抽样检验结果

每包重量（克）	包数（包）			
148～149	10			
149～150	20			
150～151	50			
151～152	20			
合　计	100			

又知道这种茶叶每包规格重量不低于150克。

要求：以99.73%的概率。

(1) 确定平均每包重量极限误差。

(2) 估计这批茶叶平均每包重量的范围，确定是否达到规定重量要求。[按重复抽样计算，$F(t)=99.73\%$，$t=3$]

10. 某地区种植小麦40 000亩，随机抽取2 000亩进行实割实测，测得结果：平均亩产量为300千克，种植总体的标准差为6千克。试求，在概率为0.9545的保证下，小麦的平均亩产量的可能范围是多少。

11. 在一项新家电产品的市场调查中，我们随机选取400位顾客为样本，询问他们是否喜欢此产品，其中72.1%的顾客表示喜欢该产品。试在0.95的置信水平下，估计该产品在顾客中的占有率。

12. 某地种植3万亩农作物，抽取1 000亩进行调查的结果，平均亩产量为玉工450千克，抽样平均误差phs为14千克。在概率为0.9973的保证下，试推算这3万亩小麦的平均亩产量，以及这3万亩农作物的总产量。

13. 从以往的调查知道，某产品重量标准差不超过2克，现要求极限误差不超过0.2克，可信程度达到0.9545。试确定随机重复抽样的必要单位数(个)。

14. 某地区的小麦播种面积为20 000亩，在收割前夕进行抽样调查，测得平均亩产450千克，抽样平均误差为5千克，在0.9545的概率保证下，推算全地区的小麦总产量。

第八章

相关与回归分析

第一节 相关分析

一、相关分析的概念

现实世界中的各种现象之间相互联系、相互制约、相互依存,某些现象发生变化时,另一现象也随之发生变化。如商品价格的变化会刺激或抑制商品销售量的变化;劳动力素质的高低会影响企业的效益;直接材料、直接人工的价格变化对产品销售成本有直接的影响,居民收入的高低会影响对该企业产品的需求量等。研究这些现象之间的依存关系,找出它们之间的变化规律,对搜集、整理过的统计数据进行数据分析,为客观、科学的统计提供依据。

现象间的依存关系大致可以分成两种类型:一类是函数关系,另一类是相关关系。

1. *函数关系*

它反映着现象之间存在着严格的依存关系,在这种关系中,对于某一变量的每一个数值,都有另一个变量的确定值与之相对应,并且这种关系可以用一个数学表达式反映出来。例如,$s=\pi r^2$,在这里圆的面积是随着半径大小而变动的。自然界中,广泛存在着函数关系。

2. *相关关系*

相关关系是指客观现象之间确实存在的,但数量上不是严格对应的依存关系。在这种关系中,对于某一现象的每一数值,可以有另一现象的若干数值与之相对应。例如,劳动生产率与工资水平的关系、投资额和国民收入的关系、商品流转规模与流通费用的关系等都属于相关关系。

具有相关关系的某些现象可表现为因果关系,即某一或若干现象的变化是引起另一现象变化的原因,它是可以控制、给定的值,将其称为自变量;另一个现象的变化是自变量变化的结果,它是不确定的值,将其称为因变量。如资金投入与产值之间,前者为自变量,后者为因变量。但具有相关关系的现象并不都表现为因果关系,如生产费用和生产量、商品的供求与价格等。这是由于相关关系比因果关系包括的范围更广泛。

相关关系和函数关系既有区别，又有联系。有些函数关系往往因为有观察或测量误差以及各种随机因素的干扰等原因，在实际中常常通过相关关系表现出来；而在研究相关关系时，其数量间的规律性了解得越深刻的时候，则相关关系越有可能转化为函数关系或借助函数关系来表现。

二、相关关系的种类

现象之间的相关关系从不同的角度可以区分为不同类型。

1. 按照相关关系涉及变量(或因素)的多少分为单相关和复相关

两个因素之间的相关关系叫做单相关，即研究时只涉及一个自变量和一个因变量。

三个或三个以上因素相关的关系叫做复相关，即研究涉及两个或两个以上的自变量和因变量。

2. 按照相关形式不同分为直线相关和非线性相关

直线相关是指当一个变量变动时，另一变量随之发生大致均等的变动，从图形上看，其观察点的分布近似地表现为一条直线。例如，人均消费水平与人均收入水平通常呈线性关系。

非线性相关是指某个变量变动时，另一变量也随之发生变动，但这种变动不是均等的，从图形上看，其观察点的分布近似地表现为一条曲线，如抛物线、指数曲线等，因此也称曲线相关。例如，产品的平均成本与产品总产量就是一种非线性相关。

3. 按照相关现象变化的方向不同分为正相关和负相关

正相关是指当一个变量的值增加或减少，另一个变量的值也随之增加或减少。如工人劳动生产率提高，产品产量也随之增加；居民的消费水平随个人所支配收入的增加而增加。负相关是指当一个变量的值增加或减少时，另一变量的值反而减少或增加。如商品流转额越大，商品流通费用越低；利润随单位成本的降低而增加。

4. 按相关程度分为完全相关、不相关和不完全相关

完全相关是指当一个变量的数量完全由另一个变量的数量变化所确定时，两者之间即为完全相关。例如，在价格不变的条件下，销售额与销售量之间的正比例函数关系即为完全相关，此时相关关系便成为函数关系，因此也可以说函数关系是相关关系的一个特例。

不相关又称零相关，当变量之间彼此互不影响，其数量变化各自独立时，则变量之间为不相关。例如，股票价格的高低与气温的高低一般情况下是不相关的。

不完全相关是指如果两个变量的关系介于完全相关和不相关之间，称为不完全

相关。由于完全相关和不相关的数量关系是确定的或相互独立的,因此统计学中相关分析的主要研究对象是不完全相关。

第二节 相关表、相关图和相关系数

一、相关表

编制相关表,必须具有若干个自变量和因变量的对应资料。例如,身高和体重的对应资料、施肥量和单位面积产量的对应资料等。而且这些资料要有一定的数量,如有全面的资料则更好。通过这些资料编制相关表,可以直观地判断变量之间大致上呈现何种关系形式。

根据资料是否分组,相关表有简单相关表和分组相关表两种。

(一) 简单相关表

简单相关表是利用未分组的原始资料,将两个变量的值一一对应地填列在同一张表格上,这张表格就叫简单相关表。

其编制程序是:首先,确定自变量和因变量;其次,将两个变量的变量值一一对应,按自变量值从小到大的顺序排列即可。例如,为了研究家庭收入与家庭消费支出的关系,通过调查获得了 40 个家庭的月收入与月消费支出的资料,以月收入为自变量,月消费支出为因变量编制相关表,如表 8-1 所示。

表 8-1 家庭月收入与月支出资料表 单位:元

月收入	月支出	月收入	月支出	月收入	月支出	月收入	月支出
8 560	7 990	8 650	8 200	8 850	8 570	9 020	8 530
8 560	7 990	8 700	8 100	8 850	8 500	9 020	8 690
8 580	8 000	8 700	8 300	8 980	8 550	9 020	8 720
8 580	8 020	8 800	8 400	8 980	8 580	9 020	8 730
8 620	8 030	8 800	8 450	8 980	8 610	9 150	8 500
8 620	8 050	8 800	8 510	8 980	8 630	9 150	8 590
8 620	8 100	8 800	8 530	8 980	8 660	9 150	8 630

（续表）

月收入	月支出	月收入	月支出	月收入	月支出	月收入	月支出
8 650	8 050	8 800	8 550	8 980	8 670	9 150	8 680
8 650	8 080	8 850	8 500	8 980	8 900	9 150	8 750
8 650	8 150	8 850	8 520	9 020	8 500	9 150	8 980

从表 8－1 可以直观地看出，尽管在月收入相同的情况下，家庭月支出互不相同，但随着家庭月收入的增加，家庭月支出呈增长的趋势。

（二）分组相关表

分组相关表是在简单相关表分组的基础上，将原始数据进行分组后再制成表。分组相关表可以分为单变量分组相关表和双变量分组相关表两种。

1. 单变量分组相关表

有相关关系的两个变量中，只根据一个变量进行分组，另一个变量不进行分组，只是计算出次数和平均数，这种表叫做单变量分组表，如表 8－2 所示。

表 8－2　单变量分组相关表

家庭月收入(元)	家庭个数(个)	家庭月平均支出(元)
8 560	2	7 990.00
8 580	2	8 010.00
8 620	3	8 060.00
8 650	4	8 120.00
8 700	2	8 200.00
8 800	5	8 484.00
8 850	4	6 597.50
8 980	7	8 657.10
9 020	5	8 634.00
9 150	6	8 688.30

这种单变量分组表是实际工作中使用得很多的一种，它能使资料简化，并且反映出两个现象间的互相依存关系。

单变量分组表也可以作为以后计算的依据。和简单相关表不同的是，在计算相关系数等指标的时候，采用加权法，因为每个组代表的原始资料数目是不相同的。

2. 双变量分组相关表

这是将自变量和因变量都进行分组而制成的相关表。这种表的形状如同棋盘，故又称棋盘式表，如表 8－3 所示。

表 8－3 双变量分组相关表

家庭月支出(元)	家庭月收入(元)						
	8 550～8 650	8 650～8 750	8 750～8 850	8 850～8 950	8 950～9 050	9 050～9 150	合计
8 950～9 050						1	1
8 850～8 950					1		1
8 750～8 850						1	1
8 650～8 750					5	1	6
8 550～8 650			1	2	4	2	9
8 450～8 550			3	2	2	1	8
8 350～8 450			1				1
8 250～8 350							1
8 150～8 250		2					2
8 050～8 150	2	3					5
7 950～8 050	5						5

双变量分组表也可以作为以后计算分析指标的依据。由于对两个变量都进行了分组，加权的方法要复杂一些。一般情况下很少使用双变量分组表进行计算。

二、相关图

相关图又称散点图，它是用直角坐标系的 x 轴代表自变量，y 轴代表因变量，将两个变量间相对应的变量值用坐标点的形式描绘出来，用以表明相关点分布状况的图形。

三、相关系数

相关表和相关图可反映两个变量之间的相互关系及其相关方向，但无法确切地表明两个变量之间相关的程度。为了从数量上测量现象相关关系的密切程度，就要计算相关系数。

（一）相关系数的意义

相关系数是表明两个变量在直线相关形式下，相关关系密切程度的统计分析数据，通常用 r 来表示。其计算公式为：

$$r=\frac{n\sum xy-\sum x\sum y}{\sqrt{n\sum x^2-(\sum x)^2}\sqrt{n\sum y^2-(\sum y)^2}}$$

相关系数的值介于 -1 与 $+1$ 之间，即 $-1\leqslant r\leqslant +1$。其性质如下：

(1) 当 $r>0$ 时，表示两变量正相关，$r<0$ 时，两变量为负相关。

(2) 当 $|r|=1$ 时，表示两变量为完全线性相关，即为函数关系。

(3) 当 $r=0$ 时，表示两变量间无线性相关关系。

(4) 当 $0<|r|<1$ 时，表示两变量存在一定程度的线性相关。且 $|r|$ 越接近 1，两变量间线性关系越密切；$|r|$ 越接近于 0，表示两变量的线性相关越弱。

(5) 一般可按三级划分：$|r|<0.4$ 为低度线性相关；$0.4\leqslant|r|<0.7$ 为显著性相关；$0.7\leqslant|r|<1$ 为高度线性相关。

（二）相关系数的计算方法

根据简单相关表，计算相关系数的公式为：

$$r=\frac{n\sum xy-\sum x\sum y}{\sqrt{n\sum x^2-(\sum x)^2}\sqrt{n\sum y^2-(\sum y)^2}}$$

相关系数计算法如表 8－4 所示。

表 8-4 相关系数计算表

序　号	广告投入(万元)x	月均销售额(万元)y	x_2	y_2	xy
1	12.5	21.2	156.25	449.44	265.00
2	15.3	23.9	234.09	571.21	365.67
3	23.2	32.9	538.24	1 082.41	763.28
4	26.4	34.1	696.96	1 162.81	900.24
5	33.5	42.5	1 122.25	1 806.25	1 423.75
6	34.4	43.2	1 183.36	1 866.24	1 486.08
7	39.4	49.0	1 552.36	2 401.00	1 930.60
8	45.2	52.8	2 043.04	2 787.84	2 386.56
9	55.4	59.4	3 069.16	3 528.36	3 290.76
10	60.9	63.5	3 708.81	4 032.25	3 867.15
合　计	346.2	422.5	14 304.52	19 687.81	16 679.09

$$r=\frac{n\sum xy-\sum x\sum y}{\sqrt{n\sum x^2-(\sum x)^2}\sqrt{n\sum y^2-(\sum y)^2}}=$$

$$\frac{10\times 16\,679.09-346.2\times 422.5}{\sqrt{10\times 14\,304.52-346.2^2}\ \sqrt{10\times 19\,687.81-422.5^2}}=0.9942$$

相关系数为 0.9942，说明广告投入费与月平均销售额之间有高度的线性正相关关系。根据分组相关表资料计算相关系数，相对较复杂些，本教材只介绍根据单变量分组相关表的资料计算相关系数的方法。其计算公式为：

$$r=\frac{\left(\sum f\right)\left(\sum xyf\right)-\left(\sum xf\right)\left(\sum yf\right)}{\sqrt{\left(\sum f\right)\left(\sum x^2f\right)-\left(\sum xf\right)^2}\sqrt{\left(\sum f\right)\left(\sum y^2f\right)-\left(\sum yf\right)^2}}$$

现以表 8－5 的资料为例说明单变量分组资料相关系数的计算方法。

表 8－5 单变量分组资料相关系数计算表

产品产量(件)x	单位成本(元)y	企业个数(个)f	xf	yf	x^2f	y^2f	xyf
2	52	2	4	104	8	5 408	208
3	54	2	6	108	18	5 832	324
4	52	3	12	156	48	8 112	624
4	48	3	12	144	48	6 912	576
5	48	4	20	192	100	9 216	960
6	46	2	12	92	72	4 232	552
合　计	—	16	66	796	294	39 712	3 244

$$r=\frac{\left(\sum f\right)\left(\sum xyf\right)-\left(\sum xf\right)\left(\sum yf\right)}{\sqrt{\left(\sum f\right)\left(\sum x^2f\right)-\left(\sum xf\right)^2}\sqrt{\left(\sum f\right)\left(\sum y^2f\right)-\left(\sum yf\right)^2}}=$$

$$\frac{16\times 3\ 244-66\times 796}{\sqrt{16\times 294-66^2}\times\sqrt{16\times 39\ 712-796^2}}=$$

$$\frac{51\ 904-52\ 536}{\sqrt{348}\times\sqrt{1\ 776}}=\frac{-632}{\sqrt{618\ 048}}\approx -0.804$$

计算结果表明产品产量与产品单位成本高度直线负相关。

第三节　回 归 分 析

一、回归分析的意义和种类

对现象间变量关系的研究，一般是从两个方面来进行的：一方面，研究变量间联系的密切程度，称相关分析。对于直线相关，用相关系数来表示；对于曲线相关，用相关指数来表示。实际上，相关系数还可表明变量的变动方向，但不能根据一个变量的值,估计推算出另一个变量的值。另一方面,研究变量之间的变动关系,并用数学方程式表示,称回归分析。具体地讲,就是把两个或两个以上的变量之间的变动关系数学模型化,求出回归方程,以便进行估计推算。

回归有不同种类,按照自变量的个数分,有一元回归和多元回归。只有一个自变量的叫一元回归;有两个或两个以上自变量的叫多元回归。按照回归曲线的形态分,有线性(直线)回归和非线性(曲线)回归。实际分析时应根据客观现象的性质、特点、研究目的和任务选取回归分析的方法。本节仅讨论一元线性回归分析。

二、相关与回归分析的关系

(一) 相关分析与回归分析的联系

1. 相关分析是回归分析的基础和前提

一般先进行相关分析,对相关关系的密切程度作出判断,进而决定是否需要进行回归分析。如果缺少相关分析,没有对相关关系的密切程度作出判断,就不能进行回归分析。因此,相关分析是回归分析的基础和前提。

2. 回归分析是相关分析的深入和继续

回归分析是指把相关变量的关系转变为函数关系,并建立变量关系的数学表达式,来研究变量之间数量变动关系的统计分析方法。如果仅有回归分析而缺少相关分析,将会因为缺乏必要的基础和前提而影响回归分析的可靠性;如果仅有相关分析而缺少回归分析,就会降低相关分析的意义。只有把两者结合起来,才能达到分析研究的目的。

(二) 相关分析与回归分析的区别

(1) 在相关分析中涉及的变量不存在自变量和因变量的划分问题,变量之间的关系是对等的;而在回归分析中,则必须根据研究对象的性质和研究分析的目的,对变量进行自变量和因变量的划分。因此,在回归分析中,变量之间的关系是不对等的。

(2) 在相关分析中所有的变量都必须是随机变量;而在回归分析中,自变量是给定的,因变量才是随机的,即将自变量的给定值代入回归方程后,所得到的因变量的估计值不是唯一确定的,而会表现出一定的随机波动性。

(3) 相关分析主要是通过一个指标即相关系数来反映变量之间相关程度的大小,由于变量之间是对等的,因此相关系数是唯一确定的。而在回归分析中,对于互为因果的两个变量(如人的身高与体重,商品的价格与需求量),则有可能存在多个回归方程。

需要指出的是，变量之间是否存在“真实相关”，是由变量之间的内在联系所决定的。相关分析和回归分析只是定量分析的手段，通过相关分析和回归分析，虽然可以从数量上反映变量之间的联系形式及其密切程度，但是无法准确判断变量之间内在联系的存在与否，也无法判断变量之间的因果关系。因此，在具体应用过程中，一定要始终注意把定性分析和定量分析结合起来，在准确的定性分析的基础上展开定量分析。

三、简单直线回归方程

简单直线回归就是对具有显著直线相关的两个变量变化的一般关系进行测定，只研究一个因变量与一个自变量的线性关系，就叫一元线性回归分析，亦称直线回归分析，其回归方程最简单，故又称为简单直线回归分析。

简单直线回归方程，即借助于数学中的直线方程，近似地反映两个变量间的一般线性数量关系，并以此根据自变量的变动来推算因变量的发展趋势和水平。

假设有两个现象分别表现为自变量 x 和因变量 y，已知一组 x，y 的对应值：

$$x_1,\ x_2,\ x_3,\ \cdots,\ x_n$$

$$y_1,\ y_2,\ y_3,\ \cdots,\ y_n$$

假定两现象满足上述前提条件，给 x，y 配合一元线性回归方程：

$$y_c = a + bx$$

式中：y_c 表示因变量的估计值（回归理论值）；a，b 是待定参数，其中 a 是回归直线的起始值（截距），即 x 为 0 时 y_c 的值，从数学意义上理解，它表示在没有自变量 x 的影响时，其他各种因素对因变量 y 的平均影响；b 是回归系数（直线的斜率），表示自变量 x 每变动一个单位时，因变量 y 平均变动 b 个单位。

一元线性回归方程中的待定参数是用最小二乘法确定的。

$$\sum (y - y_c)^2 = \text{最小值}$$

把 $y_c = a + bx$ 代入 Q，得：

$$Q = (y - a - bx)^2 = \text{最小值}$$

求偏导数得：

$$\sum xy = a\sum x + b\sum x^2$$

$$\sum y = na + b\sum x$$

整理得：

$$b = \frac{n\sum xy - \sum x\sum y}{n\sum x^2 - \left(\sum x\right)^2}$$

$$a = \overline{y} - b\overline{x} = \frac{\sum y}{n} - b\frac{\sum x}{n}$$

当 a，b 求出后，一元线性回归方程 $y_c = a + bx$ 便可确定了。

例如：大龙电器有限公司 2016 年 1～10 月份产量与制造费用资料如表 8－6 所示。

解：分析制造费用对产量之间的数量关系。设回归方程为 $y = a + bx$，x 为产量，y 为制造费用。

表 8－6　成本回归分析计算表

月　份	产量(件) x	制造费用(元) y	x^2	y^2	xy
1	36 000	52 500	129 600	275 625	189 000
2	40 500	54 300	164 025	294 849	219 915
3	42 700	56 400	182 329	318 096	240 828
4	45 800	61 500	209 764	378 225	281 670
5	46 000	58 500	211 600	342 225	269 100
6	48 500	61 300	235 225	375 769	297 305
7	52 300	63 800	273 529	407 044	333 674
8	54 000	66 000	291 600	435 600	356 400
9	55 800	67 050	311 364	449 570.3	374 139
10	59 000	68 900	348 100	474 721	406 510
合　计	480 600	610 250	2 357 136	3 751 724	2 968 541

计算得：

$$\sum x = 480\ 600 \quad \sum y = 610\ 250 \quad n = 10$$

$$\sum x^2 = 23\ 571\ 360\ 000 \quad \sum xy = 29\ 685\ 410\ 000$$

代入方程组：

$$\sum xy = a\sum x + b\sum x^2$$

$$\sum y = na + b\sum x$$

解得 $a = 24\ 821.62$，$b = 0.753171$，故有制造费用对产量的回归方程 $y = 24\ 827.62 + 0.753171x$。

四、回归估计标准误差

回归方程的一个重要作用在于根据自变量的已知值估计因变量的理论值(估计值)。而理论值 y_c 与实际值 y 存在着差距，这就产生了推算结果的准确性问题。如果差距小，说明推算结果的准确性高；反之，则低。为此，分析理论值与实际值的差距很有意义。为了度量 y 的实际水平和估计值离差的一般水平，可计算估计标准误差。估计标准误差是衡量回归直线代表性大小的统计分析指标，它说明观察值围绕着回归直线的变化程度或分散程度。

通常用 S_{xy} 代表估计标准误差，其计算公式为：

$$S_{xy} = \sqrt{\frac{\sum (y - y_c)^2}{n-2}} = \sqrt{\frac{\sum y^2 - a\sum y - b\sum xy}{n-2}}$$

式中：$n-2$ 为自由度；

S_{xy} 为 y 依 x 的估计标准误差。

在实际应用中，要求有大量变量值的资料。为了计算估计标准误差时方便，用 n 代替 $n-2$，估计标准误差的计算公式可改为：

$$S_{xy} = \sqrt{\frac{\sum (y - y_c)^2}{n}} = \sqrt{\frac{\sum y^2 - a\sum y - b\sum xy}{n}}$$

用表 8－7 的资料说明估计平均误差的计算方法。

表 8－7 估计平均误差计算表

月 份	x	y	y_c	$y-y_c$	$(y-y_c)^2$
1	36 000	52 500	51 941.76	558.24	311 629.3
2	40 500	54 300	55 331.03	－1 031.03	1 063 023.0
3	42 700	56 400	56 988.01	－588.05	345 750.4
4	45 800	61 500	59 322.83	2 177.17	4 740 050
5	46 000	58 500	59 473.47	－973.47	947 641
6	48 500	61 300	61 356.4	－56.40	3 180.4
7	52 300	63 800	64 218.44	－418.44	175 094.9
8	54 000	66 000	65 498.83	501.17	251 167.9
9	55 800	67 050	66 854.54	195.46	38 204.37
10	59 000	68 900	69 264.69	－364.69	132 996.3

将计算表的有关资料代入公式得：

$$S_{xy}=\sqrt{\frac{\sum(y-y_c)^2}{n-2}}=\sqrt{\frac{8\ 008\ 738}{8}}=1\ 000.546(\text{元})$$

结果表明估计标准差是 1 000.546 元。

习 题

一、填空题

1. 根据结果标志对因素标志的不同反映，现象总体数量上存在着（　　）与（　　）两种类型的依存关系。

2. 当变量 x 值增加，变量 y 值也增加，这是（　　）相关关系；当变量 x 值减少，变量 y 值也减少，这是（　　）相关关系。

3. 相关系数是在（　　）相关条件下用来说明两个变量相关（　　）的统计

分析指标。

4. 相关系数绝对值的大小反映相关的(　　　),相关系数的正负反映相关的(　　　)。

5. 相关密切程度的判断标准中,$0.5<|r|<0.8$ 称为(　　　),$0.8<|r|<1$ 称为(　　　)。

6. 相关关系按相关的形式可分为(　　　)和(　　　)。

7. 相关关系按相关的影响因素多少不同可分为(　　　)和(　　　)。

8. 相关系数的取值范围是(　　　),r 为正值时则称(　　　)。

9. 相关系数 $r=+1$ 时称为(　　　)相关,r 为负值时则称(　　　)。

10. 相关分析研究的是(　　　)关系,它所使用的分析指标(　　　)。

11. 分组相关表可分为(　　　)和(　　　)相关表两种。

12. 从相关方向上看,产品销售额与销售成本之间属于(　　　)相关关系,而产品销售额与销售利润之间属于(　　　)相关关系。

13. 正相关的取值范围是(　　　),负相关的取值范围是(　　　)。

14. 完全相关的关系即(　　　)关系,其相关系数为(　　　)。

15. 相关系数 r 只表示两个变量的(　　　)的紧密程度。

16. 相关系数是说明具有相关关系的变量之间关系及其(　　　)的统计指标。

17. 进行回归分析时,要求自变量是(　　　),而因变量是(　　　)的。

二、单项选择题

1. 下面现象间的关系属于相关关系的是(　　)。

A. 圆的周长和它的半径之间的关系

B. 价格不变条件下,商品销售额与销售量之间的关系

C. 家庭收入愈多,其消费支出也有增长的趋势

D. 正方形面积和它的边长之间的关系

2. 若物价上涨,商品的需求量相应减少,则物价与商品需求量之间的关系为(　　)。

A. 不相关　　B. 负相关　　C. 正相关　　D. 复相关

3. 配合回归直线方程对资料的要求是(　　)。

A. 因变量是给定的数值,自变量是随机的

B. 自变量是给定的数值,因变量是随机的

C. 自变量和因变量都是随机的

D. 自变量和因变量都不是随机的

4. 在回归直线方程中，b 表示(　　)。

A. 当 x 增加一个单位时，y 增加 a 的数量

B. 当 y 增加一个单位时，x 增加 b 的数量

C. 当 x 增加一个单位时，y 的平均增加量

D. 当 y 增加一个单位时，x 的平均增加量

5. 每一吨铸铁成本(元)与铸件废品率(%)变动的回归方程为：$y_c=56+8x$，这意味着(　　)。

A. 废品率每增加1%，成本每吨增加64元

B. 废品率每增加1%，成本每吨增加8%

C. 废品率每增加1%，成本每吨增加8元

D. 废品率每增加1%，则每吨成本为56元

6. 某校对学生的考试成绩和学习时间的关系进行测定，建立了考试成绩与学习时间的直线回归方程为：$y_c=180-5x$，该方程明显有误，错误在于(　　)。

A. a 值的计算有误，b 值是对的　　B. b 值的计算有误，a 值是对的

C. a 值和 b 值的计算都有误　　D. 自变量和因变量的关系搞错了

7. 当所有的观察值 y 都落在直线 $y_c=a+bx$ 上时，则 x 与 y 之间的相关系数为(　　)。

A. $r=0$　　B. $|r|=1$　　C. -1

8. 能够测定变量之间相关系密切程度的主要方法是(　　)。

A. 相关表　　B. 相关图　　C. 相关系数　　D. 定性分析

9. 当变量 x 值增加时，变量 y 值随之下降，那么 x 与 y 之间存在着(　　)。

A. 直线相关关系　B. 正相关关系　　C. 负相关关系　　D. 曲线相关关系

10. 估计标准误说明回归直线的代表性，因此(　　)。

A. 估计标准误数值越大，说明回归直线的代表性越大

B. 估计标准误数值越大，说明回归直线的代表性越小

C. 估计标准误数值越小，说明回归直线的代表性越小

D. 估计标准误数值越小，说明回归直线的实用价值越小

11. 两变量之间直线相关程度越强，则相关系数(　　)。

A. 愈趋近于1　　B. 愈趋近于−1

C. 愈趋近于0　　D. 愈大于1

12. 相关关系按相关的方向(性质)区分，可有(　　)。

A. 完全相关，不完全相关和不想关　　B. 正相关和负相关

C. 线性相关和非线相关　　D. 单相关和复相关

13. 按照相关关系涉及的因素多少划分，相关关系分为（　　）。

A. 正相关与负相关　　B. 单相关与复相关

C. 直线相关与曲线相关　　D. 低度相关与高度相关

三、多项选择题

1. 在直线回归方程 $y_c=a+bx$ 中（　　）。

A. 必须确定自变量和因变量，即自变量是给定的，因变量是随机的

B. 回归系数既可以是正值，也可以是负值

C. 一个回归方程既可以由自变量推算因变量的估计值，也可以由因变量的值计算自变量的值

D. 两个变量都是随机的

E. 两个变量存在线性相关关系，而且相关程度显著

2. 测定现象之间有无相关关系的方法有（　　）。

A. 编制相关表　　B. 绘制相关图

C. 对客观现象做定性分析　　D. 计算估计标准误

E. 配合回归方程

3. 下列选项中，属于正相关的现象的有（　　）。

A. 家庭收入越多，其消费支出也越多

B. 某产品产量随工人劳动生产率的提高而增加

C. 流通费用率随商品销售额的增加而减少

D. 生产单位产品所耗工时随劳动生产率的提高而减少

E. 产品产量随生产用固定资产价值的减少而减少

4. 下列关系中，属于相关关系的有（　　）。

A. 圆的半径长度和周长的关系　　B. 农作物收获和施肥量的关系

C. 商品销售额和利润率的关系　　D. 产品产量与单位产品成本的关系

E. 家庭收入多少与消费支出增长的关系

5. 下列属于负相关的现象有（　　）。

A. 商品流转的规模愈大，流通费用水平越低

B. 流通费用率随商品销售额的增加而减少

C. 国民收入随投资额的增加而增长

D. 生产单位产品所耗工时随劳动生产率的提高而减少

E. 某产品产量随工人劳动生产率的提高而增加

6. 相关系数是零,说明两个变量之间的关系(　　)。

A. 完全不相关　　B. 高度相关

C. 低度相关　　D. 不相关

E. 显著相关

7. 若两个变量之间的相关系数为-1,则这两个变量有(　　)。

A. 负相关关系　　B. 正相关关系

C. 不相关　　D. 完全相关关系

E. 不完全相关关系

8. 回归分析的特点有(　　)。

A. 两个变量是不对等的　　B. 必须区分自变量和因变量

C. 两个变量都是随机的　　D. 因变量是随机的

E. 自变量是可以控制的量　　F. 回归系数只有一个

9. 在直线回归分析中,(　　)。

A. 自变量是可控制量,因变量是随机的

B. 两个变量不是对等的关系

C. 利用一个回归方程,两个变量可以互相推算

D. 根据回归系数可判定相关的方向

E. 对于没有明显因果关系的两个线性相关变量可求得两个回归方程

10. 下列关系中,属于正相关的有(　　)

A. 单位产品成本与产量　　B. 商品销售与流通费用率

C. 企业销售收入与利润总额　　D. 广告费与销售量

E. 家庭收入与家庭支出

11. 下列选项中,(　　)的关系为相关关系。

A. 家庭收入与消费支出之间　　B. 圆的面积与它的半径之间

C. 广告支出与商品销售额之间　　D. 单位产品成本与利润之间

E. 在价格固定情况下,销售量与商品销售额之间

12. 下面成双的变量值资料,有必要或可能通过相关系数的计算来描述其间密切关系程度有(　　)。

A. 居民家庭的收入与消费支出

B. 劳动生产率与企业利润

C. 钢铁产量的增长与高血压患者的增加

D. 在不变价格的条件下,销售额与销售量

E. 人的身高与体重

13. 如果给定的原因变量和结果变量都是数量变量，为了揭示它们之间的相关关系，可运用(　　)。

A. 单变量分组相关表　　B. 双变量分组(棋盘式)相关表

C. 回归方程　　D. 相关系数

E. 相关散点图

14. 下列关系中属于正相关的有(　　)。

A. 单位产品成本与产量　　B. 企业销售收入与利润总额

C. 广告费与销售量　　D. 家庭收入与家庭支出

四、判断题

1. 施肥量与收获率是正相关关系。　　(　　)
2. 计算相关系数的两个变量都是随机变量。　　(　　)
3. 利用一个回归方程，两个变量可以互相推算。　　(　　)
4. 估计标准误指的就是实际值 y 与估计值 y_c 的平均误差程度。　　(　　)

五、简答题

1. 什么是相关关系？它与函数关系有何不同？
2. 什么是相关系数？如何根据相关系数判明现象之间的相关程度。
3. 回归分析和相关分析的区别与联系？
4. 简述一元线性回归方程的建立。
5. 什么是回归系数？它的意义是什么？
6. 什么是估计标准误差？它在回归和相关分析中有什么作用？

六、计算分析题

1. 检查5位学生统计学原理的学习时间与成绩如表8－8所示。

表8－8　5位学生的学习时间与成绩

学习时数(小时)	学习成绩(分)
4	40
6	60
7	50
10	70
13	90

要求：(1) 建立学习成绩(y)与学习时间(x)的直线回归方程。

(2) 计算学习时数与学习成绩之间的相关系数。

2. 已知$\sum x=70$，$\sum y=640$，$n=10$，$\sum x^2=532$，$\sum y^2=42\ 816$，$\sum xy=4\ 754$，试求相关系数。

3. 某地区的10个同类工业企业2016年生产性固定资产价值与工业增加值统计资料如表8-9所示。

表8-9 固定资产价值与工业增加值 单位：百万元

企业编号	工业性固定资产价值 x	工业增加值		
1	3	15		
2	3	17		
3	5	25		
4	6	28		
5	6	30		
6	7	36		
7	8	37		
8	9	42		
9	9	45		
10	10	45		

要求：(1) 计算相关系数。

(2) 建立以生产性固定资产价值为自变量，以工业增加值为因变量的回归方程。

(3) 估计生产性固定资产价值为4百万元时，工业增加值为多少？

4. 生产费用与产品产量有一定关系，现从某一行业中随机抽取12个企业，所得产量与生产费用的数据如表8-10所示。

表8-10 12个企业的产量与生产费用数据

企业编号	产量(万件)x	生产费用(万元)y		
1	40	130		
2	42	150		
3	50	155		
4	55	140		

(续表)

企业编号	产量(万件)x	生产费用(万元)y		
5	65	150		
6	78	154		
7	84	165		
8	100	170		
9	116	167		
10	125	180		
11	130	175		
12	140	185		

要求:(1) 计算相关系数。

(2) 求解以产量为自变量,以生产费用为因变量的直线回归方程。

(3) 估计产量为 150 万件时,生产费用应为多少万元?

第九章

统 计 预 测

第一节　统计预测概述

一、统计预测的概念和特点

（一）统计预测的概念

所谓预测，就是根据过去和现在的已知信息及现象之间的相互联系，对所研究事物的未来状态作出的科学预计和推测。统计预测是根据有关的统计理论，利用统计方法，对尚未发生或已经发生而不为人们所知的社会经济现象的特征和表现作出判断和预见。

事物的发展变化，从纵向上看，它总是"过去—现在—将来"这一时间链的延续；从横向上看，它总是许多密切相关的因素相互影响的结果。事物的这种纵横交错的复杂关系，给人们认识事物未来的变化规律带来了一定的困难。准确掌握事物发展的基本脉络、预知未来状态，是人们认识世界的基本目的之一。例如，观察生产过程可对未来产量、质量作出预计与推测；投资股市时，需要对未来股市行情作出推测。

（二）统计预测的特点

(1) 统计预测属于一种定量预测。统计预测主要用来预计和判断未知现象的数量特征，这就决定了统计预测离不开运用统计数据、离不开定量分析。事实上，统计预测就是从统计数据出发，运用一系列统计方法，建立数学模型，然后对现象可能出现的特征作出数量上的描述的一类预测方法。可见，统计预测的定量特征是显而易见的。

(2) 统计预测的基本特征是运用统计方法，建立数学模型。在统计预测中，人们总是在充分占有数据的基础上，运用统计方法处理和分析数据，建立和利用数学模型进行预测。数据的处理和分析是基础，建立数学模型是手段，判断和预见未知现象的数量特征是目的。可见，离开了统计方法的运用和数学模型的建立，统计预测将无法进行。

(3) 统计预测的准确性可以通过预测误差来进行检验和控制。预测的准确性是预测的生命。不能做到预测结果准确,预测毫无意义。统计预测可利用统计方法计算、分析、评价和控制预测误差的大小,以提高预测结果的准确程度,这是其他预测方法所不能做到的。

二、统计预测的种类

统计预测可以根据不同的标志进行分类。

1. 按预测方法可以分为定性预测和定量预测

定性预测是根据实践经验和有关理论对现象作出科学分析后,对其性质或特征作出预测。其目的在于对预测事物有个概括的了解,对某种现象出现的可能性作出判断。这种方法的优点是:简单易行,灵活性强,能充分发挥人的主观能动性。不足之处是:基于人们的直观判断作出预测,因而缺乏严格的论证,有时由于受组织者的影响,预测结果会带有某些偏向性。定量预测是在对统计数据进行分析的基础上,根据有关的理论和方法建立数学模型,然后对社会经济现象可能出现的特征作出数量上的描述。

必须指出,预测方法的划分并无严格的定性和定量之分,定性预测需要定量处理,定量预测也离不开定性分析,它们相互补充、各有侧重,因此在一项预测中,两者常常结合运用。

2. 按预测的对象可以分为宏观预测和微观预测

宏观预测是指对社会总体进行全局性的预测,如对全社会基本建设投资规模、物价变动趋势、人民生活水平、国民经济发展速度的预测等。微观预测是指对单个社会单元活动的预测,如对某个商店商品销售量、销售额的预测。

3. 按预测的性质可以分为趋势预测和回归预测

趋势预测是依据现象在时间上的变动和发展规律,对其未来的变化特征作出推断和预见。进行这种预测要求掌握时间数列资料。回归预测是依据现象之间的因果联系,通过一个或多个现象的变化情况来对另一个相关现象的变化特征进行描述,这种预测要求掌握相关数列资料。趋势预测和回归预测这种分类的实用性强,本章将按照这种分类,介绍统计预测方法。

三、统计预测的基本原则

进行统计预测,除必须符合辩证唯物主义基本理论、坚持实事求是的原则外,在具体进行统计预测时还要遵循如下三个原则。

（一）连续性原则

任何事物的发展都存在一种惯性，这种惯性在经济领域被称为经济惯性。例如，物价的上升、经济的衰退一旦出现，短期之内便无法遏制。这就是说，现象的发展有一定的连贯性。过去和现在的状况，或多或少地会影响到未来。因此，进行预测时，就要求按照事物发展的惯性规律，从已知的过去、现在推测未来。

（二）类比性原则

事物的产生、发展都有一定的规律性，同时，由于现象间的联系，事物的变化模式也表现出相似性。例如，国家、地区、社区的发展模式，工业企业、建筑企业的活动规律等，都或多或少地表现出共性模式。因此，进行预测时，要注意到现象间的联系，通过类比来预测事物的发展规律。

（三）概率性原则

任何事物的产生和发展都有一定的必然性和偶然性，必然性寓于偶然性之中，事物未来的变化结果也是如此。因此，进行统计预测时，在注意事物变化规律的同时，还要注意偶然性因素对事物变化的影响，注意从偶然性中发现必然性，要通过对大量偶然事物的反复研究和观察，判断事物的发展变化趋势，揭示事物内部隐藏的规律性。

四、统计预测的步骤

（一）确定预测目标

预测目标不同，需要的资料及采用的预测方法也会有区别。因此，进行预测前，必须确定具体的预测目标，如预测基本建设投资的取向、商品的市场销售状况等。这样，才能有的放矢，选定适当的预测方法，搜集必要的资料。

（二）搜集统计资料

无论是定性预测，还是定量预测，都离不开对统计资料的分析，缺少资料或资料不准都会降低预测精度，甚至可能产生错误的预测。因此，在进行统计预测时，一定要搜集到准确、可靠、真实的统计数据和文字材料。这是进行准确预测的先决条件。

（三）加工整理资料

搜集起来的资料在投入使用前，要对其做初步分析，做审核、订正；对有些指标的计算口径、计算方法、总体范围要进行调整；对历史资料要进行系统性、准确性、可比性的检验等。

（四）构建预测模型或预测方法进行预测

在实际预测中，要根据预测目的、占有资料的情况以及人力物力等，从预测对象本身的发展规律出发，正确选择预测模型和运用预测方法。

（五）分析预测误差，改进预测

预测误差指实际值与预测值的离差。预测误差越小，说明预测的准确程度越高；如果误差很大，预测本身也就失去了意义。因此，作出预测后，要遵循预测的基本原则，对误差进行分析，必要时要作出多种预测，分析比较误差的大小，据此选定或改进预测方法，尽可能地缩小误差。

第二节 经验预测法

根据已有的统计调查资料，结合过去有关人员的经验和意见，通过一定的调查研究，测算研究对象在未来时期可能达到的水平，叫做经验预测，亦称定性预测。这种方法对于短期预测比较实用，能提供其他方法不能提供的情况，许多部门广泛采用。

一、经济指标预测法

经济指标是经济发展状况的数量表现。各种相互联系的经济现象的变化，在时间顺序上往往有一定的规律性，这种规律性通常可以从各种经济指标间的关系体现出来。通常把经济指标分成 3 类：领先指标、同步指标和滞后指标。经济指标预测法就是通过分析某种经济指标，跟随另一种经济指标的变化而变化的规律，根据政府公布或调查得到的某种经济指标的水平，预测另一些经济指标的未来水平。

【例 9-1】 某市 2×18—2×21 年基本建设投资额与建材工业产值数据如表 9 - 1 所示。

表 9 - 1 某市 2×18—2×21 年基本建设投资额与建材工业产值数据 单位：亿元

年 份	2×18	2×19	2×20	2×21
基本建设投资(X)	25	20	28	32
建材工业产值(Y)	20	16	13	22

由表 9 - 1 的数据看出，上一年基建投资额高，第二年建材工业产值便高。基建投资额是建材工业产值的领先指标，其先导期为 1 年。将 $(t+1)$ 期的建材工业产值 Y_{t+1} 和第 t 期基建投资额 X_t 相比，可以得到各时期建材工业产值与基建投资的比例

关系。其比值分别为：

$$\frac{16}{25}=0.64\qquad \frac{13}{20}=0.65\qquad \frac{22}{28}=0.79$$

为了反映这一时期建材工业产值与基建投资之间变化的一般规律，求出上述比值的算术平均数，即：

$$(0.64+0.65+0.79)\div 3=0.693$$

这一比值说明在这一时期，建材工业产值大约是上一年基建投资额69.3%。如果建材工业产值与基建投资额之间的这种比例关系在近期内还能保持，则利用2×21年基建投资额可预测2×22年该市建材工业产值。即：

$$32\times 0.693=23.176(\text{万元})$$

经济指标法一般是用来预测经济发展趋势，但不能用来预测发展变化的幅度。

二、综合判断预测法

综合判断预测法是将企业领导、业务管理人员和销售人员根据他们自己的经验，结合经济信息进行分析判断的意见综合起来，作出预测。综合判断预测法的预测步骤：

(1) 企业领导、业务管理人员和销售人员对本企业的生产销售情况进行定性和定量分析。

(2) 各类人员分别提出自己的预测方案。

各类人员进行分析后，要明确以下几个问题：① 对所预测的问题可能出现的情况进行分类，如分好、中等和差三种情况；② 提出每种情况的预测值；③ 提出每种情况出现的概率。在此基础上，各类人员根据下列公式，计算出自己的预测值。

$$\text{预测值}=\sum(\text{每种情况的预测值}\times\text{概率})$$

若无概率，则可用下面的方式：

$$\text{预测值}=\frac{1}{6}\times\text{最高估计}+\frac{4}{6}\times\text{最可能估计}+\frac{1}{6}\times\text{最低估计}$$

【例9-2】某厂生产洗衣机。若销售人员根据各种统计信息及自己的经验，分析估计2×21年洗衣机的销售情况如表9-2所示。

表 9-2 估计 2×21 年某厂洗衣机的销售情况

	好的情况	中等情况	差的情况
估计值(台)	7 800	7 600	7 400
概率	0.3	0.5	0.2

根据上述资料可知：

$$预测值=7\ 800\times0.3+7\ 600\times0.5+7\ 400\times0.2=7\ 620(台)$$

若无概率，则：

$$预测值=7\ 800\times\frac{1}{6}+7\ 600\times\frac{4}{6}+7\ 600\times\frac{1}{6}=7\ 600(台)$$

(3) 以各类人员提出的预测值为基础，确定综合预测值。其公式为：

$$综合预测值=\sum(各类人员预测值\times权数)\div\sum权数$$

各类人员权数的确定，是根据各类人员对预测问题的熟悉程度、对全面情况的了解程度和历史预测的准确程度确定的。

三、德尔菲法

德尔菲法也叫专家意见预测法。该方法主要依靠专家的知识、经验和判断能力，以公正的、系统的、逻辑的方法进行定性估计，然后将定性资料转换成定量的估计值。这种方法即能预测"进化式"发展，也能预测"跃变式"的科学突破。对一些新的尚未定型的预测对象尤为适用。

德尔菲法的实施是邀请精通业务、经验丰富的专家成立一个专家小组。人数一般要在 10 人以上，采用不具名通信的方式回答主持者所提出的预测问题。收到这些专家的答案之后，主持者把各种意见经过综合整理和归纳，得出所提意见的中位数和第一、第三个四分位数，再"反馈"给各位成员。各成员收到反馈材料后，再作认真分析考虑，再定书面意见给主持者，可以修正，也可以坚持本人的意见。主持者收到后，再综合，再反馈。如此经过二至四轮的反复，专家小组成员的意见趋于一致，主持者即可将全部资料综合整理出预测的结论；若小组一成员的看法对立或分散，则德尔菲法预测无结果。但专家意见对立或分散这一事件本身，就能成为预测主持者有分析研究价值的信息。这种方法有两个特点：

(1) 在调查过程中，专家互不见面，因而可消除相互间心理因素的影响，且可充分自由地发表意见。

(2) 采用一套特有的调查方法和综合整理的科学方法，便于全面考虑所有专家们的正确意见。

在缺乏客观资料和历史数据的情况下，德尔菲法能使我们获得较满意的长期预测。应用这一方法时，专家人选的确定往往是取得理想预测效果的关键。由于在反复调查过程中，信件往返时间较长，且难免发生错误，对此应加以注意和改进。

第三节　回归预测法

经济变量之间的变化常存在着因果关系。比如，居民收入增加是引起商品需求量增加的原因，而商品需求量的增加是居民收入增加的结果。又如，产品的销售量与价格、质量与性能之间，产品成本与劳动生产率、设备利用率之间等，都有一定的因果关系。因果回归预测就是根据事物变化的原因，利用回归方程预测事物变化结果的一种预测方法。

因果回归预测法分为一元线性回归预测、多元线性回归预测和非线性回归预测等多种方法。本节只介绍一元线性回归预测法。

如果影响预测对象的主要因素只有一个，并且它们之间表现为一种直线性的关系，那么就可以建立一元线性回归方程进行预测。将预测对象作为因变量 y，主要影响因素为自变量 x，以 y_c 表示预测对象 y 的估计值，则一元线性回归预测的预测方程为：

$$y_c = a + bx$$

其中，参数 a、b 可由最小二乘法配合回归直线得

$$b = \frac{\sum xy - \frac{1}{n}(\sum x)\cdot(\sum y)}{\sum x^2 - \frac{1}{n}(\sum x)^2}$$

$$a = \overline{y} - b\overline{x}$$

下面通过一个实例说明一元线性回归预测的步骤。

【例 9-3】维尼纶纤维的耐热性能好坏可以用指标“缩醛化度”y来衡量。这个指标越高，耐热性能越好。甲醛浓度是影响缩醛化度的重要因素。在生产中常用甲醛浓度 x(克/升)去控制这一指标。为此必须找出它们之间的关系。现安排一批试验，获得数据如表 9-3 所示。

表 9-3　维尼纶纤维试验获得数据

甲醛浓度 x (克/升)	18	20	22	24	26	28	30
缩醛化度 y(克分子)	26.86%	28.35%	28.75%	28.87%	29.75%	30.00%	30.36%

假如甲醛浓度增到 32 克/升，预测缩醛化度应为多少？

(1) 测定变量 x 与 y 之间是否呈线性状态的关系，一般做散点图看两者之间的变化规律。

以 y 轴表示缩醛化度，以 x 轴表示甲醛浓度，构成一个平面直角坐标系。把表 9-3 中的数据画在这个坐标上成为图 9-1。

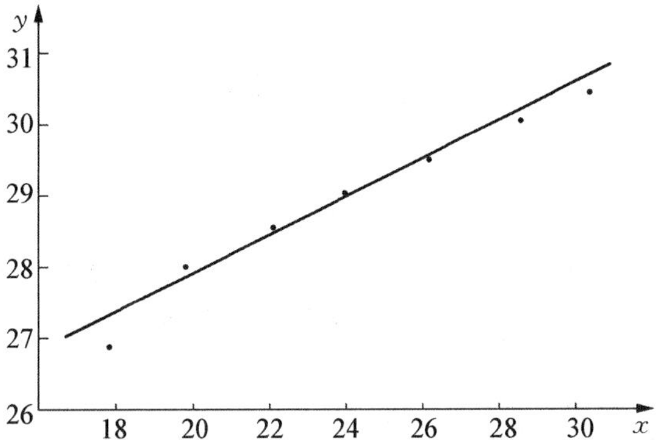

图 9-1　测定变量 x 与 y 之间关系的散点图

从图 9-1 看出，两者变化的图像近似于直线。

(2) 计算参数 a 和 b。一般先求出 $\overline{x}$、$\overline{y}$、$\sum x^2$、$\sum xy$ 之值，然后求 $\sum x^2 - \frac{1}{n}(\sum x)^2$ 和 $\sum xy - \frac{1}{n}(\sum x)(\sum y)$ 之值，则可求出 b，然后求 a。即：

$$\sum x = 168 \qquad \sum y = 202.94 \qquad \overline{x} = 24 \qquad \overline{y} = 28.9914$$

$$\sum x^2 = 4\ 144 \qquad \sum xy = 4\ 900.16 \qquad \frac{1}{n}(\sum x)^2 = 4\ 032$$

$$\frac{1}{n}(\sum x)(\sum y) = 4\ 870.56$$

$$\sum x^2 - \frac{1}{n}(\sum x)^2 = 112 \qquad \sum xy - \frac{1}{n}(\sum x)(\sum y) = 29.6$$

$$b = \frac{\sum xy - \frac{1}{n}(\sum x)\cdot(\sum y)}{\sum x^2 - \frac{1}{n}(\sum x)^2} = 0.2643 \qquad a = \bar{y} - b\bar{x} = 22.6486$$

(3) 写出回归方程,进行预测。由计算可知,缩醛化度关于甲醛浓度的回归方程为:

$$y_c = 22.6486 + 0.2643x$$

当甲醛浓度 $x = 32$ 克 /升时,由预测方程得

$$y_c = 22.6486 + 0.2643 \times 32 = 31.11(\text{克分子}\%)$$

即预测缩醛化度为 31.11 克分子%。

习　题

一、填空题

1. 回归直线参数 a、b 是用(　　　)计算的,其中 b 也称为(　　　)。

2. 回归分析中因变量是(　　　)变量,而自变量是作为可控制的(　　　)变量。

3. 设回归方程 $y_c=2+3x$,当 $x=5$ 时,$y_c=$(　　　),当 x 每增加一个单位时,y_c 增加(　　　)。

4. 说明回归方程代表性大小的统计指标是(　　　),其计算原理与(　　　)基本相同。

5. 计算季节比率通常有(　　　)和(　　　)两种方法。

二、单项选择题

1. 当有变量的数值确定后,因变量的数值也随之完全确定,这种关系属于(　　)。

A. 相关关系　　B. 函数关系　　C. 回归关系　　D. 随机关系

2. 现象之间的相互关系可以归纳为两种类型即(　　)。

A. 相关关系和函数关系　　B. 相关关系和因果关系
C. 相关关系和随机关系　　D. 函数关系和因果关系

3. 现象之间的相关密切程度愈高,则相关系数愈接近于(　　)。
A. 0　　B. 0.3～0.5　　C. 0.8～0.9　　D. ±1

4. 相关系数的取值范围是(　　)。
A. $0\leqslant r\leqslant 1$　　B. $-1<r<1$　　C. $-1\leqslant r\leqslant 1$　　D. $-1\leqslant r\leqslant 0$

5. 测定变量之间相关密切程度的代表性指标是(　　)。
A. 估计标准误　　B. 两个变量的协方差
C. 相关系数　　D. 两个变量的标准差

6. 回归分析中的两个变量(　　)。
A. 都是随机变量　　B. 关系是对等的
C. 都是给定的量　　D. 一个是自变量,一个是因变量

三、多项选择题

1. 回归分析的特点有(　　)。
A. 两个变量是不对等的　　B. 必须区分自变量和因变量
C. 两个变量都是随机的　　D. 因变量是随机的
E. 自变量是可以控制的量　　F. 回归系数只有一个

2. 直线回归分析中(　　)。
A. 自变量是可控制量,因变量是随机的
B. 两个变量不是对等的关系
C. 利用一个回归方程,两个变量可以互相推算
D. 根据回归系数可判定相关的方向
E. 对于没有明显因果关系的两个线性相关变量可求得两个回归方程

3. 在直线回归方程 $y_c=a+bx$ 中,(　　)。
A. 必须确定自变量和因变量,即自变量是给定的,因变量是随机的
B. 回归系数既可以是正值,也可以是负值
C. 一个回归方程既可以由自变量推算因变量的估计值,也可以由因变量的值计算自变量的值
D. 两个变量都是随机的
E. 两个变量存在线性相关关系,而且相关程度显著

4. 直线回归方程 $y_c=a+bx$ 中的 b 为回归系数,回归系数的作用有(　　)。
A. 可确定两变量之间因果的数量关系

B. 可确定两变量的相关方向

C. 可确定两变量的实际值与估计值的变异程度

D. 可确定两变量相关的密切程度

E. 可确定当自变量增加一个单位时，因变量的平均增加值

四、判断题

1. 根据建立的直线回归方程，不能判断出两个变量之间相关的密切程度。 （ ）

2. 计算相关系数的两个变量，要求一个是随机变量，另一个是可控制的量。 （ ）

3. 完全相关即是函数关系，其相关系数为±1。 （ ）

4. 产品产量随生产用固定资产价值的减少而减少，说明两个变量之间存在正相关关系。 （ ）

5. 估计标准误是说明回归方程代表性大小的统计分析指标，指标数值越大，说明回归方程的代表性越高。 （ ）

五、简答题

1. 什么是统计预测？它有什么特点？

2. 统计预测的基本原则？

3. 统计预测的步骤有哪些？

4. 什么是综合判断法？简述其预测步骤。

5. 运用回归预测应注意哪些问题？

六、计算分析题

1. 某地区人均收入与耐用消费品销售额资料如表9-4所示。

表9-4 某地区收入与耐用消费品销售额资料

年份	人均月收入（元）	耐用消费品销售额（万元）
2×16	3 400	820
2×17	3 800	900
2×18	4 500	1 000
2×19	4 700	1 140
2×20	5 600	1 400
2×21	6 200	1 440

通过分析，已知人均收入的长期趋势为直线型，而且人均收入与耐用消费品销售额亦为直线相关。

要求：(1) 建立人均月收入的直线趋势方程，并预测2×22年人均月收入。

(2) 建立人均月收入与耐用消费品销售额的直线回归方程。

(3) 根据直线回归预测模型预测2×22年的耐用消费品销售额。

2. 某企业某种产品产量与单位成本的资料如表9-5所示。

表9-5　某企业某种产品产量与单位成本的资料

月份	产量(万件)	单位成本(元/件)
1	2	73
2	3	72
3	4	71
4	3	73
5	4	69
6	5	68

要求：(1) 计算相关系数。

(2) 确定单位成本对产量的直线回归方程(单位成本为因变量)，指出产量每增加1万件时，单位成本下降多少？

(3) 产量为6万件时，单位成本为多少？

(4) 单位成本为70元/件时，产量应为多少？

附录一

国民经济和社会发展重要统计指标

（一）国内生产总值

国内生产总值(GDP)是指一个国家(地区)所有常住单位在一定时期内生产活动的最终成果。所谓常住单位是指在一国政府控制或拥有的地理领土内,具有一定的场所(如住房、厂房或其他建筑物),从事一定规模经济活动并超过一定时期(一般以一年为操作准则)的单位。GDP 有产品、价值、收入三种表现形态。从产品形态看,它是最终使用的货物和服务;从价值形态看,它是所有常住单位在一定时期内所生产的全部货物和服务价值超过同期投入的全部非固定资产货物和服务价值的差额;从收入形态看,它是所有常住单位在一定时期内所创造并分配给常住单位和非常住单位的初次分配收入之和。

GDP 有三种表现形态,相应地它可以有支出法、生产法和收入法三种计算方法,它们从不同方面反映国内生产总值及其构成。

(1) 支出法。支出法也称使用法,它是从最终使用角度来反映最终产品的生产规模。最终使用包括资本形成总额、最终消费、货物和服务净出口三项内容,即:

GDP＝资本形成总额＋最终消费＋货物和服务净出口

(2) 生产法。生产法是从生产角度来计算国内生产总值,它等于总产出与中间投入之间的差额,即:

GDP＝总产出－中间投入

总产出是指一个国家(地区)的常住单位在一定时期内进行物质生产活动的总成果;中间投入是指在相应生产活动中所消耗的非固定资产货物价值,也称中间产品。

(3) 收入法。收入法也称分配法,它是从要素收入的角度来计算国内生产总值,即:

GDP＝劳动者报酬＋生产税净额＋固定资产折旧＋营业盈余

国内生产总值是国民经济核算(SNA)体系的核心指标,它能够全面反映全社会经济活动的总规模,衡量一个国家(地区)的经济实力。

(二) 国民生产总值

国民生产总值(GNP)是指一个国家(地区)所有常住单位在一定时期内收入初次分配的最终成果。一国常住单位从事生产活动所创造的增加值在初次分配过程中主要分配给该国的常住单位,但也有一部分以劳动者报酬和财产收入等形式分配给该国的非常住单位。同时,国外生产所创造的增加值也有一部分以劳动者报酬和财产收入等形式分配给该国的常住单位,从而产生了国民生产总值的概念。

国民生产总值等于国内生产总值加上来自国外的劳动者报酬和财产收入减去支付给国外的劳动者报酬和财产收入。可见,国民生产总值是一个收入概念,它是按国民原则计算的;而国内生产总值是一个生产概念,它是按国土原则计算的。

(三) 增加值

增加值是各单位或部门在一定时期内生产活动的最终成果,它等于总产出与中间投入的差额。从实物形态看,增加值表现为各单位或部门的最终生产经营成果;从价值形态看,增加值表现为新创造的价值与固定资产折旧之和。各部门增加值之和等于国内生产总值。

增加值可以反映各单位或部门生产活动的最终成果,也是计算国内生产总值的基础。

(四) 社会总产值

社会总产值是一个国家(地区)各物质生产部门在一定时期内所生产的,以货币表现的社会总产品。从实物形态看,它由生产资料和消费资料两部分构成;从价值形态看,它由生产过程中消耗掉的生产资料转移价值、物质生产部门的劳动者报酬及物质生产部门的劳动者为社会创造的价值三部分组成。

工业、农业、建筑业、商业、为生产服务的货物运输及邮电业五个行业的总产值之和即为社会总产值。它可以反映一定时期社会产品生产的总规模和总水平。但是,该指标的核算范围仅限于物质生产部门,其数值大小也受转移价值的影响,因而难以真实、客观地反映全社会的生产经营成果。

(五) 三次产业

三次产业划分范围如下:第一产业是指农、林、牧、渔业。第二产业是指采矿业,制造业,电力、燃气及水的生产和供应业,建筑业。第三产业是指除第一、第二产业以外的其他行业。第三产业包括:交通运输、仓储和邮政业,信息传输、计算机服务和软件业,批发和零售业,住宿和餐饮业,金融业,房地产业,租赁和商务服务业,科学研究、技术服务和地质勘察业,水利、环境和公共设施管理业,居民服务和其他服务业,教育,卫生、社会保障和社会福利业,文化、体育和娱乐业,公共管理和社会组织,国际组织。

(六) 当年价格

当年价格也称现行价格，是报告期内的实际市场价格。按现行价格计算的各种综合指标可以反映当年国民经济发展水平及比例关系，但因其变化受实物数量增减和价格升降因素的影响，在不同时期之间缺乏可比性。

(七) 可比价格

可比价格指计算各种总量指标所采用的扣除了价格变动因素的价格，可进行不同时期总量指标的对比。按可比价格计算总量指标有两种方法：一种是直接用产品产量乘某一年的不变价格计算；另一种是用价格指数进行缩减。

(八) 人口数

人口数指一定时点、一定地区范围内有生命的个人总和。年度统计的年末人口数指每年 12 月 31 日 24 时的人口数。年度统计的全国人口总数内未包括台湾省和港澳同胞以及海外华侨人数。

(九) 人口出生率

人口出生率又称粗出生率，它是指一定时期内(通常为 1 年)平均每千人所出生的人数。其计算公式为：

$$\text{人口出生率}(‰) = \frac{\text{年出生人数}}{\text{年平均人数}} \times 1\,000‰$$

(十) 人口死亡率

人口死亡率又称粗死亡率，它是指一定时期内(通常为 1 年)一个国家(地区)的死亡人数与同期平均人数之比。其计算公式为：

$$\text{人口死亡率}(‰) = \frac{\text{年死亡人数}}{\text{年平均人数}} \times 1\,000‰$$

(十一) 人口自然增长率

人口自然增长率指在一定时期内(通常为 1 年)人口自然增加数与同时期平均人数之比。其计算公式为：

$$\begin{aligned}\text{人口自然增长率}(‰) &= \frac{\text{本年出生人数} - \text{本年死亡人数}}{\text{年平均人数}} \times 1\,000‰ \\ &= \text{人口出生率} - \text{人口死亡率}\end{aligned}$$

(十二) 婴儿死亡率

婴儿死亡率指一定时期内(通常为 1 年)未满周岁的死亡婴儿人数与活产婴儿总数之比，一般用千分比表示。

(十三) 平均预期寿命

平均预期寿命是指在一定的年龄别死亡率水平下,活到确切年龄 x 岁后平均还能继续生存的年数,简称平均寿命。0 岁(即出生时)的平均预期寿命表示一批人出生后平均一生可活的年数,具有特殊重要意义。通常使用平均寿命一词,多指出生时平均预期寿命。

(十四) 小学学龄儿童入学率

小学学龄儿童入学率指调查范围内已入小学学习的学龄儿童占校内外学龄儿童总数(包括弱智儿童,不包括盲聋哑儿童)的比重。其计算公式为:

$$\text{小学学龄儿童入学率}(\%)=\frac{\text{已入学的学龄儿童数}}{\text{校内外学龄儿童总数}}\times 100\%$$

(十五) 从业人员

从业人员指从事一定社会劳动并取得劳动报酬或经营收入的人员,包括全部职工、再就业的离退休人员、私营业主、个体户主、私营和个体从业人员、乡镇企业从业人员、农村从业人员和其他从业人员(包括民办教师、宗教职业者、现役军人等)。

(十六) 在岗职工工资总额

在岗职工工资总额指各单位在一定时期内直接支付给本单位全部在岗职工的劳动报酬总额,包括计时工资、计件工资、奖金、津贴、补贴、加班加点工资和其他工资(如附加工资、保留工资以及调整工资补发的上年工资等)。

(十七) 职工平均工资

职工平均工资是指企业、事业、机关单位的职工在一定时期内平均每人所取得的货币工资,它可以表明一定时期职工工资收入的高低程度,是反映职工工资水平的主要指标。其计算公式为:

$$\text{职工平均工资}=\frac{\text{报告期实际支付的全部职工工资总额}}{\text{报告期全部职工平均人数}}$$

公式中报告期实际支付的全部职工工资总额是指企业、事业、机关单位在报告期内直接支付给本单位全部职工的劳动报酬总额。各单位支付给职工的劳动报酬以及其他根据有关规定支付的工资,不论是否计入成本,不论是否按国家规定列入计征奖金税项目,不论是以货币形式支付还是以实物形式支付,均应包括在工资总额内。

(十八) 职工实际平均工资

职工实际平均工资是指扣除物价变动因素后的职工平均工资,它可以比较客观、准确地反映一定时期内职工工资的一般水平。其计算公式为：

$$职工平均实际工资 = \frac{报告期职工平均工资}{报告期城镇居民消费价格指数}$$

公式中报告期城镇居民消费价格指数是反映一定时期内城镇居民所购买的生活消费品价格和服务项目价格变动趋势及其程度的相对数，它可用来观察和分析消费品的零售价格和服务价格变动对城镇居民实际生活费支出的影响程度。把城镇居民消费价格指数与职工平均工资结合起来，可以反映和分析一定时期内职工工资收入的真实水平。职工平均实际工资是职工实际生活的物质基础和保障。

（十九）固定资产投资额

固定资产投资额指以货币表现的建造和购置固定资产活动的工作量，分为基本建设投资、更新改造投资、房地产开发投资、其他固定资产投资、城镇工矿区私人建房投资、农村集体投资和农村个人投资等几个部分。

（二十）固定资产投资率

固定资产投资率是指在一定时期内全社会固定资产投资额与国内生产总值之比，是反映固定资产投资规模是否适当的重要指标。其计算公式为：

$$固定资产投资率 = \frac{全社会固定资产投资额}{国内生产总值} \times 100\%$$

（二十一）固定资产投资效果系数

固定资产投资效果系数是指报告期新增国内生产总值与同期固定资产投资额的比率，反映单位固定资产投资额所增加的国内生产总值的数量。其计算公式为：

$$固定资产投资效果系数 = \frac{报告期新增国内生产总值}{同期固定资产投资额}$$

（二十二）房地产开发投资

房地产开发投资是指房地产开发公司、商品房建设公司及其他房地产开发法人单位和附属于其他法人单位实际从事房地产开发或经营的活动单位统一开发的包括统代建、拆迁还建的住宅、厂房、仓库、饭店、宾馆、度假村、写字楼、办公楼等房屋建筑物和配套的服务设施，土地开发工程（如道路、给水、排水、供电、供热、通讯、平整场地等基础设施工程）的投资；不包括单纯的土地交易活动。

（二十三）森林覆盖率

森林覆盖率是指森林面积与土地总面积之比，它反映一个国家（地区）森林资源和绿化水平。其计算公式为：

$$森林覆盖率(\%)=\frac{森林面积}{土地总面积}\times 100\%$$

(二十四) 财政收入

财政收入指国家财政参与社会产品分配所取得的收入,是实现国家职能的财力保证。财政收入所包括的内容几经变化,目前主要包括各项税收、专项收入、其他收入(如基本建设贷款归还收入、基本建设收入、捐赠收入等)和国有企业计划亏损补贴。

财政收入按财政体制划分为中央本级收入和地方本级收入。1994 年,分税制财政体制实施以后,属于中央财政的收入包括关税、海关代征消费税和增值税,消费税,中央企业所得税,地方银行和外资银行及非银行金融企业所得税,铁道、银行总行、保险总公司等集中缴纳的营业税(已改征增值税)、所得税、利润和城市维护建设税,增值税的 75%,部分证券交易税(印花税)和海洋石油资源税;属于地方财政的收入包括营业税,地方企业所得税,个人所得税,城镇土地使用税,固定资产投资方向调节税(已停征),城市维护建设税,房产税,车船使用税,印花税,屠宰税,农牧业税,农业特产税,耕地占用税,契税,增值税的 25%,部分证券交易税(印花税)和除海洋石油资源税以外的其他资源税。

(二十五) 财政支出

财政支出指国家财政将筹集起来的资金进行分配使用,以满足经济建设和各项事业的需要,主要包括基本建设支出,企业挖潜改造资金,地质勘探费用,科技三项费用,支援农村生产支出,农、林、水利、气象等部门的事业费用,工业、交通、商业等部门的事业费,文教、科学、卫生事业费,抚恤和社会福利救济费,国防支出、行政管理费和价格补贴支出。

财政支出按照政府在经济和社会活动中的不同职权,划分为中央财政支出和地方财政支出。中央财政支出包括国防支出,武装警察部队支出,中央级行政管理费和各项事业费,重点建设支出以及中央政府调整国民经济结构、协调地区发展、实施宏观调控的支出。地方财政支出主要包括地方行政管理和各项事业费,地方统筹的基本建设、技术改造支出,支援农村生产支出,城市维护和建设经费,价格补贴支出等。

(二十六) 货币供应量

货币供应量指某一时点一国流通中的货币量。货币供应量可分为三个层次:

M_0:流通中的现钞;

M_1:M_0+企事业单位活期存款+机关部队团体存款+农村存款+个人持有的信用卡类存款;

M_2:M_1+企事业单位定期存款+储蓄存款+外币存款+信托类存款。

(二十七) 货币流通量

货币流通量即流通中的现金，指金融机构以外的机关、团体、部队、企业、事业单位和居民个人在某一时刻持有的现金总量。

(二十八) 信贷资金

信贷资金指中央银行以信用方式积聚和分配的货币资金。信贷资金的来源有各项存款、金融债券、对国际金融机构负债、流通中现金等；信贷资金的运用有各项贷款、有价证券贷款、金银占款、外汇占款、财政借款及在国际金融机构资产。

(二十九) 城乡储蓄存款余额

城乡储蓄存款余额是指某一时刻(如月初或月末、季初或季末、年初或年末)城乡居民存入银行及农村信用社的储蓄金额与其他银行及农村信用社取出的金额之差。它是一个时点指标，用来反映城乡居民储蓄存款的规模。城乡储蓄存款余额包括城镇居民储蓄存款和农民个人储蓄存款两部分，不包括居民的手存现金和工矿企业、部队、机关团体等集体存款。

(三十) 保险金额

保险金额指保险人承担赔偿或者给付保险金责任的最高限额。

(三十一) 物价指数

物价指数又称价格指数，指从生产者、购买者和市场的角度，分别反映不同时期货物和服务商品价格总水平变动趋势幅度的相对数。目前编制的物价指数主要有居民消费价格指数、商品零售价格指数、工业品出厂价格指数、固定资产投资价格指数、房地产价格指数等。

(三十二) 城镇居民家庭可支配收入

城镇居民家庭可支配收入指被调查的城镇居民家庭在支付个人所得税、财产税及其他经常性转移支出后所余下的实际收入。

(三十三) 恩格尔系数

恩格尔系数指食物支出金额在生活消费总支出金额中所占的比例。其计算公式为：

$$\text{恩格尔系数} = \frac{\text{食物支出金额}}{\text{生活消费总支出金额}} \times 100\%$$

(三十四) 工业经济效益综合指数

工业经济效益综合指数是综合衡量地区工业经济效益总体水平的一种特殊相对数，是反映一定时期工业经济运行质量的主要指标。工业经济效益综合指数由总资产贡献率、资本保值增值率、资产负债率、流动资产周转率、成本费用利润率、全员劳动生产率和产品销售率七个工业经济效益指标组成。计算工业经济效益综合指数,应以各项工业经济效益指标实际数值分别除以该项指标的全国标准值,再乘以各自的权数,加总后除以总权数求得。该指标可从静态水平和动态趋势上较为全面地反映各地区工业经济效益的变化情况,并可在一定程度上消除地区对比的不可比因素。

(三十五) 建筑业总产值(自行完成施工产值)

建筑业总产值(自行完成施工产值)是指以货币表现的建筑安装企业在一定时期内生产的建筑业产品的总和。建筑业总产值包括建筑工程产值,设备安装工程产值,房屋、构筑物修理产值和非标准设备制造产值。

(三十六) 货物(旅客)运输量

货物(旅客)运输量指在一定时期内,各种运输工具实际运送的货物(旅客)数量。货运按吨计算,客运按人计算。货物不论运输距离长短、货物类别,均按实际重量统计。旅客不论行程远近或票价多少,均按一人一次客运量统计;半价票、小孩票也按一人统计。

(三十七) 邮电业务总量

邮电业务总量是以货币形式表示的邮政、电信通讯业为社会提供各类通信服务和传输手段的综合性总量指标。邮电业务总量按邮电通信专业性质可分为邮政业务总量和电信业务总量。其计算方法是以各类业务的实物量分别乘以相应的不变单价之和,再加上出租电路和设备,代用户维护电话交换机和线路等的服务收入。

(三十八) 社会消费品零售总额

社会消费品零售总额指国民经济各行业直接售给城乡居民和社会集团的消费品总额。社会消费品零售总额包括售给城乡居民作为生活用的商品和修建房屋用的建筑材料;售给社会集团的各种办公用品和公用消费品;售给机关、团体、学校、部队、企业、事业单位的职工食堂和旅店(招待所)附设专门供本店旅客食用,不对外营业的食堂的各种食品、燃料;企业、单位和国有农场直接售给本单位职工和职工食堂的自己生产的产品;售给部队干部、战士生活用的粮食、副食品、衣着品、日用品、燃料;售给来华的外国人、华侨、港澳台同胞的消费品;居民自费购买的中、西药品,中药材及医疗用品;报社、出版社直接售给居民和社会集团的报纸、图书、杂志,集邮公司出售的新、旧纪念邮票、特种邮票、首日封、集邮册、集邮工具等;旧货寄售商店自购、自销部分的商品;煤气公司、液化石油气站售给居民和社会集团的煤气灶具和罐装液化石油气;农民售给非农业居民和社会集团的商品。

(三十九) 外商直接投资

外商直接投资指外国企业和经济组织或个人(包括华侨、港澳台胞以及我国在境外注册的企业)按我国有关政策、法规,用现汇、实物、技术等在我国境内开办外商独资企业,与我国境内的企业或经济组织共同举办中外合资经营企业、合作经营企业或合作开发资源的投资(包括外商投资收益的再投资),以及经济政府有关部门批准的项目投资总额内企业从境外借入的资金。

(四十) 海关进出口总额

海关进出口总额指实际进出我国国境的货物总金额,包括对外贸易实际进出口货物,来料加工装配进出口货物,国家间、联合国及国际组织无偿援助物资和赠送品,华侨、港澳台同胞和外籍华人捐赠品,租赁期满归承租人所有的租赁货物,进料加工进出口货物,边境地方贸易及边境地区小额贸易进出口货物(边民互市贸易除外),中外合资、中外合作、外商独资经营企业进出口货物和公用物品,到岸、离岸价格在规定限额以上的进出口货样和广告品(无商业价值、无使用价值和免费提供出口的除外),从保税仓库提取在中国境内销售的进口货物,以及其他进出口货物。我国规定出口货物按离岸价格统计,进口货物按到岸价格统计。

(四十一) 能源生产弹性系数与能源消费弹性系数

能源生产弹性系数与能源消费弹性系数是研究一个国家(或地区)在一定时期内能源生产和消费的增长与国民经济增长之间关系的重要宏观经济指标,前者反映能源生产量的增长与国民经济增长之间的比例关系,后者反映能源消费增长与国民经济增长之间的比例关系。其计算公式为:

$$\text{能源生产弹性系数} = \frac{\text{能源生产总量年平均增长速度}}{\text{国民经济年平均增长速度}}$$

$$\text{能源消费弹性系数} = \frac{\text{能源消费总量年平均增长速度}}{\text{国民经济年平均增长速度}}$$

在这里,能源生产总量是指一定时期内一个国家(地区)一次能源生产量的总和。一次能源生产量包括原煤、原油、天然气、水电及其他动力能(如风能、地热能等)发电量,不包括低热值燃料生产量、生物质能、太阳能等的利用和由一次能源加工转换而成的二次能源产量。能源消费总量是指一定时期内一个国家(地区)物质生产部门、非物质生产部门和生活消费的各种能源的总和。它包括消费的原煤和原油及其制品、天然气、电力,不包括低热值燃料、生物质能和太阳能等的利用,可以分为终端能源消费量、能源加工转换损失和损失量三个组成部分。

(四十二) 资金利税率

资金利税率是指在一定时期内已实现的利润、税金总额与同期的资产之比,它可以反映每单位资金所提供的利润税金总额,是考察和评价部门或企业资金运用的经济效益，分析资金投入效果的主要分析指标。其计算公式为：

$$\text{资金利税率}(\%) = \frac{\text{报告期累计实现利税总额}}{\text{固定资产净值平均余额} + \text{流动资产平均余额}} \times 100\%$$

（四十三）产值利税率

产值利税率是指在一定时期内已实现的利润、税金总额占同期总产值的比重，它可以反映部门或企业的最终有效产出率。其计算公式为：

$$\text{产值利税率}(\%) = \frac{\text{利税总额}}{\text{总产值}} \times 100\%$$

（四十四）流动资产周转次数

流动资产周转次数是指在一定时期内流动资产完成的周转次数，可用来反映流动资产的周转速度。其计算公式为：

$$\text{流动资产周转次数} = \frac{\text{产品销售收入}}{\text{全部流动资产平均余额}}$$

（四十五）工业固体废物综合利用率

工业固体废物综合利用率指工业固体废物综合利用量占工业固体废物产生量的比例。其计算公式为：

$$\text{工业固体废物综合利用率} = \frac{\text{工业固体废物综合利用量}}{\text{工业固体废物产生量}} \times 100\%$$

工业固定废物综合利用量指通过回收、加工、循环、交换等方式，从固体废物中提取或者使其转化为可以利用的资源、能源和其他原材料的固体废物量。

工业固体废物产生量指企业在生产过程中产生的固体状、半固体状和高浓度液体状废弃物的总量，包括危险废物、冶炼废渣、粉煤灰、炉渣、煤矸石、尾矿、放射性废物和其他废物等，不包括矿山开采的剥离废石和掘进废石。

（四十六）劳动生产率

劳动生产率反映劳动者在单位时间内提供的生产成果，它一般按实物量或价值量计算，计算公式为：

$$\text{实物量劳动生产率} = \frac{\text{产品产量}}{\text{劳动者平均人数}}$$

$$\text{价值量劳动生产率} = \frac{\text{价值指标}}{\text{劳动者平均人数}}$$

上述公式中的分母既可以是工人平均人数，也可以是全部职工（或从业人员）平均人数，由此得到工人劳动生产率和全员劳动生产率两个指标。实物量劳动生产率适合于反映生产单一产品或同类产品的企业或部门劳动者的生产效率；价值量劳动生产率因价值指标具有的高度综合与概括能力而成为应用最广泛的劳动生产率指标，它的分子一般为总产值或增加值。

（四十七）农作物播种面积

农作物播种面积指实际播种或移植有农作物的面积。凡是实际种植有农作物的面积，不论种植在耕地上还是种植在非耕地上，均包括在农作物播种面积中。在播种季节基本结束后，因遭灾而重新改种和补种的农作物面积也包括在内。

（四十八）单位面积产量

单位面积产量简称单产，又称收获率，它是指单位面积（如每公顷）上所收获的农产品数量，通常按各种农作物分别计算。单位面积产量是反映农业生产水平的主要经济技术指标之一，可以计算播种面积单产，也可以计算耕地面积单产。播种面积单产反映一季农作物的播种面积的生产水平，耕地面积单产反映每公顷耕地面积上全年的生产水平。其计算公式为：

$$\text{播种面积单产} = \frac{\text{某种农作物的总产量}}{\text{该种农作物的实际播种面积}}$$

$$\text{耕地面积单产} = \frac{\text{某种农作物全年各季总产量之和}}{\text{该种农作物的实际占用耕地面积}}$$

（四十九）单位产品成本

单位产品成本是指报告期生产费用与产品产量之比，反映一定时期内生产某种产品平均每一件所花费的成本，它是产品价格的重要组成部分。其计算公式为：

$$\text{单位产品成本} = \frac{\text{报告期生产费用}}{\text{报告期产品产量}}$$

（五十）商品平均销售价格

商品平均销售价格是指报告期商品销售额与商品销售量之比，反映一定时期内某种商品的平均零售价格。其计算公式为：

$$\text{商品平均销售价格} = \frac{\text{报告期商品销售额}}{\text{报告期商品销售量}}$$

附录二

正态分布概率表

t	$F(t)$	t	$F(t)$	t	$F(t)$	t	$F(t)$
0.00	0.0000	0.03	0.1034	0.26	0.2051	0.39	0.3035
0.01	0.0080	0.14	0.1113	0.27	0.2128	0.40	0.3108
0.02	0.0160	0.15	0.1192	0.28	0.2205	0.41	0.3182
0.03	0.0239	0.16	0.1271	0.29	0.2282	0.42	0.3255
0.04	0.0319	0.17	0.1350	0.30	0.2358	0.43	0.3328
0.05	0.0399	0.18	0.1428	0.31	0.2434	0.44	0.3401
0.06	0.0478	0.19	0.1507	0.32	0.2510	0.45	0.3473
0.07	0.0558	0.20	0.1585	0.33	0.2586	0.46	0.3545
0.08	0.0638	0.21	0.1663	0.34	0.2661	0.47	0.3616
0.09	0.0717	0.22	0.1741	0.35	0.2737	0.48	0.3688
0.10	0.0797	0.23	0.1819	0.36	0.2812	0.49	0.3759
0.11	0.0876	0.24	0.1897	0.37	0.2886	0.50	0.3829
0.12	0.0955	0.25	0.1974	0.38	0.2961	0.51	0.3899

（续表）

t	$F(t)$	t	$F(t)$	t	$F(t)$	t	$F(t)$
0.52	0.3969	0.69	0.5098	0.86	0.6102	1.03	0.6970
0.53	0.4039	0.70	0.5161	0.87	0.6157	1.04	0.7017
0.54	0.4108	0.71	0.5223	0.88	0.6211	1.05	0.7063
0.55	0.4177	0.72	0.5285	0.89	0.6265	1.06	0.7109
0.56	0.4245	0.73	0.5346	0.90	0.6319	1.07	0.7154
0.57	0.4313	0.74	0.5407	0.91	0.6372	1.08	0.7199
0.58	0.4381	0.75	0.5467	0.92	0.6424	1.09	0.7243
0.59	0.4448	0.76	0.5527	0.93	0.6476	1.10	0.7287
0.60	0.4515	0.77	0.5587	0.94	0.6528	1.11	0.7330
0.61	0.4581	0.78	0.5646	0.95	0.6579	1.12	0.7373
0.62	0.4647	0.79	0.5705	0.96	0.6629	1.13	0.7415
0.63	0.4713	0.80	0.5763	0.97	0.6680	1.14	0.7457
0.64	0.4778	0.81	0.5821	0.98	0.6729	1.15	0.7499
0.65	0.4843	0.82	0.5878	0.99	0.6778	1.16	0.7540
0.66	0.4907	0.83	0.5935	1.00	0.6827	1.17	0.7580
0.67	0.4971	0.84	0.5991	1.01	0.6875	1.18	0.7620
0.68	0.5035	0.85	0.6047	1.02	0.6923	1.19	0.7660

(续表)

t	$F(t)$	t	$F(t)$	t	$F(t)$	t	$F(t)$
1.20	0.7699	1.37	0.8293	1.54	0.8764	1.71	0.9127
1.21	0.7737	1.38	0.8324	1.55	0.8789	1.72	0.9146
1.22	0.7775	1.39	0.8355	1.56	0.8812	1.73	0.9164
1.23	0.7813	1.40	0.8385	1.57	0.8836	1.74	0.9181
1.24	0.7850	1.41	0.8415	1.58	0.8859	1.75	0.9199
1.25	0.7887	1.42	0.8444	1.59	0.8882	1.76	0.9216
1.26	0.7923	1.43	0.8473	1.60	0.8904	1.77	0.9233
1.27	0.7959	1.44	0.8501	1.61	0.8926	1.78	0.9249
1.28	0.7995	1.45	0.8529	1.62	0.8948	1.79	0.9265
1.29	0.8030	1.46	0.8557	1.63	0.8969	1.80	0.9281
1.30	0.8064	1.47	0.8584	1.64	0.8990	1.81	0.9297
1.31	0.8098	1.48	0.8611	1.65	0.9011	1.82	0.9312
1.32	0.8132	1.49	0.8638	1.66	0.9031	1.83	0.9328
1.33	0.8165	1.50	0.8664	1.67	0.9051	1.84	0.9342
1.34	0.8198	1.51	0.8690	1.68	0.9070	1.85	0.9357
1.35	0.8230	1.52	0.8715	1.69	0.9090	1.86	0.9371
1.36	0.8262	1.53	0.8740	1.70	0.9109	1.87	0.9385

（续表）

t	$F(t)$	t	$F(t)$	t	$F(t)$	t	$F(t)$
1.88	0.9399	2.12	0.9660	2.48	0.9869	2.84	0.9955
1.89	0.9412	2.14	0.9676	2.50	0.9876	2.86	0.9958
1.90	0.9426	2.16	0.9692	2.52	0.9883	2.88	0.9960
1.91	0.9439	2.18	0.9707	2.54	0.9889	2.90	0.9962
1.92	0.9451	2.20	0.9722	2.56	0.9895	2.92	0.9965
1.93	0.9464	2.22	0.9736	2.58	0.9901	2.94	0.9967
1.94	0.9476	2.24	0.9749	2.60	0.9907	2.96	0.9969
1.95	0.9488	2.26	0.9762	2.62	0.9912	2.98	0.9971
1.96	0.9500	2.28	0.9774	2.64	0.9917	3.00	0.9973
1.97	0.9512	2.30	0.9786	2.66	0.9922	3.20	0.9986
1.98	0.9523	2.32	0.9797	2.68	0.9926	3.40	0.9993
1.99	0.9534	2.34	0.9807	2.70	0.9931	3.60	0.99968
2.00	0.9545	2.36	0.9817	2.72	0.9935	3.80	0.99986
2.02	0.9566	2.38	0.9827	2.74	0.9939	4.00	0.99994
2.04	0.9587	2.40	0.9836	2.76	0.9942	4.50	0.999993
2.06	0.9606	2.42	0.9845	2.78	0.9946	5.00	0.999999
2.08	0.9625	2.44	0.9853	2.80	0.9949		
2.10	0.9643	2.46	0.9861	2.82	0.9952		

统计学实训

一、统计学实训基本知识

(1) 利用计算器进行相关的统计计算:主要是通过计算器的相关功能键的运用,节约计算的时间。

(2) 关于 EXCEL 中的统计函数:学习 EXCEL 中例如 SUM,AVERAGE 等统计函数,节约计算时间。

(3) 用 EXCEL 制作统计图和统计表:学习利用 EXCEL 制作统计图和统计表,作出的表形象生动便于进行数据分析。

(4) EXCEL 在抽样推断中的应用:用 EXCEL 进行区间估计和点估计。

(5) EXCEL 在统计指数分析中的应用。指数体系的因素分析计算过程是非常复杂的,利用 EXCEL 的相关功能可以节约计算时间,并且数字与文字相结合,使计算的结果更加准确。

二、统计学实训基本操作方法

(1) 利用计算器进行相关的统计计算:主要是掌握 $2ndF$, $STAT$, $DATE$, σ, $\bar{X}$ 的基本含义,然后按照既定目的进行运算。

(2) 关于 EXCEL 中的统计函数:学习 EXCEL 中例如 *SUM*,*AVERAGE* 等统计函数,然后按照既定目的进行运算,主要步骤是插入相关函数进行运算。

(3) 用 EXCEL 制作统计图和统计表。

(4) EXCEL 在抽样推断中的应用。

第 1 步,计算抽样极限误差:① 计算标准差。② 单击工作表中任意空单元格,点击插入里面的函数 CONFIDENCE。③ 在 CONFIDENCE 对话框中的 Alpha 框中输入 α。④ 在 CONFIDENCE 对话框中的 Standard 框中输入 α。⑤ 在 CONFIDENCE 对话框中的 Size 框中输入 n。⑥ 单击确定,即可得到抽样极限误差。

第 2 步,确定平均水平估计范围。

(5) EXCEL 在统计指数分析中的应用。① 选择开始—程序—EXCEL,打开

EXCEL。② 将资料录入,列出计算表。③ 要在计算的单元格中编辑公式。

编辑公式说明:① 编辑公式。② 计算销售额指数及变动额、销售量指数及影响额、销售价格指数及其影响额。③ 分析计算的结果。

三、实训课题

实训课题一

1. 实训目的

会利用计算器进行简单的统计计算。

2. 实训内容

【例 1】 已知数据 1,2,3,4,5,6,7,8,9,9,9,10,11,12,13,－14,－15

求:n, $\sum X$, S, σ, $\bar{X}$, $\sum X^2$。

【例 2】 对某班 45 人进行一次数学测验后,其分数原始数据与频数如表实 1-1 所示,求平均分数,标准差及总体标准差。

表实 1-1 某班学生分数原始数据与频数

分数	40	45	50	60	65	70	80	90	100
人数	1	1	2	5	7	12	9	6	2

3. 实训步骤

【例 1】 操作:ON/C 2ndF STAT 1 DATE 2 DATE 3 DATE 4 DATE 5 DATE 6 DATE 7 DATE 8 DATE 9×3 DATE 10 DATE 11 DATE 12 DATE 13 DATE 14 ＋/— DATE 15 ＋/— DATE

显示:17

再按 n 显示: 17

2ndF $\sum X$ 80

S 8.005972036

2ndF σ 7.766933727

$\bar{X}$ 4.705882353

2ndF $\sum X^2$ 1 402

【例 2】 操作:ON/C 2ndF STAT 40 DATE 45 DATE 50×2 DATE 60×5 DATE 65×7 DATE 70×12 DATE 80×9 DATE 90×6 DATE

100×2 DATE

显示:45

再按 $\bar{X}$ 显示:72(平均分数)

S 13.41640787

2ndF σ 13.26649916

4. 注意事项

一次统计运算完成后,应接着按键 2ndF DCA 以清除全部统计数据,否则将无法进行新的统计运算。需退出统计运算方式时,可按 2ndF STAT 键或关机键 OFF。

5. 思考题

利用计算器求 16,28,28,30,40,50 这 6 个人数的平均数、方差、标准差。

6. 实训总结、填写实训报告

实训课题二

1. 实训目的

掌握 EXCEL 的基本统计功能。

2. 实训内容

用计算机完成表实 2-1。

表实 2-1 常用统计函数表

年龄		
16	计数	
18	最大值	
19	最小值	
19	总和	
19	平均值	
21	中位数	
22	几何平均数	
24	调和平均数	
29	平均差	
29	标准差	

（续表）

年龄		
29		
30		
31		
31		

3. 实训步骤

先掌握几个基本的统计函数。

COUNT：计数

MAX：最大植

MIN：最小值

SUM：求和

AVERAGE：平均值

MEDIAN：中位数

GEOMEAN：几何平均数

HARMEAN：调和平均数

AVEDEN：平均差

STDEV：标准差

	A	B	C
1	年龄		
2	16	计数	14
3	18	最大值	31
4	19	最小值	16
5	19	总和	337
6	19	平均值	24.07143
7	21	中位数	23
8	22	几何平均数	23.4714
9	24	调和平均数	22.87625
10	29	平均差	4.938776
11	29	标准差	5.525664
12	29		
13	30		
14	31		
15	31		

图实 2-1 常用统计函数分析图

具体步骤：打开实验一(1)表 1. 在单元格 C2 中输入公式"＝COUNT (A2：A15)"并回车，得到 A12：A15 区域中非空数值型数据的个数统计；在单元格 C3 中输入公式"＝ MAX (A2：A15)"并回车，得到最大值，以此类推。具体如图实 2-1 所示。

4. 注意事项

各个函数容易混淆，尤其是中位数和众数，可通过简称记忆函数。

5. 思考题

一个车间有 10 个工人，他们一天内分别生产的零件个数分别为 20，21，29，30，31，28，35，29，20，25 个，求他们生产零件个数的中位数、平均差、标准差、几何平均数、调和平均数。

6. 实训总结、填写实训报告

实训课题三

1. 实训目的

会用 EXCEL 制作统计图和统计表。

2. 实训内容

利用已知的资料制作统计图和统计表。

3. 实训步骤

Excel 提供“图表向导”工具,帮助创建适合于数据信息和分析目的的各种图表。

用 Excel 制作统计图的基本步骤:

(1) 使用“图表向导”工具制作图表之前,选定数据所在的单元格,如果希望数据的行列标题显示在图表中,则选定区域还应包括含有标题的单元格。

(2) 单击“插入”菜单中的“图表”选项,按照“图表向导”中 4 个步骤的指令进行操作。

第 1 步,“图表类型”:每种类型的图表都有两种以上的子类型,选中所需要的图形以及它的子图形,单击“下一步”按钮。

第 2 步,“图表数据源”:选定包含数据和行列标志的工作表单元格,即便工作表包含多个行列标志,也能在图表中显示它们。生成图表时,应将各行列标志包含到选定区域中。若预览图表看上去很合适,则表示所选数据区正确。单击“下一步”按钮。

第 3 步,“图表选项”:为选定的图表设置某些标准选项。修改这些设置时,随时查看预览图表可以帮助我们确定设置是否合适。单击“下一步”按钮。

第 4 步,“图表位置”:可以将图表放置在工作表上,或者单独置于一张新的图表工作表上,并为图表工作表命名,或者选择现有工作表的名称,单击“完成”按钮。

下面举例加以说明。

我们抽取了山东工业职业学院 450 名学生进行调查,考察大家对跑早操的态度。

(1) 打开实验二(1),SHEET1。

(2) 打开 Excel“插入”菜单,并单击“插入”菜单中的“图表”选项,Excel 会启动图表向导。

(3) 在步骤 1 的“图表类型”中选择“饼图”,并在“子类型图表”中选择“饼图”,单击“下一步”按钮，进入向导 2。

(4) 如图所示，在步骤 2 中的数据区域中输入 A3:B5 单元格，单击“下一步”按钮，进入向导 3。

(5) 在步骤 3 中单击“标题”页面，输入标题“支持率调查”；单击“图例”页面，选择显示图例；单击“数据标志”页面，在“数据标志”列表中选择类别、名称、百分比。

(6) 如果通过图表预览，认为满意，即可单击“完成”按钮。

具体如图实 3-1 至图实 3-6 所示。

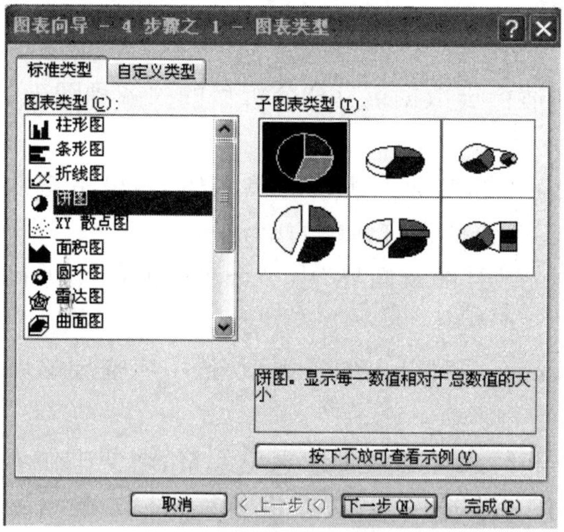

图实 3-1 学生早操意向分析图——步骤 1

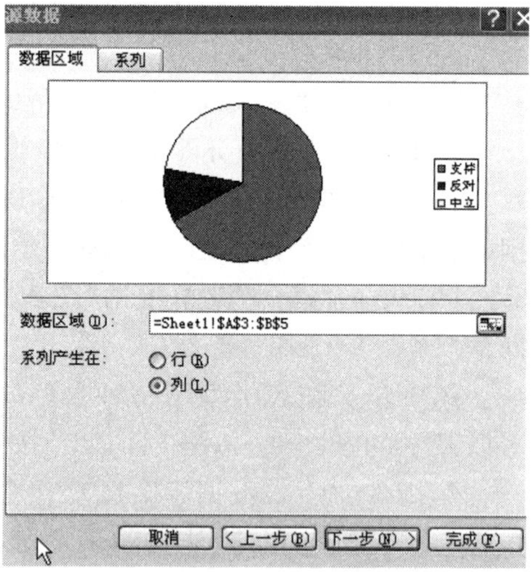

图实 3-2 学生早操意向分析图——步骤 2

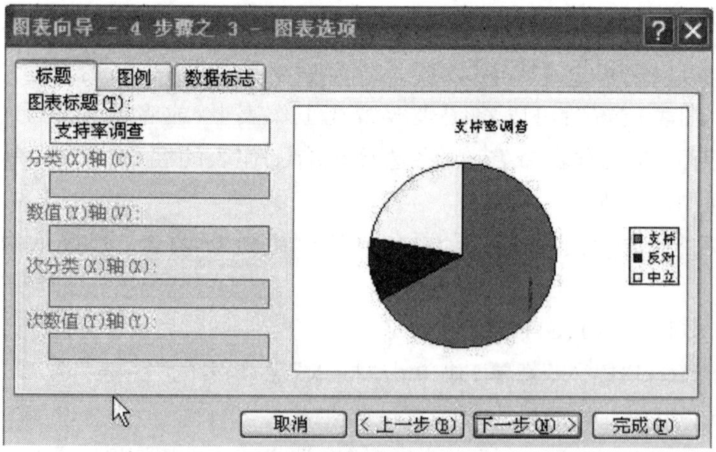

图实 3-3 学生早操意向分析图——步骤 3

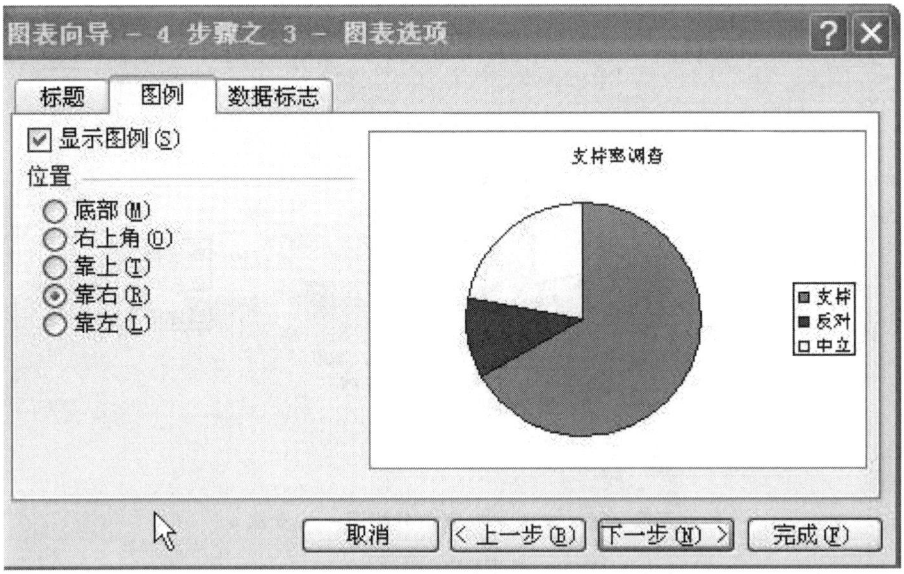

图实 3-4　学生早操意向分析图——步骤 4

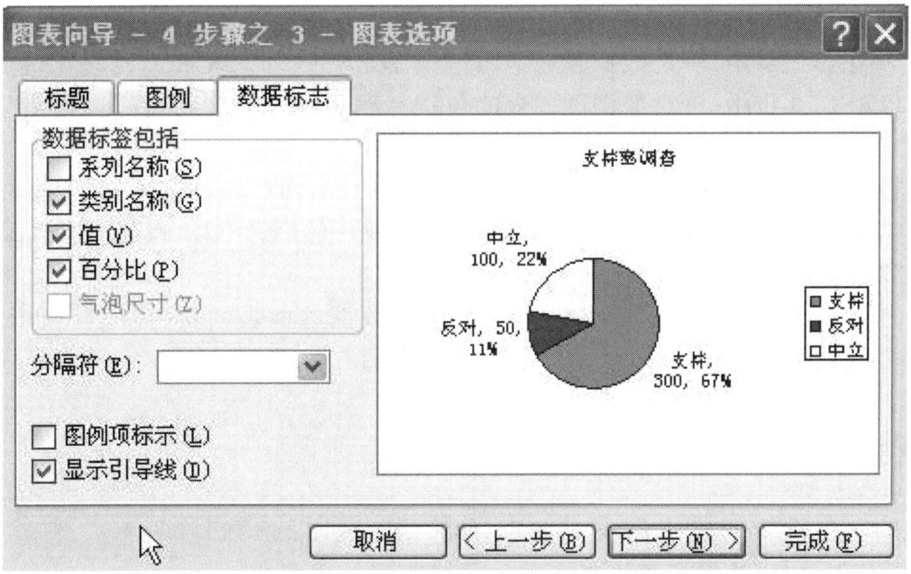

图实 3-5　学生早操意向分析图——步骤 5

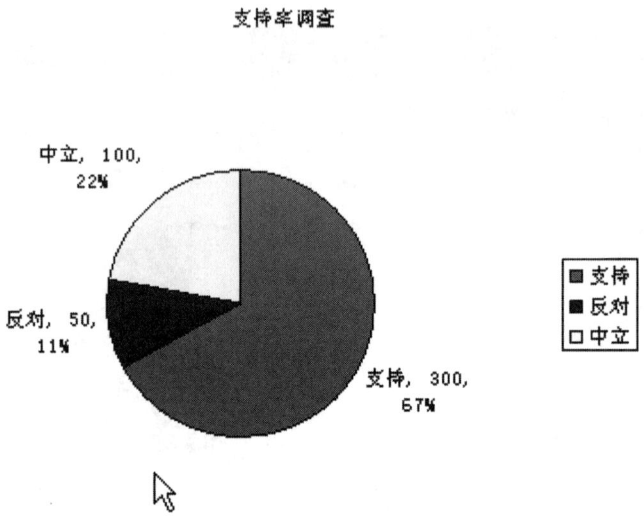

图实 3-6 学生早操意向分析图——步骤 6

用 EXCEL 制作统计表的基本步骤:

(1) 打开实验二,工作簿。

(2) 从"数据"菜单中选择"数据透视表和图表报告"选项,得到"数据透视表对话框"窗口。在第 1 步中选择"数据清单或数据库"与"数据透视表",单击"下一步"按钮。

(3) 在第 2 步中,确定数据区域 A2:B19,单击"下一步"按钮。

(4) 在第 3 步中,确定数据透视表的位置。然后,单击"布局"按钮,打开"布局"对话框。

(5) 将对话框右边的"单位"字段拖到左边的"行"区作为分组变量,将右边的"单位"字段拖放到"数据"区域中,并选择计数项。然后,单击"确定"按钮,又回到"布局"对话框。

(6) 单击"确定"按钮,回到第 3 步,要注意数据透视表的位置。然后,单击"完成"按钮。

4. 注意事项

要根据需要选择合适的图形,而不能只采用一种图形。

5. 思考题

记录本班每名同学身高,进行整理,然后绘制统计表和统计图。

6. 实训总结、填写实训报告

实训课题四

1. 实训目的

利用 EXCEL 进行点估计与区间估计。

2. 实训内容

【例 1】 有 28 名学生的统计课考试成绩如下:56,66,61,63,60,68,77,73,76,72,71,79,70,88,81,83,85,87,80,89,82,80,86,89,95,93,96。利用上述资料对全班同学的考试成绩进行点估计。

【例 2】 利用上述资料,在概率保证程度在 95.45%的条件下对全班同学的考试成绩进行区间估计。

3. 实训步骤

【例 1】 步骤:将原始数据输入 EXCEL 表格中,单击 EXCEL 中任一个空单元格,利用 AVERAGE 函数,然后回车确认。点估计就是利用这 28 名同学的平均成绩,代表全班同学的平均成绩。

【例 2】 步骤:

步骤 1,计算抽样极限误差。

(1) 计算标准差,前面已经学习 $\sigma = 11.21$。

(2) 单击工作表中任意空单元格,点击插入里面的函数 CONFIDENCE。

(3) 在 CONFIDENCE 对话框中的 Alpha 框中输入 $\alpha = 0.0455$。

(4) 在 CONFIDENCE 对话框中的 Standard 框中输入 $\sigma = 11.21$。

(5) 在 CONFIDENCE 对话框中的 Size 框中输入,$n = 28$。

(6) 单击确定,即可得到抽样极限误差为 4.23 分。

具体如图实 4-1 所示。

	A	B	C	D
1	序号	分数		
2	1	56		
3	2	66		
4	3	61	77.46429	
5	4	63	11.21336	
6	5	63		
7	6	60	4.238257	
8	7	68		
9	8	77		73.22603
10	9	73		
11	10	76		81.70254
12	11	72		
13	12	71		
14	13	79		

图实 4-1 学生成绩分析图

步骤 2,确定全班学生的平均成绩估计范围。

则,下限为:77.46−4.23=73.22 分

上限为:77.46+4.23=81.70 分

4. 注意事项

在 CONFIDENCE 对话框中的 Alpha 框中输入 $\alpha = 0.0455$,而不是 0.9545,此处

指的是拒绝域,而不是接受域。

5. 思考题

某班有 100 名同学,现抽出 30 名同学来了解全班同学的身高,这 30 名同学的身高分别是 158, 160, 177, 185, 175, 160, 162, 163, 163, 160, 160, 180, 182, 175, 173, 173, 172, 172, 182, 174, 177, 165, 155, 180, 172, 162, 164, 167, 168, 169,是在 99.45%的概率保证下估计全班同学平均身高的范围。

6. 实训总结、填写实训报告

实训课题五

1. 实训目的

EXCEL 在统计指数分析中的应用。

2. 实训内容

某商场销售四种商品资料如表实 5-1 所示。要求:

(1) 计算销售额指数、销售量指数、销售价格指数。

(2) 计算销售额的变动总额,销售量引起销售额变动额,销售价格引起销售额变动额。

表实 5-1　某商场销售四种商品资料

商品名称	计量单位	销售量		价格(元)	
		基期	报告期	基期	报告期
		q_0	q_1	p_0	p_1
甲	盒	400	450	8	7.5
乙	袋	500	650	60	55
丙	瓶	200	250	5	5.5
丁	千克	100	180	16	18

3. 实训步骤

(1) 选择开始—程序—EXCEL,打开 EXCEL。

(2) 将资料录入,列出计算表,如图实 5-1 所示。

	A	B	C	D	E	F	G	H	I
1	某商场销售四种商品情况表								
2	商品名称	计量单位	销售量		价格（元）		销售额（元）		
3			基期	报告期	基期	报告期	基期	假定	报告期
4			q_0	q_1	p_0	p_1	p_0q_0	p_0q_1	p_1q_1
5	甲	盒	400	450	8	7.5	3200	3600	3375
6	乙	袋	500	650	60	55	30000	39000	35750
7	丙	瓶	200	250	5	5.5	1000	1250	1375
8	丁	千克	100	180	16	18	1600	2880	3240
9	合计	—	—	—	—	—	35800	46730	43740
10									
11									
12									
13									
14									

图实 5-1 某商场销售四种商品情况分析

(3) 在计算的单元格中编辑公式。

编辑公式说明：

第一，编辑公式，例如选中单元格 G5，在公式编辑栏中选择“＝”，编辑公式“＝C5 * E5”，可计算出甲产品的基期销售额，将所编辑的公式复制到 G6，G7，G8，再将单元格 G5，G6，G7，G8，选中后，单击工具栏中的 Σ 符号，可求得四种商品基期销售额 $\sum q_0 p_0 = 35\ 800$ 元。同理，可以求得假定时期的销售额之和 $\sum q_1 p_0 = 46\ 730$ 元，$\sum q_1 p_1 = 43\ 740$ 元。

第二，计算销售额指数及变动额、销售量指数及影响额、销售价格指数及其影响额。

① 销售额指数＝I9 /G9＝122.18％

销售额报告期比基期增加：I9－G9＝7 940(元)

② 销售量指数＝H9 /G9＝130.53％

销售量变动引起销售额增加：H9－G9＝10 930(元)

③ 销售价格指数＝I9 /H9＝93.60％

销售价格变动引起销售额减少：I9－H9＝2 990(元)

第三，分析计算的结果：从相对数看，销售额增加 22.18％是由于销售量增加 30.53％和销售价格减少 6.4％共同作用的结果；销售额增加 7 940 元，是由于销售量变动引起销售额增加 10 930 元和销售价格变动引起销售额减少 2 990 元两因素共同作用的结果。

4. 注意事项

在用 EXCEL 进行计算的时候,加上文字性的描述,使结果更加准确。

5. 思考题

某商场销售三种商品资料如表实 5-2 所示。要求:

(1) 计算销售额指数、销售量指数、销售价格指数。

(2) 计算销售额的变动总额、销售量引起销售额变动额、销售价格引起销售额变动额。

表实 5-2 某商场销售三种商品情况

商品名称	计量单位	销售量		价格(元)	
		基期	报告期	基期	报告期
		q_0	q_1	p_0	p_1
甲	盒	200	450	8	7
乙	袋	500	400	60	55
丙	瓶	200	300	5	5

6. 实训总结、填写实训报告

四、实训考核标准及方式

实验教学内容学习成绩由三部分组成,分别是实操,实训报告撰写,上机测试。

1. 实操:5 次实训操作占实训总成绩的 50%。

2. 实训报告撰写:5 次实训结束后需要完成实训报告,5 篇实训报告占实训总成绩的 30%。

3. 上机测试:实训上机考试占实训总成绩的 20%。